国際化時代の
地域経済学

第4版

岡田知弘・川瀬光義・鈴木 誠・富樫幸一［著］

第4版はしがき

　早いもので，本書の第3版を出版してから10年の歳月が流れた。経済の国際化，あるいはグローバル化が進展するなかで，地域経済や地方自治，地域づくりをどのようにとらえ，一人ひとりの人間が住民としてどのように行動すべきかを問いかけた本書の意図は，幸い多くの読者を得ることができた。この間，大学でテキストとして使用していただいている先生方や読者のみなさん方から，最新の動向を踏まえた改訂の要望も，数多く寄せられた。それらの声に励まされ，著者と出版社との間で第4版の準備をすすめ，ここに出版することができた。読者のみなさんに，改めて感謝を申し上げたい。

　さて，この10年余りの間に，世界も日本も，そしてそれらの基盤をつくる地域経済も大きく変貌を遂げた。

　第一に，多国籍企業を主体としたカネ，モノ，ヒトと情報の移動と交流が，中国やアフリカを含め格段に進化し，経済のグローバル化が進展した。と同時に，それは2008年のリーマンショックに象徴されるような経済の不安定化，各国での格差と貧困の拡大を生み出し，反グローバリズムや反経済統合の社会運動の広がりや，イギリスのEU離脱やスコットランド独立運動，アメリカでのトランプ大統領の誕生に示されるような新たな地域主義の台頭につながってきている。

　第二に，国内に目を転じると，多国籍企業の拠点が集中する東京圏への経済力と人口の集中が進展し，拠点工場の海外移転や農林水産物・中小企業製品の輸入促進の結果，地域産業の空洞化と人口減少が深刻化していった。そこに2011年の東日本大震災と東京電力福島第一原発事故が襲った。日本列島は，1990年代半ば以降，地

震の活動期に入ったと警告されていたが，東日本大震災は戦後最悪の地震災害となった。以後，地震災害，火山災害が続き，本書執筆中にも熊本地震，鳥取県中部地震が起きた。さらに，大水害や土砂災害も，ほぼ毎年，日本列島のいずれかを襲っている。グローバル化のなかで体力が弱体化していた地域経済・社会に追い打ちをかけた災害から，どのように復興していくのか。また，原発への依存から脱却し，再生可能エネルギーにシフトする動きも広がってきている。他方，沖縄県では，米軍基地の集中立地による矛盾が顕在化し，基地政策をめぐる国と県との対立が激しくなっている。

第三に，第二次安倍政権が打ち出した「アベノミクス」が地方に及んでいないと指摘されるなかで，2014年から「地方創生」政策が打ち出された。その出発点となったのが，日本創成会議による「地方消滅」論であった。将来，日本の半数の自治体が消滅する可能性があるというレポートは，地方自治体関係者に衝撃を与え，国の地方創生政策と地方自治体での地方創生総合戦略，人口ビジョンづくりを促した。だが，国によるトップダウン的な人口政策や旧態依然とした公共事業と企業誘致を軸にした政策手法には，自治体関係者や地域づくりの現場からは疑問の声も聴かれる。

時代の流れは，本書の問題意識と合致した方向にあるといえる。住民が主権者の一人として，地域を見る目を今まで以上に研ぎすますべき時代となっている。そこで第4版の出版にあたっては，上記の最新の動きを念頭において，地域経済をめぐる理論，現状，地域開発政策，地方自治・財政をめぐる記述の修正，補足を行った。とくに第2章，第3章，第4章では図表類を含め大幅な修正を行った節がある。それに伴い，参考文献および年表の追加と整理，索引の作り直しも行った。他方，ウェブ情報が充実してきたこともあり，巻末付録のうち，旧国土総合開発法および国土形成計画法の抄録，地域経済関係機関リストは削除した。各自の必要に応じて，適宜ウ

ェブ等で検索してもらいたいと思う。

　また，本書は，初版以来，著者と読者をインターネットで結ぶという考え方をとってきたが，第4版では著者のメールアドレスの公開とともに，詳細で大判となる図表類については有斐閣の読者向けウェブサポートページ http://www.yuhikaku.co.jp/books/detail/9784641220751 に掲載することとした。併せて，「改訂版はしがき」「第3版はしがき」も当該ページに転載した。

　今回の改訂作業は，思ったより時間と手間がかかるものとなった。この改訂作業を粘り強く，ときには厳しく，ときには優しくリードしていただいた有斐閣書籍編集第二部の長谷川絵里さんの存在なしには，本書の出版はなしえなかったと思う。この場を借りて，感謝したい。

　最後に，読者のみなさんには，引き続き忌憚のないご意見や，ご質問，ご要望を，遠慮なくメール等で送っていただければ幸甚である。

　2016年12月

著者を代表して

岡田　知弘

初版はしがき

　今，地域が面白い。経済活動がグローバル化すればするほど，人間が生活する場である地域への注目度が高まっている。本書は，グローバル化のなかで大きく変貌する地域経済の実態を具体的に示しながら，その最新局面を把握する地域経済学の到達点を，政治経済学の立場から解説したテキストである。

　ところで，〈「地域経済学」というのはどういう学問なのですか〉という質問を受けることがある。話をしていくと，経済原論，財政学，工業経済論，農業経済論などの学問に比べると，学問の対象になっているもの＝「地域経済」のイメージがはっきりしないということが原因のひとつらしい。また，これまでの経済学の多くが「空間」を捨象した一国モデルのマクロ経済を前提にしてきており，そのような抽象度の高い経済理論ときわめて具体的なナマの地域経済との距離があまりにも遠いものとしてとらえられ，「地域経済学」がひどく難しい応用経済学のひとつであると考えられている場合もある。さらには，地域にある地場産業などを重箱の隅をつつくように細々と研究する郷土史的な学問だと誤解している節もある。

　確かに，「地域」ということばは，国家間の地域統合単位を指す場合もあれば，一国内部の単位，それも都道府県を超えるものから集落や町内にいたる微細な単位まで，大きな幅をもって使用されている。しかし，これによって「地域」概念が曖昧であるということにはならない。言い換えれば，「地域」とは，町内や集落レベルから地球規模レベルにいたるまでのいくつかの階層を積み重ねた重層的な構造をもつ概念である。しかも，私たちが日々生活している町内や集落といった微細な地域こそが，地域経済の最も基礎的な単位

であり，それが地球のいたるところで積み重なることによってのみ，一国経済や世界経済が成立するのである。

素粒子から宇宙にいたる自然界における階層性と同じように，社会科学の対象となる人間社会においても階層性があり，それぞれの階層ごとに独自の運動法則が働いている。生物学の発展が単体の生物研究からはじまったと同じように，経済学の発展も，最も対象がとらえやすく，かつ現実的な要請も強かった「国民経済」の研究から開始された。生成期の経済学者であるジェームズ・スチュアートやアダム・スミスは，都市と農村の分離に注目し，マルクスは都市と農村の対立を示して，資本主義における地域経済法則の基本問題を指摘したが，地域経済学（論）そのものが経済学のひとつの分野として確立してくるのは第二次世界大戦後のことである。日本では，高度経済成長の矛盾が表面化した1970年代に入り，ようやく大学の科目名に登場するようになる。

それはともかく，社会科学や経済学の醍醐味は，あれやこれやの解釈ではなく，現実の社会や経済を分析して，そこに働いている法則性を発見し，よりよい未来社会への展望を示すところにある。できあがった経済理論の一部のツールを切り取って，地域分析にあてはめる演繹的方法ではなく，常に変化する社会経済の最新局面が表示されているナマの地域経済を分析して，そこに潜む新たな運動法則を摘出し，社会全体の構造をより豊富に理解する分析的方法こそが求められている。しかも，現代では，最も微細な地域階層も，資本活動のグローバル化を通して，一国経済を超えた世界経済レベルの地域階層と深く結合しているうえ，地域には，従来の経済学の枠組みでいえば農業経済論，工業経済論，金融論，商業経済論，中小企業論，財政学等々「縦割り」分野の研究対象が互いに結びつきながら混在している。したがって，地域経済を学び研究するということは，決して重箱の隅をつつくように狭い閉じられた問題を追究す

るものではなく、むしろ地域を窓にしながら世界の仕組み、経済の全体像をとらえることに通じるのである。

とりわけ現代日本においては、経済のグローバル化が進めば進むほど、生活単位レベルの地域の重要性がクローズアップされてきている。私たちの身のまわりには、外国製の商品が溢れているが、なかでも日本企業が海外で生産した逆輸入品の増大が目立つ。日本の伝統的工芸品である絹織物や仏壇の製品・半製品の多くも中国などからの輸入品となっている。また、企業の海外進出は、一方で東京への本社機能の集中を引き起こしながら、国内工場の閉鎖・縮小による産業空洞化問題を発生させている。企業活動のグローバル化のなかで、生産拠点や販売拠点は早いテンポで移り変わり、従業員の流動化を加速している。さらに、国際的圧力を背景にした経済構造調整政策が遂行されるもとで、大型店の規制緩和によって個人商店が激減したり、農産物貿易の自由化によって農家数も大きく減少している。地場産業の景況は、日々刻々と変化する為替相場に大きく左右されるようになっている。

すなわち、資本の蓄積規模が拡大し、それがグローバル化するにともない、生活単位としての地域と資本の活動単位としての地域が大きくズレ、対立しあうようになっており、住民がひとつの地域に住み続けて生活を豊かに享受しながら世代交代をしていくことがきわめて難しい時代になってきている。他方で、巨大企業と国家が、住民の生活単位としての地域の産業を解体する姿勢をとっているもとで、新潟県巻町や沖縄県の住民投票に示されるように地域のことは地域住民が決定するという動きが、全国各地で生まれている。このことは、資本活動のグローバル化のなかで、国家の役割がわかりやすくなってきていることの反映でもある。もはや、一部の地域の住民生活を犠牲にした「国民経済」の繁栄や「国策」の優先論は、成り立たなくなっているといえる。どの地域の住民であれ、人間と

して生きていくために，自分たちの地域の経済のあり方や社会のあり方を自ら決定していく時代が到来しようとしている。

グローバルな規模で日々流転している資本の活動を制御しながら，それぞれの地域で住民の生活の糧としての産業を確立し，子どもから高齢者にいたるまでの住民が幸福な生活を享受する方法はないのだろうか。地域経済学が現実分析の学問である以上，このような地域住民による地域づくりの方向性についての科学的根拠と政策的・運動論的指針をも提起する責務があるといえる。

本書は，通常の地域経済学のテキストには見られない独自の特色をもっている。それは，ひとつには，地域経済学の全体的な体系を示すのではなく，経済のグローバル化との関連で地域経済をとらえようとしているところにある。したがって，地域経済学の古典や専門分野について興味をもった人は，ぜひ各章に掲げた参考文献を読み進んでもらいたい。

第二に，地域経済学の対象を，産業活動だけに限らず，住民の生活や，地域づくりの領域にまで拡張していることである。従来の地域経済学においては，産業活動が理論の中心に置かれてきたが，ジェンダーや高齢者の問題をあげるまでもなく，生活領域の問題が地域経済のなかで大きな比重を占めつつある。また，各地で取り組まれている地域づくりにおいても，社会科学的な合理性が求められている。そのために，本書では，地域経済学の対象領域を意識的に拡大している。

第三に，読者には地域経済学の基礎知識を獲得してもらうだけではなく，地域住民の一員として自ら生活している地域経済を調査分析できるように配慮した。医者がきちんとした診察もせずに処方箋を書くことは誰が見ても危険である。だが，それと同じことが地域計画の分野では日常的に見られるのである。つまり，当該地域の問題を正確に分析することなしに，補助事業やプロジェクトといった

カンフル剤をいたずらに「投薬」する計画がかなり多いように思う。それによって逆に，地域問題が深刻化する場合も少なくないことは歴史が教えているところである。その地域の発展を図るには，地域の住民自身がその地域を科学的に把握する力を獲得し，地域の未来図を構想することが必要になっているといえよう。

　第四に，パソコン通信やインターネットの発達によって，テキストの著者と読者との関係も大きく変わっている。本書では，著者と読者との双方向の交流を図るために，インターネット・ホームページとの対応を試みている。本書に記述した内容に対する質問に受け答えしたり，日々変化する地域経済の動きをリアルタイムでつかみ読者に提供する情報コーナーに容易にアクセスできる工夫をこらした。いわば，著者と読者との共同作業によって，いっそう内容豊かな地域経済学の発展を図ろうという趣旨である。なお，ホームページのアドレスは，http://www.econ.kyoto-u.ac.jp/~okada である。

　最後に，本書の構成について説明しておきたい。本書は，基礎理論，地域経済構造・地域問題論，地域開発政策論，地域づくりの主体論という4つの柱をたて，それぞれに対応する4つの章から成り立っている。「第1章　グローバル化のなかの地域経済」では，現代の地域をとらえる理論的諸潮流を整理したうえで，現代地域経済分析の理論的方法も提示している。続く「第2章　現代日本の地域経済と地域問題」では，グローバル化が進行するなかで大きく変貌している現代日本の地域経済構造と地域問題の現局面を解説する。また，「第3章　地域開発政策の検証」では，戦後日本の国土開発政策の流れを振り返るとともに，水資源開発からリゾート開発にいたる代表的な地域開発政策の批判的検証を行っている。さらに，「第4章　地域づくりをどう進めるか」では，地域づくりの視点から戦後日本の地方行財政制度の限界性を指摘したうえで，これまでの地域づくりの歴史を検証するとともに新しい主体的取組みの評価

を試みている。

　理論的な基礎から学びたい人は第1章から順に，具体的な地域問題や地域開発，地域づくりの問題から入りたい人は，それぞれの章から読み進め，第1章に戻る読み方ができる。さらに，補論として「地域を調べる」と題する地域調査のガイダンスを加えた。リポート・論文を作成している学生だけでなく，地域づくりに取り組んでいる政策担当者，住民の方々にも活用していただければと思う。

　最後になったが，本書の付録の作成にあたっては，京都大学大学院生の岩佐和幸君の手を煩わせた。紙面を借りてお礼を述べたい。また，本書の企画と出版は，有斐閣の伊東晋氏および秋山譲二郎氏の温かい励ましなしには実現しなかった。著者を代表してお二人に感謝したい。

　1997年4月

著者を代表して

岡　田　知　弘

● 著者紹介・執筆分担

岡田　知弘（おかだ・ともひろ）［第2章, 補論］

1954年富山県福岡町（現・高岡市）に生まれる。1985年京都大学大学院経済学研究科博士後期課程修了。岐阜経済大学講師・助教授を経て，現在，京都大学大学院経済学研究科教授。主要著書に『地域づくりの経済学入門』（自治体研究社，2005年），『震災からの地域再生』（新日本出版社，2012年），『「自治体消滅」論を超えて』（自治体研究社，2014年），ほかがある。

　　e-mail: okada@econ.kyoto-u.ac.jp

川瀬　光義（かわせ・みつよし）［第4章］

1955年大阪市に生まれる。1987年京都大学大学院経済学研究科博士後期課程修了。現在，京都府立大学公共政策学部教授。主要著書に，『幻想の自治体財政改革』（日本経済評論社，2007年），『沖縄論』（共編，岩波書店，2010年），『基地維持政策と財政』（日本経済評論社，2013年），ほかがある。

　　e-mail: kawasemi@kpu.ac.jp

鈴木　誠（すずき・まこと）［第3章］

1960年愛知県安城市に生まれる。1989年愛知大学大学院経済学研究科博士課程修了。現在，愛知大学地域政策学部教授。主要著書・論文に，『大学と地域のまちづくり宣言』（自治体研究社，2004年），「経済のグローバル化と自治体の地域産業政策」（『地域政策学ジャーナル』愛知大学，第2巻第2号，2013年），『人口減少社会における多世代交流・共生のまちづくり』（共著，日本都市センター，2016年），『東日本大震災後の復興格差の現状と教訓』（共著，愛知大学中部地方産業研究所，2016年），ほかがある。

　　e-mail: suzuki84@vega.aichi-u.ac.jp

富樫　幸一（とがし・こういち）［第1章］

1956年山形県酒田市に生まれる。1987年東京大学大学院理学系研究科地理学専門課程博士課程修了。現在，岐阜大学地域科学部教授。主要著書に，『地域構造論の軌跡と展望』（共著，ミネルヴァ書房，2005年），『人口減少時代の地方都市再生』（共著，古今書院，2007年），『グローバル・シフト（上・下）』（ディッケン，共訳，古今書院，2001年），ほかがある。

　　e-mail: ktogashi@gifu-u.ac.jp

INFORMATION

●**本書のねらい**

　経済のグローバル化のなかで，大きく変貌する地域経済の実態を具体的に示しながら，その最新局面を把握する地域経済学の到達点をわかりやすく解説しています。

　理論的な基礎から学びたい人は第1章から順に，具体的な地域問題や地域開発，地域づくりの問題から入りたい人はそれぞれの章から読み進め，第1章に戻る読み方ができます。

●**地域実態調査のすすめ**

　補論として地域調査入門を加え，学生のリポート・論文作成や地域づくりに取り組んでいる政策担当者，住民にも役立つ情報を提供しています。付録の年表等も活用して下さい。

●**キーワード**

　本文中にゴシック体で示しています。

●*Column*

　本文中で十分説明できなかった地域経済学に関するトピックスや課題をコラムで取り上げています。

●**ウェブサポート**

　有斐閣のホームページに，本書のウェブサポートページを設けています。改訂版・第3版の「はしがき」，本書に掲載できなかった詳細・大判な図表，第3版までの巻末に掲載していた「地域経済関係機関リスト」を掲載しています。

　http://www.yuhikaku.co.jp/books/detail/9784641220751

●**著者に質問してみよう**

　メールアドレスを著者紹介欄に掲載しています。

目 次

第4版はしがき　i
初版はしがき　iv

第1章　グローバル化のなかの地域経済　1

1 国家を超える地域主義とグローバリズム……………2
2 地域経済の成長と不均等発展…………………15
3 産業立地の理論…………………25
4 現代における産業と生活の空間………………38
5 グローバル化のなかにおける地域経済の復権…………50

Column ①　「地域」とは（14）
Column ②　現代の地域経済学の諸パラダイム（35）
Column ③　地域経済の国家からの「独立」（58）

第2章　現代日本の地域経済と地域問題　63

1 地域経済の形成過程…………………64
2 経済のグローバル化と地域インパクト……………77
3 産業構造の転換と地域経済構造………………92
4 東京一極集中と都市問題…………………107

5　WTO 体制と農村 ……………………………………………… 119

Column ④　中小企業振興基本条例・公契約条例の広がり（90）
Column ⑤　耕作放棄地と荒廃農地対策（129）

第3章　戦後日本の国土計画・地域開発政策　135

1　現代地域開発政策の展開 ……………………………………… 136
2　水資源と地域開発政策 ………………………………………… 165
3　重化学工業と地域開発政策 …………………………………… 181
4　先端技術産業と地域開発政策 ………………………………… 199
5　リゾートと地域開発政策 ……………………………………… 211
6　国土計画，地域開発政策の未来 ……………………………… 222

Column ⑥　リニア中央新幹線（164）

第4章　地域づくりをどう進めるか　225

1　地方自治と地域づくり ………………………………………… 228
2　地方財政と地域づくり ………………………………………… 239
3　迷惑施設押しつけ政策がもたらす地域のゆがみ …………… 258
4　地域づくりの歴史 ……………………………………………… 265
5　地域づくり政策の新しい流れ ………………………………… 270

Column ⑦　地方分権（236）

Column ⑧　条件不利地域自治体に対する支援政策（256）

補論　地域を調べる　281

1 地域調査のすすめ……………………………………281
2 調査課題を明確にする………………………………282
3 地域を知るための文献調査法………………………283
4 地域実態調査のすすめ——百聞は一見に如かず………285
5 地域実態調査の方法…………………………………286
6 調査のまとめと報告書づくり………………………291

参　考　文　献……………………………………………………293
年　　　　　表……………………………………………………304
索　　　　　引……………………………………………………319

本書のコピー，スキャン，デジタル化等の無断複製は著作権法上での例外を除き禁じられています。本書を代行業者等の第三者に依頼してスキャンやデジタル化することは，たとえ個人や家庭内での利用でも著作権法違反です。

第1章 グローバル化のなかの地域経済

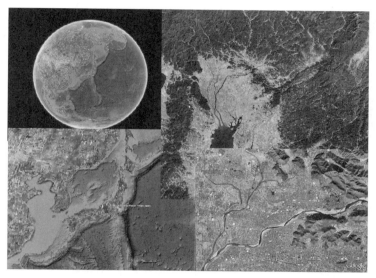

ナショナルな枠から，グローバルとリージョナル，ローカルへ（左上から右回りに，地球，岐阜，濃尾平野，日本周辺をマルチスケールに組み合わせたもの）
写真提供：Google Earth, Image: Landsat, Data: SIO, NOAA, U. S. Navy, NGA, GEBCO

　経済のグローバル化のなかで，国境を越える人や商品，資本さらには情報の移動の流れが大きくなってきた。この流れの起終点や交流の場として，これまで国家の枠のなかに閉じ込められていた都市や地域が固有の姿を明らかにしつつある。本章では，地域と地域，国家としてのまとまり，さらに国家と国家との関係を通じて，重層的な編成をもった経済の仕組みを考えてみたい。

1 国家を超える地域主義とグローバリズム

1 現代の地域を見る視点

経済地図の変貌　世界経済の激動のなかで、新たな視角からの地域経済の再評価が起こりつつある。これを国家の枠組みを超える広域化と、国家の内部での地域分化という、2つの動きを示す経済地図の変貌として見てみる（図1-1）。

　世界の経済はWTO体制のもとにあるが、そのなかにEU、北米、東アジアの三極を見出すことができる。WTOの枠内で、さらに広域的な経済活動の自由化を進めるリージョナリズムとして、ヨーロッパ連合（EU）は、市場統合から資本と労働力の移動の自由化へと進み、さらに2002年には通貨統合が行われて、国民経済を超えた広域経済圏をつくっている。北米自由貿易協定（NAFTA）もまた、より統合された経済発展をめざしたものである。アジア太平洋経済協力（APEC）も東アジア諸国を含めた将来的な経済圏を展望しているし、2016年に署名が行われた環太平洋連携協定（TPP）でも、今後、関税の撤廃の対象や期限、紛争処理制度、国内産業への影響などの論議が続くだろう。それぞれの性格や統合の水準は異なるものの、既存の国民経済の枠を超えた広域的な経済圏に向かう動きとして考えることができる。

　国家の枠をとりはらって見たときには、逆に地域相互をつないでいた歴史地理的な背景が浮かび上がってくる。EUの前史を見ても、第二次世界大戦後の西ヨーロッパの平和と復興のために国境を越えて誕生した、フランス・ドイツ・ベネルクス諸国の石炭・鉄鋼共同体の成立が先行しており、その中心となった場所には国境をまたい

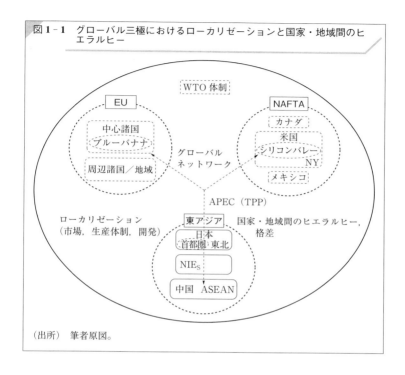

図1-1 グローバル三極におけるローカリゼーションと国家・地域間のヒエラルヒー

（出所）筆者原図。

だ重工業の発展と資源基盤があったことを指摘できる。また，EECとしての発足時から，共通農業政策や地域政策の課題が掲げられてきた。元来，ヨーロッパの国家と地域は歴史的にも連続的であり，また民族的な多様性をうちにはらんでいる。産業化の歴史そのものも，イギリスと大陸の中心部から次第に周辺へと拡張してきたプロセスとして見ることができた。

国家を超えた産業立地のダイナミズムは，多国籍企業の展開を基軸として産業地域同士のダイレクトなリンケージを強めている。北米の場合には，米国とカナダの五大湖を挟んだ工業地帯は1世紀近い歴史をもつし，米国とメキシコの国境の各地に展開する**マキラド**

ーラには，メキシコ側の低賃金労働力を利用するために，米系のみならず日系の多国籍企業も進出している。

さらに成長の著しい東アジアを見ると，日本企業は東京周辺の本社・研究所・試作工場を中軸として，大都市圏や国内縁辺地域の量産工場群を再編しつつ，ASEANや**中国**へと急激な生産展開を進めている。さらに韓国，台湾などのNIEsも自国の経済発展に続いて，ASEAN・中国への投資を進めており，国際的な生産ネットワークが広がってきている。

一方，既存の国家の内部における地域分化の問題も，鮮明となってきている。国によっても異なるが，国内の地域間における産業発展や地域所得の違いは，もともとかなり大きかった。米国における北東部の工業地帯とその他の南部・太平洋岸や，イタリアの南北地域間，さらには日本でも四大工業地帯とその他の農村地域のように，地域的な格差は大きく，イタリアや日本では格差の是正を目的とした地域開発が行われてきた。さらに，1960年代以降の新たな産業の再編成を通じて，米国における**サンベルト**対**フロストベルト**や，**イギリスの南北分裂**のような，成長産業の不均等な立地による格差は，地域間での政治的な論争や重要な政策上の課題になっている。

ソ連・東欧の解体のなかでは，既存の国家が再編成されるとともに，市場経済の導入や民族対立の激化によって深刻な諸問題が発生している。国家の内部での地域主義・民族主義の高まりは，地域間の不均等の問題とも重なりあっている。スコットランドの分離独立をめざした住民投票は僅差で否決されたが（2014年），スコットランド民族党は下院総選挙で躍進している。

日本のように中央集権的な国家においても地方分権化の動きが強まっているが，米国やドイツのように連邦制を敷いてきた諸国においては，成り立ちからいっても州などの自立的な動きの余地がもともと大きい。連合王国（イギリス）でもスコットランドやウェール

ズへの分権化が進み,企業誘致や産業の振興政策が行われている。多国籍企業を誘致する際にも,自治体や都市がグローバル化の前面に登場してきたのである。

ヨーロッパでは都市・州―国家―EU という意識が,もはやあたりまえのものとなっている。このような動きを,国民経済と国家の枠組みの,上と下への重層的な構造化と呼ぶことができる。このように国内の地域経済や広域経済統合を重視する視角をもったときに,従来の経済学の視点とは何が違ってくるのだろうか。

> 経済学のなかの「地域」

経済と経済学の歴史を少し振り返って,地域経済のことを国民経済や国際分業との関連で考えてみる。

近代資本主義の成立の過程で,イギリスでは本来的な重商主義の段階から,輸出を通じて国内工業の成長を促した。続いて最も早い産業革命を成し遂げて,19世紀には「世界の工場」としての優位性の上に立って自由貿易体制に向かう。

遅れて産業化の道を追ったドイツはまず領邦を統一して関税同盟を結成し,次いでプロイセンを中心とした国家統一(1871年)に進んだ。また米国も,南北戦争(1861〜65年)を克服し,西部のフロンティアを次第に統合してゆくことで大陸国家を形成した。いずれも F. リストが唱えたように,国民経済としての統一の実現と,そのための国内産業の保護育成に力を注いだ。このような過程を経てひとたび確立した国民経済は,世界経済の一部分であるとしても,相対的に自立的な経済構造をもったものとして観念されるようになる。

また国際人口移動や商業的企業の国際展開が始まっていたとはいえ,現在の多国籍企業のような水準や性格のものではなく,さまざまな規制も根強かった。したがって,国家間の経済(国際経済)の問題でも,商品の貿易を通じた国際分業によって**比較優位説**(D. リ

カード）が説かれ，基本的には労働力移動は想定せず，資本移動も信用や証券投資をベースとした間接的なものであった。19世紀の産業資本主義の時代から20世紀の帝国主義の時代に入ると，資本輸出の増加や独占企業の多国籍化の萌芽が見られたが，経済学では一部を除いてなお国民経済を中心とした視点に大きな変化はなかった。

　しかしながら，20世紀に入ってからの**工業立地論**や**地域経済学**の創設者たちは，意外にも国際経済と地域経済の両方にまたがる理論化を進めていた。たとえば立地論への均衡論の適用を試みた**B. ウリーン**は，inter-regional（域際）and international（国際）trade の両方のベースで，要素賦存の地域差による貿易から，資本・労働力移動の理論へと展開している。また，第二次世界大戦後の**G. ミュルダール**や**A. O. ハーシュマン**の不均等発展論も，国際的な格差と同時に国内の地域間の問題を扱っていた。このような先駆的な理論が抱いていたように，国内の地域間と国際関係を同じレベルで扱い，生産要素の移動や地域的な成長を考える場合の諸前提が，現在のグローバル化のなかでようやく現実のものとなっている。これを**P. クルーグマン**は，国際経済学における経済地理学の復権と呼んだのである。

　さらに地域経済学を，経済学の基礎理論の応用分野のひとつとして見るだけにはとどまらない見方が広がってきている。経済理論の側からも，産業立地や地域的集積への関心が高まってきていることからもわかるように，これらが現代経済そのものの解明につながっていることが重要である。ひるがえってみれば，地域経済学自体においても，このような新たな枠組みのなかで対象とする領域と課題を拡張していかなければならない。経営学やマーケティングの分野からでも，産業クラスターや地域的イノベーション，グローバル企業の誘致，都市ブランドやアメニティの向上など，都市や地域をめ

ぐる新しい考え方が提示されている（P. & M. コトラー）。

　立地論では A. ウェーバー以来，地域的な工業の集中や都市問題に関心があった。特に1930年代からの不況対策ないしは社会改良や国防的視点を通じて，産業立地や地域開発政策への応用的な分野が広がった。第二次世界大戦後においても，低開発諸国の開発問題とともに，先進国内における低開発地域や不況工業地域，そして大都市問題などに対処しつつ，経済成長を進めていくための地域開発戦略が展開された。不況対策や成長政策などの経済政策の一環として，地域問題の解明と政策のための応用的な必要性から，地域経済学の理論的な発展がもたらされたことも忘れるべきではない。

2　地域の経済的な特徴

国家主権と通貨制度

　国民経済が地域経済と大きく異なる第一の点は，**国家主権**を背景として独自の通貨制度をもつことである。この国民通貨の意義も，金本位制を基礎とした通貨間の交換体系から，第二次世界大戦後のブレトン・ウッズ体制のもとでのドル―金交換にもとづく固定相場制，そして1971年の金・ドル交換停止後の変動相場制への移行のなかで変質してきた。

　財・サービスの貿易のみならず，国際的な金融上の資本移動の膨張にともなって外国為替相場の変動が激しくなり，また国家間での通貨政策の展開によっても相場の変動や安定性が問題となっている。このような通貨レートの変動が，貿易だけではなく，国際的な産業競争力や多国籍企業の立地に対して非常に大きな影響を与える。さらにこの競争力の変化や投資の結果が，再びより長期的な貿易構造や国際収支に跳ね返ってくる。

　通貨供給や為替相場への介入を通じて，なお国家の介入の余地は大きい。国家統合や EU の通貨統合が実現した場合には，たとえば通貨レートの切り下げによって競争力の低下を調整するというよう

な形でのコントロールの可能性は失われる。他面では、ギリシャの経済危機のように財政的な規律が要請され、それが再び EU としての金融危機や統合問題として跳ね返ることがある。

> 交易・貿易と産業構造

第二に商品の移動と貿易、さらには産業構造における問題について見る。第二次世界大戦後の国際的な自由貿易体制は、GATT（関税及び貿易に関する一般協定）から WTO（世界貿易機関、1995年）へと歩んできている。しかし、関税貿易政策などを通じた国家による管理が全く消滅したわけではない。国境を越える商品移動は、輸送費だけでなく関税によっても摩擦を受けるし、数量的・制度的な貿易規制や国家間での対立・協議がなお残存している。

国家利害のからむ農産物や軍需品などについては米国でも制限措置や保護政策がとられることが多い。また、日本による集中豪雨的な輸出が欧米向けの自主規制を誘発したように、国家間の経済競争を介した管理貿易的な政策がとられてきている。米国の対日要求にしばしば見られるように、**デトロイト**（自動車）や**シリコンバレー**（半導体）のような特定の地域（産業界）による政府へのロビー活動が、結果的には国家間の経済協議に持ち込まれることが数多くあった。多国籍企業自体も、一方で国家に対して圧力をかけて有利な条件を引き出しつつ、他方では国際的な企業間の**アライアンス**によって戦略分野の調整を行っている。商品の移動が原則的に自由な一国内では、少なくともこのような形での国家介入は行いにくい。

なぜ、商品の国際移動に対して国家による規制が加えられるのだろうか。自由貿易体制を前提として、比較優位説にもとづいて国際分業が進展することが、どの国にとっても有利であると説明されてきた。しかし、たとえば先進国と発展途上国との間における工業と一次産品の貿易を通じた国際分業が、先進国の側に有利に働いてきたことからもわかるように、歴史の現実は比較優位説どおりではな

い。事実,19世紀においてはイギリスに対して,ドイツ,米国自体が産業の国民的システムを確立するために保護貿易主義をとっていた。日本も幕末の開港後の不平等条約を解消するために努力したし,第二次世界大戦後においてすら,民族主義的な産業政策を展開した。NIEs の発展も,自由な市場経済のみを通じてというよりも,国家による開発主義的な経済政策によって誘導されたものである。

歴史的には,内国関税などの諸規制が撤廃されて,交易が自由となった統一的な国内市場の確立こそが,国民経済の基盤となったのである。統一後に国内の縁辺部に組み込まれた地域や民族は,主権によるコントロールが不可能となり,先進地域の産業との競争によって小工業が衰退し,さらに低開発地域へと追いやられることになった。

自立した国民経済ないしは地域経済の確立にとって,内部における産業構造のバランスが必要であるという考え方は,とりわけ発展途上国や国内の縁辺地域において非常に根強いものがある。発展途上国の開発戦略においては,輸入代替による国内産業の育成政策がとられたことがあった。しかし,この政策は資本財の輸入の増加や国内市場の狭さのために,国際競争力をもった産業の確立に失敗した。むしろ,有利な国際市場があれば,外国資本を導入しつつ輸出指向型の戦略をとった NIEs のように成功を収め,その後次第に産業構造の高度化を図りつつあるケースが出てきている。

現代の規模の経済のレベルでは,国民経済においても完結的な産業構造をもつことは困難である。しかしながら,広域経済圏のスケールにおいて見ると,域内貿易を通じたある程度の産業連関のまとまりができあがりつつある。EU や ASEAN の産業政策では,単なる部品や完成品組立の工場の誘致だけではなく,関連産業(サポーティング・インダストリー)の育成にまで目を向けている。したがって,グローバル化の時代においても,国内ないしは広域圏における

表1-1 岐阜県の産業連関表（2005年）

		中間需要				県	
		第一次	第二次	第三次	小計	家計外消費支出	民間消費支出
中間投入	第一次	223	927	186	1,336	12	269
	第二次	314	26,241	6,498	33,053	446	5,578
	第三次	245	14,126	17,511	31,883	1,987	30,719
	小　計	782	41,294	24,195	66,272	2,445	36,567
粗付加価値部門計		930	23,671	49,416	74,017		
県内生産額		1,712	64,965	73,611	140,288		

（資料）　岐阜県。

産業システムの確立が重要であるという立場は失われていない。

> 地域的な経済循環

国内の地域経済においては，国民経済を単位とした場合よりも開放性が強い。国民経済においても，貿易や資本移動による経済的な開放性は高まっている。国内総生産に対する輸出・輸入の比率も国によって異なる。水平的な分業構造が浸透している EU 諸国ではかなり高い一方，大陸国家として大規模な国民経済をもつ米国や，戦後，東アジアで孤立的な成長を遂げてきた日本では今でも相対的に低い。

国内での交易も，外国との貿易も trade である。原料・中間製品の部門間の取引から，賃金・利潤等の付加価値の構成，さらに資本形成・最終消費について，投入・産出構造を一定の期間（1年）において総括したものが産業連関表である。国民経済の場合にも輸出・輸入，外国との要素所得の移転などの項目があるが，地域経済を単位とする**地域産業連関表**の場合には，地域間における投入産出連関をより大きく取り扱う必要がある。

地域産業連関分析には，まず単一の地域を中心にして，域内とその他の地域とに分けて扱う地域内産業連関表と，複数の地域間での

(単位：億円)

内最終需要			輸移出計	輸移入計	県内生産額
一般政府消費支出	県内総固定資本形成	在庫純増			
0	5	156	466	−533	1,712
57	13,509	354	43,443	−31,475	64,965
14,252	2,776	39	5,077	−13,122	73,611
14,309	16,290	549	48,987	−45,130	140,288

循環の全体像を扱う地域間産業連関表がある。地域内産業連関表にも，他の地域からの投入を一括して控除する競争移入型と，他地域からの投入を別々に計上する非競争移入型がある。国際的な取引については通関統計があるために貿易の実態が把握できるが，国内の地域間の交易については，直接的なデータが存在しない。そのため，地域産業連関表を作成する際には，各種の膨大な産業・経済統計を加工して推計が行われる。

表1-1は，**岐阜県**の2005年における競争移入型の地域内産業連関表である。産業別の構成から見ると，第二次産業の生産額は6.5兆円で46.3％のシェアとなっている。この第二次産業の縦の列の投入（費用）の構成では，第二次産業内の中間投入が2.6兆円，第三次産業から1.4兆円，粗付加価値が2.4兆円である。第二次産業の産出（販路）の構成を横の行で見ていくと，中間需要の3.3兆円のうち，第二次産業内への産出（＝投入）が2.6兆円と大半を占める。さらに最終需要では，県内での消費0.6兆円，投資（資本形成）1.4兆円に対して，県外への輸移出が4.3兆円と大きく上回り，控除項目の輸移入も3.1兆円となっている。

この行列を置き換えて、総産出 X、投入係数 A〔(各産業への中間投入／各産業の県内生産) の行列〕、県内中間需要 AX、県内最終需要 F、輸移出行列 E、輸移入行列 M、輸移入係数の対角行列 $\hat{M}$〔(輸移入／県内総需要) の列を対角要素とする〕、単位行列 I とする。

$$X = AX + F + E - M$$
$$= AX + F + E - \hat{M}(AX + F)$$
$$(I - A + \hat{M}A)X = (I - \hat{M})F + E$$
$$X = [I - (I - \hat{M})A]^{-1}[(I - \hat{M})F + E]$$

最後の式により、産業別の追加的な最終需要の ΔF を与えた場合に、A、E、$\hat{M}$ を一定とすると、$[I - (I - \hat{M})A]^{-1}$ という逆行列から、産業間の波及効果を表す産出行列 ΔX を求めることができる。このモデルは、地域開発プロジェクトがもたらす経済効果の測定などにも使うことができる。なお、これは需要の増加に対応した、追加的な資本・労働力の供給には制約のない場合の短期のモデルである。

地域所得の構造

第三に、所得循環のとらえ方においても、国民経済と地域経済との間に共通点と相違点がある。国民所得に関しては、一応、生産・分配・支出の三面等価が原則であるが、開放性の高い地域所得においてはこれが成り立ちにくい。国内総生産 (Gross Domestic Products) と国民総生産 (Gross National Products) の違いは、所得を**属地性**で見るか**属人性**で見るかにある。要素所得の移転にあたる、外国からの出稼ぎ労働者の本国送金や、多国籍企業による国外への利潤移転が大規模になると、両者の差が開いてくる。むしろ地域経済計算における、県内純生産と県民分配所得の区分の方がわかりやすい。

表1-2は、**東京都**とその郊外の**埼玉県**、地方の**山形県**の県民経済計算である。埼玉県から東京都への通勤者については、地域内生産所得は属地主義なので、職場のある東京都に計上されるが、属人主

表1-2 東京都,埼玉県,山形県の県民所得の構成(2012年)

	東京都	埼玉県	山形県
県内総生産(兆円)	91.9	20.4	3.7
第一次産業(%)	0.1	0.6	3.8
第二次産業	11.8	23.7	23.9
第三次産業	88.1	74.9	71.6
県民分配所得(兆円)	58.5	20.2	2.9
雇用者所得(%)	59.7	73.3	69.9
財産所得	8.0	2.1	2.1
企業所得	32.3	21.3	29.8
県内総支出(兆円)	84.7	20.0	4.0
民間最終消費支出(%)	41.5	82.7	61.0
政府最終消費支出	15.7	20.3	26.1
県内総資本形成	14.4	18.3	21.8
財貨・サービスの移出入(純)・統計上の不突合	28.6	−21.1	−9.6
純要素所得の移転(兆円)	−13.1	5.3	0.2
県民総支出(兆円)	91.9	20.4	3.7
1人当たり県民所得(万円/人)	442	281	249
1人当たり雇用者所得(万円/人)	633	467	389

(資料) 県民経済計算年報。

義で見る分配所得は埼玉県に帰属する。

　利潤の移転に関しては，国内には企業による利潤の送金規制はないので，正確な把握は困難である。全社的な経営の結果として発生する利潤を，本社と分工場・支店のあるそれぞれの地域の間でどのようにとらえればよいのか。管理・事務等のサービス労働の評価や，非生産的な本社費用(交際費等)，さらに利潤から税・配当・内部留保等への処理がどのように行われるのかも問題である。利潤は企業内の最高意思決定機関である本社(株主)がコントロールするわけであるが，費用・収益が部門間で補填されたり，工場で生産された

Column ① 「地域」とは

「『地域』とは何か」という問いに対して，各分野の専門家によっても，また一般の人からでもさまざまな答えが出るだろう。

身近な意味での「地域」は，通勤・通学や買物などを行っている日常生活圏である。地域自治の視点からは市町村や県を考えるであろう。経済活動から見れば，物流や卸売の取引，さらに企業の支店の管轄範囲などでは，数県にまたがる広域ブロックとしてのまとまりがある。もっと大きく見れば東京を中心として日本全体がまとまっている。このような重層的な地域の構成を「都市（・地域）システム」と呼ぶ。

ところが本章で見ているように，国民経済を超える商品・資本・労働力の移動性も大きくなっている。ヨーロッパでは普段の生活においてすら国境をまたいだ日常生活圏が現れている。さらに EU や NAFTA のような経済統合や東アジアの経済ネットワークが浮かび上がっている。

地域分析のためには，目的に応じた地域区分をする必要がある。ひとつの方法としては，所得水準から見た先進地域（国）と中間地帯（中進国），縁辺地域（発展途上国）の区分や，産業構造から見て農林漁業地域と工業地域，第三次産業からなる中心都市と区分した場合のように，統計的な指標によって比較的類似した地域をまとめるものがある。また，都市内部の土地利用では，地価や環境，さらには都市計画によって商業地・住宅地・工業地域等と区分されている。このような地域内の類似性と地域間での差異を基準とする方法を「等質地域」と呼ぶ。

一方，自宅と勤務先を結んだ通勤圏や，買物行動と商店との関係の商圏，さらには中枢管理機能とその管轄地域のように，地域を機能的なまとまりによって把握する方法を「結節地域（機能地域）」という。

社会経済的なシステムによって地域間の分業関係や重層的な圏域ができるのだが，政治的・行政的な地域に対応するとはかぎらない。通勤圏や産業地域が，行政境界を越えて自由に広がるのがその例である。前者を「実質地域」というが，統計は自治体単位でしか利用できないことが多いため，その場合は「形式（的な）地域」を利用せざるをえない。実質的な地域への対応や行財政の合理化のために市町村合併が行われたり，広域市町村圏や自治体連合の動きのように自治体領域が再編されること

がある。個人や組織の個別的な行動のなかで形成されるこれらの地域単位に対して、それをベースとしながらも自治体や国家の政策によって上から「計画地域」が策定されることもある。

深刻な民族問題が国家や都市のなかで発生するときだけではなく、平和な日常生活のなかでも言語や宗教、生活習慣の違いが意識される。日本でもアイヌや沖縄は独自の文化をもっているし、そうでなくとも方言や食文化の違いは大きい。言語や文化の個性や交流も長い歴史のなかで生まれてきたものであり、欧米の一種の画一的な近代化に対抗して地域的な個性を維持しようとする地域主義・民族主義が世界の各地に存在する。実は米国やヨーロッパも内部に多様な地域文化をもっている。国境を越える大気汚染や河川や海洋の保全などの「自然地域」を基礎としたつながりも併せて、狭義の経済地域にとらわれない視野が必要となっている。哲学や文学に現れる理想の地域（ユートピア＝今はどこにもない場所）は人間にとって永遠の課題である。

利潤から他の地域への再投資が行われたりすることを通じて地域間で移動する。短期の信用や社債・株式等の資金調達を通じた金融のフローは、大都市に集中する傾向が強い。

1人当たりの雇用所得を見ると、東京都の663万円に対して、埼玉県467万円、山形県389万円で、東京都と山形県では1.7倍の格差がある。財産所得と企業所得も併せた県民分配所得を人口1人当たりで見ても、東京都の442万円に対して、山形県は249万円である。

2　地域経済の成長と不均等発展

地域経済の一定の時点における構造の特徴の次に、動態的な成長と発展の機構を見ていく。まず、地域経済の成長を、域外への移出

という需要のサイドからとらえる**移出基盤成長論**と，成長会計方式および地域間での生産要素の移動による**地域均衡成長論**を検討する。さらに，現実の世界では地域的に不均等な発展が常態であることに注目して，波及効果と逆流効果に関する循環的・累積的な因果関係の理論と，その政治経済学的な側面を考える。

① 移出産業によって主導される成長

> 移出基盤成長論

まず，地域経済の成長を需要のサイドから見るモデルを取り上げる。**移出基盤成長論**ないしは**経済基盤説**では，地域経済を構成する産業を，地域の外部に財・サービスを移出する**基盤産業**（basic industry）と，地域内の市場に供給する**非基盤産業**（non-basic industry）とに区分する。そして，基盤産業の成長にともなって，非基盤産業の発展も促されるという連続的な局面によって地域経済の成長を説明する。各種の地域開発も，このような発想に立って行われてきた。

第一の局面として，まず新規の工場立地や地場産業の振興によって，他の地域に財・サービスを移出する基盤産業が発展し，その対価として所得を獲得する。基盤産業が移出できるような競争力をもつことの背景には，資源賦存の優位性や**規模の経済性**といった要因が作用しているだろうが，この点は次節の産業立地で取り上げる。地域間で大きな差異がない初期の段階では，積極的な企業家活動や地域社会の支援などの主体的・偶然的な契機が働くこともあろう。

第二局面では，当初の産業に加えて，原材料や部品を供給する川上部門や，関連の産業機械を生産する部門，さらにはより高次の加工・組立を行う川下部門などの関連産業まで，同じ地域に集まることによって，その産業に特化した地域的集積に発展する。地域内での川上部門の発展にともない，外部からの原材料の調達が減少して，域内での産業連関が強まる。これは途上国の開発戦略では輸入代替

に相当する。そのような事態が、より狭い地域において発生するとしよう。

　第三の局面は、基盤産業に属する企業と労働者が、獲得した利潤と賃金をもとにして、地域内の非基盤産業から財・サービスを購入することである。基盤産業の立地に続いて、商業・サービス業などの非基盤産業の立地も進む。二次的な非基盤産業自体における所得から、さらに三次的、四次的な非基盤産業に対する需要が発生する。

　第四局面は、公共部門に関わる。産業や人口の成長にともなって自治体の税収も増加し、道路・港湾・空港等の交通施設や、用水・用地、さらには学校・病院等の**インフラストラクチャー**（産業基盤、生活基盤）の整備も進められる。産業と人口の増加にともない、ますます都市的な集積の利益が高まっていく。

　　地域乗数効果　　ここにはすでに、長期的な発展のプロセスにおける、労働や資本の増加と地域間移動などを組み入れているが、これらの点は次項の**均衡成長論**に譲る。少し戻るが、一定の期間を区切って見た場合に、基盤産業から非基盤産業に波及していく一連のプロセスを、**地域乗数効果**と呼ぶ。J. M. ケインズの有効需要論では、所得と貯蓄・消費性向によって乗数効果を求めるが、地域乗数の場合には所得のなかからの地域内と地域外への購入の比率が乗数を決定する。

　基盤産業による新規の所得を ΔY、それによって最終的に創出される所得の合計を Y、地域内購入性向を α、地域外購入性向を $(1-\alpha)$ とする（$0 \leq \alpha < 1$）。

$$Y = \Delta Y + \Delta Y \cdot \alpha + \Delta Y \cdot \alpha^2 + \cdots\cdots$$
$$= \Delta Y(1 + \alpha + \alpha^2 + \cdots\cdots)$$
$$= \Delta Y \frac{1}{(1-\alpha)}$$

この式によれば、地域内での購入性向の α の値が大きいほど、つ

まり「地産地消」となれば、乗数効果 $\frac{1}{(1-\alpha)}$ が大きい。$\alpha=0.5$ の場合は乗数は 2 である。基盤―非基盤という単純な二分法に代わって、前述の地域産業連関分析によって、地域内の部門間の連関や移出入の関係をさらに細分化すれば、地域乗数は前に説明した逆行列の係数（12頁）に対応するものとなる。

産業連関表でも見たように、地域経済の開放性は高いので、地域外への移出とともに、他の地域から移入される財・サービスの割合も高い。その地域で生産されない財・サービスは、他の地域から移入される。α の値が小さければ、他の地域への漏出（leakage）が大きくなる。

| 移出基盤説の諸条件 |

移出基盤成長論では、基盤産業の規定は市場が地域外にあるという点にかかっている。本来は財・サービスの地域内外での流通の実態にもとづいて分類されるべきであろうが、自由な交易が行われる国内では把握は難しい。そこで、簡易的には全国的な産業構成比と比較して、その地域で特化度の高い（純移出）部門を基盤産業とみなす。

一般の産業分類との関係を見ると、農業においても地場流通物と全国市場に出荷されるものとがあり、後者は基盤産業である。工業でも、生産の小規模性と輸送の困難さ（鮮度、耐久性）などから、消費者に近いところに立地している近在必要型の飲食料品のような非基盤産業も見られる。商業・サービス業では、住民や地元企業に密着した対個人や低次の対企業サービスは文字どおり非基盤産業であり、広域圏や全国を対象にする高次の対企業サービスは、広域中心都市や首都にとっての基盤産業である。

利用する地域のスケールが変わると、基盤／非基盤の区分も変わってくる。狭い範囲をとったときには基盤産業とみなされるものが、より広い範囲をとったときに、そのなかに移出先の市場が含まれて

しまう場合には非基盤産業となる。

　基盤産業の発展を起動力とする地域政策は,「**成長の極**」(F. ペルー) として知られるものである。主導産業になるものとしては, 成長性が高く (所得弾力性が高い), かつ関連産業への波及効果 (産業連関効果) も大きいものが望ましい。高度経済成長期の日本では, 当時の重化学工業がリーディング・インダストリーの役割を期待されたし, オイルショック後では省資源型・知識集約型のエレクトロニクスなどのハイテク産業にその役割を担わせようとした。国民経済のレベルでも, 日本の自動車・電機のように輸出性向が非常に高かった産業のケースでは, 海外への輸出がその立地している地域の経済成長を促してきた。

　また, 基盤産業の発展から非基盤産業やインフラの整備へという順序は一方向的なものではない。民間の生産投資と社会資本の整備は, アンバランスを繰り返しながら相互に促進的に作用していく。関連産業の集積が移出産業を支え, また生活環境としての魅力 (アメニティ) が新たな産業の創出につながっていく面も見逃すべきではない。

移出基盤説の限界

　国内の縁辺地域の開発のために, 基盤産業になることを期待して外部から工場を誘致したとしよう。その工場で生産された製品は全国に出荷される。地元からは単純労働力としての雇用があり, 賃金を通じて地元経済に波及が生じる。しかし, 大半の資本財や原料・中間製品, さらに高次のサービスは, 他の地域にある社内の事業所や他の企業から移入される。そうすると, 発展途上国における輸出加工区のように,「飛び地」的な工業化の形にとどまってしまう。利潤も本社がコントロールするので地元に再投資されるとはかぎらない。このように, 外部からの投資の場合には, 雇用や税収の面での量的な効果はあったとしても, 期待したほどには乗数そのものは高くならない。

D. ノースの移出基盤成長論は，米国では移出産業によって地域経済の成長がもたらされたことを説明したものである。彼によれば，ヨーロッパのように共同体の分解を通じて市場経済が発展したプロセスとは違うという認識があった。後者の場合のように，地域経済の成長は，外部からの需要の増加にのみ起因するわけではない。外部需要のみを重視する理論的な立場に立つと，移出産業の競争力に重点を置いた重商主義や地域間競争論にとらわれることになる。

　経済成長の軌道としては，先進諸国の限られた地域においてではあるが，内部的な生産力の発展によって，産業連関や消費需要がバランスをとりながら資本蓄積が実現されたことも思い出される。イギリスの経済史では，局地的な市場圏と内部での多様な分業の発展を通じて，民衆の富（コモン・ウェルス）が形成されたことを説明している。また第二次世界大戦後の先進諸国における大量生産と技術革新，さらには大量消費が好循環となって作用した内包的な蓄積体制（フォーディズム）も，先進国において大都市圏や重工業地域を形成したメカニズムであった。

　しかしながら，すでに述べたように，規模の経済性の国際的な水準が高度なものになってしまっている段階では，発展途上国の狭小な国内市場において，輸入代替戦略を通じてバランスのとれた産業構造を形成することもまた非常に困難である。逆に，輸出主導型の急速な経済成長の結果として，長期的に見ると産業構造の高度化や所得水準の上昇が図られた NIEs のようなケースも出てきている。

2 均衡成長論と不均等発展論

均衡論的な地域成長モデル

　経済成長論のモデルにおける成長会計の単純な定式によれば，所得の成長は資本増加，労働力増加，技術進歩の三つの要素に分解できる。閉鎖的な国民経済のモデルにおいても，貯蓄と投資の

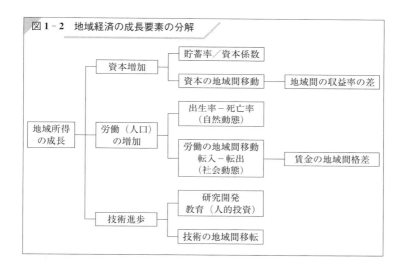

図1-2 地域経済の成長要素の分解

バランス，人口動態と就業率によって変わる労働力の供給と資本蓄積や技術進歩によって決まる労働力需要，さらには資本と労働力の増加以外の部分として説明される技術進歩（要素総合生産性）のそれぞれが理論的にも説明が難しい問題である。国民経済を細分化し，かつ開放性の高い地域経済の場合は，さらに地域間での資本移動と人口移動，技術進歩の地域間での拡散も加味しなければならない。

地域間での生産要素の移動を導入した，地域成長のモデルを見てみる（図1-2）。

先進地域で収益率は相対的に低く，後進地域の方が高ければ，資本は後進地域に向かって移動する。また，後進地域では賃金率が低く，先進地域では高いことから，人口は先進地域に向かう。このような地域間の移動を通じた資本と労働力の供給の変化の結果，移動に要する費用を除けば，地域間で収益率と賃金が均衡（要素価格の均衡）し，地域間の所得格差は解消するはずである。

地域的不均等論

理論的な均衡の説明はともかく，世界の現実を見ると国家間・地域間で非常に大きな所得格差が厳存する。しかも，経済的な地域的不均等は政治問題とも連動して，国際的な開発や国内の地域政策の問題となる。

ミュルダールと**ハーシュマン**の不均等のメカニズムの分析は，かなり似通っている。先進地域と後進地域との間で，先進地域にとって有利に働く作用を**逆流効果**（分極効果）とし，後進地域に有利に作用するものを**波及効果**（浸透効果）と呼ぶ。

生産要素の地域間移動との対応で見ると，第一に資本移動に関しては，先進地域の方が成長にともなう資本需要が大きく，後進地域では企業規模の零細さや停滞性のために有利な投資機会を欠くことから，資本はむしろ先進地域に吸引される。工場の地方分散のように生産的な投資が地方で行われる場合もあるが，資金流動の点からは逆の現象がよく見られる。

第二に人口移動に関しても，後進地域から先進地域に向かって流出する傾向が高いのは，後進地域にとって最も必要な若年労働力であって，中高年者が後進地域に滞留する。後進地域では農業などに生産性の低い潜在的過剰人口を抱えており，その流出を通じて所得水準が引き上げられるという考え方もある。たしかに，近代化にともなって農業の生産性が上昇するケースも一部にはあるが，むしろ人口流出のために過疎化が進んだ地域が広がってしまう。若年層の流出によって人口の社会減少が進むと，次には高齢化と出生率の低下にともなう人口の自然減少によって，世代的な再生産が困難になってくる。

このような逆流効果とは反対に，波及効果の作用もある。先進地域の成長にともなって，食料・原料等の一次産品への需要が高まり，後進地域の第一次産業や鉱業が移出産業として成長することがある。また，先進地域でのイノベーションの成果が，後進地域にも移転さ

れる。

　先進地域においても，過密の状態に陥ると，地価の高騰や賃金水準の上昇・労働力不足が生じる。また，初期に投資された生産・社会資本も次第に老朽化し，特に不況期には工場の閉鎖や失業が生じる。企業はこのなかで生産を後進地域に移転しはじめるので，大都市の衰退や旧工業地帯の**空洞化**と，縁辺地域や発展途上国への分散が同時に生じる。

> 地域間不均等と政治的な調整

　ミュルダールはこのような両方の効果があるとしても，地域的な均衡が達成されるのではなく，循環的・累積的な因果関係によって不均等な地域成長が続くと考えている。国内における地域的な所得格差の歴史的な動きを見ると，先進国においては地域間格差が小さくかつ縮小する傾向にあるのに対して，途上国では格差が大きいうえに拡大する傾向にあると述べていた。

　その原因は，先進国の民主主義的・平等主義的な福祉国家体制にあるとしている。経済的な地域間格差が生じても，民主的な議会政治の場においては各地域の代表が同等の影響力をもつことができるため，再分配的な地域政策を実施することができる。イギリスでは地域的な失業対策を中心とした地域政策が行われたし，日本における「国土の均衡ある発展」や「地域格差の是正」は，このような課題を掲げていたはずである。

　イギリスでは保守党よりも労働党政権の時期に地域政策が強化されたといわれる。日本の場合は，農村部に支持基盤をもっていた自民党が，都市部の財界寄りの経済成長政策を進め，さらに地方の要求にも応える形で中央集権的な財政制度のもとで補助金の配分を行うという矛盾した体制をとってきた。

　発展途上国では社会階層間の所得格差が大きいことに加えて，人口が過剰に集中した首都（over-urbanization）と貧困な農村部との格

差も大きい。独裁的な政治体制のもとでは対抗する政治勢力の形成も困難である。開発独裁のもとでの成長政策は、むしろ格差を拡大しながら進められてきた。しかしながら、長期的な社会変動の視点から見れば、所得水準の上昇にともなって政治的な民主化への要求が高まってくることがあり、国家的な統一を維持するためにも地域格差の是正が課題になってくる。

> 現代の先進諸国における地域的不均等

先進国においても最近の新自由主義的な政権のもとでは、階層間格差の拡大とともに、再分配的な地域政策が後退して、市場重視の企業主義的な成長政策に転じている。その結果として、イギリス国内の**南北分裂問題**や、米国における**サンベルト対フロストベルト論争**が起こった。

　日本では、高度成長の初期には四大工業地帯・三大都市圏とその他の地方圏との所得格差が拡大したが、後半からは工場の分散や、公共投資・補助金の財政トランスファーを通じて格差が縮小した。1970年代には大都市圏への流入よりも人口のUターンの方が上回っている。しかし、地方に展開したのは分工場のみであって、高次の機能は首都圏に集中していたことから、格差は一定の水準以下には縮小せず、むしろ80年代中盤の国際化・情報化のなかでの民活・行革路線によって、**東京一極集中**が強まった。そして90年代のバブル崩壊後には、東京圏への人口集中はいったんは収まったが、21世紀に入ると再び都市再生の動きのなかで、東京都心への回帰が生じている。先進国においても経済政策や政治的な動きのなかで、地域的な不均等にも変動が生じている。さらに国内的な地域的不均等と国際的な経済変動が敏感に連動するメカニズムが強まってきている。

3 産業立地の理論

　セミマクロとしての地域経済を構成するのは，ミクロな企業や家計ないしは公共部門の立地行動の集合である。資本や労働の立地移動について，地域経済の集計的なレベルでは単純に収益率や賃金によって扱っていたが，立地論の分野においては輸送費や集積，労働市場などに関するさまざまな理論がある。企業は費用と収益を比較して最適な立地を求めるし，家計も住宅や職場の選択や買物行動の際に効用が大きくなるようにする。また，公共部門では，提供する施設・サービスによって住民の福祉を高めようとする。

　しかし，現実の産業立地を説明するためには，経済的に見ても空間的な需給や価格に関する抽象的な理論だけでは不十分である。さらに，現在問題となっている環境・資源問題や，民族・文化・ジェンダー等の非経済的な分野をも視野に入れていきたい。

1 原材料の地域的な分布と輸送

普遍原料の利用

　地域間・国家間で交易が生じる理由としては，まず自然資源の分布の違いがあげられる。しかし，地球上で人間が住んでいる領域では，一応，土地・水・森林などの自然資源についてはどこにでもある。このようなものを**普遍原料**と呼ぶ。この原料を利用する場合には，消費地自体においてもそれが入手できるので消費立地となる（図1-3-①）。それぞれの消費地に対応した分散的な立地が行われ，生産と消費が域内で完結していれば，地域間での交易はあまり起こらない。

　環境に豊富にあり，特に開発コストも必要ない場合には，自然資源は経済的には自由財とみなされる。しかし，大都市に人口が集中

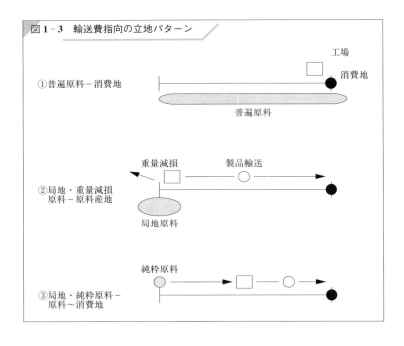

図1-3 輸送費指向の立地パターン

したり，乾燥限界に近い地域で過度の開発が進んだりすると，水資源の不足は大きな問題となる。また，自然林が広がっていた地帯でも，人間による開発の結果として森林面積が縮小し，人工林率が高まり，さらに酸性雨などの深刻な被害が出ている。

このように普遍原料であったものが，人間社会の発展とその地域性との関わりで希少性が生じた結果として，局地原料に変わってしまうことがある。本来，近隣の地域内での生産と消費が当然であったはずの基幹穀物や木材の場合ですら，日本のように輸入が多くなってしまっていることがある。さらに，自然環境の破壊のように，経済的な評価にはならない自然の損失が生じてしまっている。自然の一部には，私的な所有の対象になるよりも，住民によって共有されるべきもの（コモンズ）がある。自然環境の保護に対する，社会

的な意味での評価が高まってきている。

　自然資源をめぐって技術的・経済的な開発条件の差異がある場合には，有限な自然資源の独占的な所有者に対する地代の支払いが，市場を通じた資源配分の機構となる。**地代**の相対的な水準は，資源の賦存条件と市場への距離によって決定される。

　土地のように普遍的に存在するものであっても，その利用の仕方については地代の付け値を通じた差異が生じる。農業の場合には，食料需要を満たすために必要な供給圏域（耕境）の内部で，市場からの距離によって輸送費の差異などから地代は違ってくる。**J. H. v. チューネン**はこれによって，中心都市からの距離帯に応じて経営方式の同心円的な分化が生じることを明らかにした。

　都市の内部でも同様に，輸送や通勤に要する時間と費用や，立地点による売上の差などによって，都心からほぼ同心円的に地価は極度に違っている。また，居住環境や防災面での違いなどの自然環境との関連によっても，土地の評価額は異なる。

局地的な重量減損原料による立地

　石炭・石油等のエネルギー資源や鉄鉱石等の鉱物資源は，かなり局地的な分布を示すことから**局地原料**と呼ばれる。

　産業革命以降にこのような原燃料の大量消費が始まったのだが，たとえば木炭からコークス（石炭）製鉄への転換自体が，イギリスにおける森林資源の枯渇への対応であり，これは普遍原料から局地原料への転換をも意味していた。石畳の道路と馬車から，小規模な運河網の整備，さらには鉄道の建設へと交通手段が発達していったとはいえ，大量の重量物の長距離輸送は困難であった。したがって製鉄業のように原料となる石炭と鉄鉱石が局地原料であり，しかも生産工程の前後で廃棄物が出るために重量が大幅に減少する場合には，原料産地への工場立地の集中が進んだ（図1-3-②）。ヨーロッパの産業革命の起点となったいくつかの地域は，当時はこれらの資

源にも恵まれていた。

しかし現在では，国内資源は枯渇し，発展途上国などでコストや品位の点でより優位な油田や鉱山が開発されている。また，石炭等の消費原単位が大幅に低下し，運賃も大型専用船による長距離の海上輸送によって安価なものになった。このため内陸部の原料立地で出発した工場は縮小・閉鎖され，消費地に近い臨海部に輸入原料を使用する大規模な工場が建設されている。

発展途上国においても，国際価格の低迷する原料等の一次産品の輸出に替わって，先進国から資本・技術を導入して資源立地による工業化を進める国が現れている。同時に鉱山や工場周辺における環境破壊や，廃棄物（鉱屑，硫黄酸化物，CO_2）等の処理や削減も大きな課題であり，立地や開発をめぐる環境・資源のうえでの制約性が強まっている。

純粋原料による立地

生産工程において重量が減損しないものを**純粋原料**と呼ぶ。この場合は，原料と製品の重量が同じであるために，原料産地と消費地の間で立地が一意的には決まらない（図1-3-③）。

機械部品の場合には，歩留率や不良品率があるとしても，ほとんど重量としては変わらずに，部品の加工工場から完成品の組立工場，さらに製品市場へと流れる。自動車産業を例にとると，部品の加工・組立から完成車組立までを近接した工場群ですべて行ってしまって，完成車を出荷することが多いが，部品セットを輸出して消費地でノックダウン（CKD）するケースも見られる。

重量としては変化のない場合でも，実際には原材料と製品の輸送単価（単位距離当たりの輸送費）が違うことがある。製品の輸送費の方が，嵩の高さや輸送中の破損防止のために高くなる場合は，消費地に近い立地の方が望ましい。電気機械でも，軽量な部品は労働力が豊富で安い地方の工場で生産し，完成品の組立は，市場に近い大

都市圏内で行われることがある。

　輸送費の内訳を見ると，距離や時間に比例する燃料費・人件費などと，距離にかかわらず積み込みなどにかかる終端費からなる。輸送する距離にかかわらず終端費は一定なので，単位距離当たりの輸送費は，長距離輸送の場合の方が相対的に安くなる。したがって，原料産地と消費地の中間点に工場を立地させて，輸送を2回に分けるよりも，両端のいずれかに立地して，原料もしくは製品を1回の長距離輸送ですませる方がよい。また港湾のように輸送がいったん中断せざるをえないときには，その積み替え点と工場の立地をさらに一致させると積み替えの回数が減らせる。港湾・道路と直結した臨海部の工業用地に立地し，工場の敷地内でも原料の保管場所から製造の各工程，そして出荷地点までスムーズに流れるようなレイアウトをとるとより効率的になる。

　重量が大きくかつ重量当たりの製品価格が安い産業では，輸送費を慎重に考慮した立地が行われる。しかし，ICのように軽量かつ高額な商品で，輸送費がほとんど無視できるような場合には，立地は輸送費には左右されない**フットルース**な状態となり，集積や労賃などの他の因子によって決まる。半導体やコンピュータでは，国際輸送のみならず国内輸送にも，割高であるが迅速な航空便が利用されることもある。

　製品の価格には，出荷地渡し価格（f.o.b.）と運賃・保険料等込み価格（c.i.f.）がある。前者の場合は，輸送費等が購入側の負担となる。c.i.f.価格でも，輸送費等を単純に加算する場合のほか，距離帯別に段階区分したり，輸送費等を一括してプールして全国一律の価格で販売したりすることもある。最後のケースでは，どこの購入者にとっても購入価格に差が生じない。

2 労働力の移動と労働力指向の立地

労働市場の空間的な性格

従来の国際経済学において，国民経済の枠組みの基礎になり，また最も移動しにくいとされてきたのが労働力である。労働力の供給は，家族構成や生活様式などの長期的な変動によって規定されるので，資本蓄積にとってのひとつの外部条件であり，労働市場を通じて取引される特殊な商品としての性格をもつ。

地域的不均等発展によって，地域間での労働需給のアンバランスや，賃金水準の差が生じる。このような空間的・時間的な労働力の市場の変化に対して，さまざまな生活習慣をもち，現在の生活圏において長い時間を過ごしてきた生身の人間が，すぐに移住によって適応できるわけではない。人口移動における距離の摩擦は，年齢・ジェンダー・職業等によっても違うが，一般的にはかなり大きく，労働市場においては地域的な不完全性が残る。その結果，労働市場の地域的な分断化が起こり，地域的な賃金格差が常態になる。このようにして生じる地域差は，産業の全国的な立地のパターンを決定するうえで，輸送費と並ぶ広域的な条件となる。

しかしながら，実際には近代の歴史のなかで，国内における農村から都市への人口移動は非常に大きなものであった。また，国際的にもヨーロッパやアフリカ，アジアから南北アメリカなどへの移民の大きな流れが見られた。

企業にとっては支払う名目賃金の格差が立地選択のうえでの問題であるが，生活者の立場から見れば，住居費や他の消費者物価の差による実質賃金の違いも重要となる。また，賃金体系の一部としての住居費や通勤費など付加給付（大都市手当等）の地域的な差異も大きい。家事労働やコミュニティへの参加などのように，貨幣で支払われる労働とは異なる領域でのシャドー・ワークの違いも影響し

てくる。

空間的に分断された労働市場と労資関係

労働市場の分断化は地域的な側面にかぎらない。**テイラー主義**によれば，熟練を解体して「構想と実行」を分離し，非熟練労働者には単調な作業を繰り返させる。さらに現在の日本的な経営において，大企業の内部では，OJT（On the Job Training）や多能工化を通じて内部での機能的な**フレキシビリティ**をもたせるが，派遣・請負やアルバイト・パートタイマー，さらには下請企業の労働力は，景気変動などに対応するための数量的な調整弁の役割を負わせられる。

このような一般的な労働市場の階層分化が，空間的にも再構成される。熟練工に依存している場合には，立地も既存の工業地域に縛られるが，単純労働力でもすむ部分的な工程に関しては，縁辺地域に移転することができるようになる。また，大都市自体の内部でも，工業だけではなく流通・サービス業においても，内部化された大企業労働者と，非常勤やパートタイマー，さらには中小企業部門での流動的な労働者層や内職者までの階層的な構造が形成される。

賃金の地域差には，全国統一的な賃金体系のために格差が小さい北欧諸国も一方にはあるが，かなりの差が生じるのが一般的である。また，労働慣習や労働組合の組織性においても，地域的な差異が見られる。米国のように連邦制をとり，また地域的な労資環境にも違いがある場合には，保守的な南部諸州では組合によるクローズド・ショップを禁じる「就業権法」が制定されている。日系企業が進出する地域を選ぶ際にも，労働組合との関係がひとつの焦点となる。

さらに国際的に見れば，先進国と発展途上国との間の所得・賃金格差とともに，労資関係の制度的な違いは非常に大きい。国内では，旧社会主義国や民族差別国家に見られたような強制的な人口移動への規制があった場合を別として，基本的人権の一部として居住の自

由がある。しかし，国際労働力移動には，国家的な制約が強い。通常でも就労ビザや現地への帰化には制約が強く，日本のように単純労働力としては受け入れない政策をとったり，旧西ドイツのように国家間での協定によって外国人労働者の受け入れを行ったりしていた場合がある。しかし，国内での高度成長にともなって追加的な労働力供給は短期的には困難であり，さらに国内でも農村や不況産業からの過剰人口のプールが枯渇した場合には，賃金の国際格差が摩擦を上回るプル要因となって国際労働力移動が生じる。

③ 地域的集積

産業立地の説明として三番目に取り上げるのは，**地域的な集積**である。二つの地域の間の競争で，一方の地域の企業が先行して規模の経済性による優位性を獲得してしまうと，他方の地域の企業は不利となって撤退を余儀なくされ，前者から商品が移入されることになる。

地域的な集積の現象には，費用の節約や収入の増加のために集積が形成される**純粋集積**と，他の要因によってみかけ上で同じ地域に集まっている**偶然集積**とがある。純粋集積はさらに，規模の内部経済と，地域的な産業特化の経済，都市化の経済に区分できる。

> 規模の内部経済

工場の生産の規模を拡大した場合に，収穫が逓増して生産費が低下することを**規模の内部経済**という。各産業における規模の内部経済の平均的な水準は，一定の時期で見た技術的・経済的な条件によって決まる。

第一に，ひとつの生産単位における最適な規模がある。たとえば，自動車の量産的な完成車組立工場を新たに進出させる場合には，最低でも年産10万〜20万台の規模から立ち上げる。第二に，連続的な生産プロセスの間で，各段階の単位当たりの生産量がかみ合わない場合には，相互の最小公倍数となるような組合せが最適となる。

銑鋼一貫製鉄所において，高炉（銑鉄）2基と転炉（粗鋼）3基の組合せが最適なユニットになる場合などがそれである。第三に，同時に複数の生産物を産出する場合に，一定の規模以上になると副産物を含めた総合的な有効利用が可能になる。石油化学コンビナートでは，ナフサ分解によって多種類の炭化水素化合物が，連続的かつ相互連関的に生産されて，プラスチックや化学薬品・合成繊維・合成ゴムなどの原料となる。したがって，現代のこれらの産業では，同じ用地内で複数の巨大なプラントを結びつけた生産複合体を形成することが，国際的な競争力をもつために必要な条件となっている。

　現代の巨大企業においては，内部に複数の立地の異なる巨大な工場をもっている。立地や空間性とは別に，企業規模それ自体による技術や市場の独占的な支配が行われる。

　規模の経済はあるが，生産工程を立地上で分割することが可能な場合も多い。たとえばより量産性の高いひとつのエンジン工場から，複数の完成車組立工場に供給する体制をとるときは，相互の生産ネットワーク化を考慮した配置が行われる。また，IC産業の場合には，装置産業的なシリコン・チップ加工の前工程と，より労働集約的な組立・検査の後工程とがあり，前者に対して複数の後工程の工場を，労働力の調達などにも配慮しながら立地させている。

　市場支配のためにも，同一製品の複数の工場を分散させて配置することがある。単一立地の**規模の経済性**と，需要空間の拡大による輸送費の増加は，代替的な関係にある。ひとつの生産工場だけから広い範囲の市場に供給した場合には，遠隔地の市場に対しては輸送費が増大していく。規模の経済との兼ね合いのうえで，輸送費の増加も抑えるために，たとえば西日本から東日本への拠点工場の新設や，先進国や途上国への市場指向型の立地が行われる。その結果，もとの拠点地域や拠点国からの輸移出に替えて，進出したそれぞれの工場から現地市場への供給が行われる。当該の企業の内部で見れ

ば市場地域が全国的あるいは世界的に分割されることになる。

局地的な産業特化 地域的な集積の二点目は，特定の地域に同一の産業の多数の工場・企業が集積する現象である。この**局地的な産業特化**と，次の都市化の経済は，個別の企業の外部の環境から費用の節約や収入の増加がもたらされるので，地域的な**外部経済性**と呼ばれる。

　中小企業の間でも，原料の共同購入によって調達コストを下げたり，共同出荷により市場を確保したりすることによるメリットがある。また，生産工程の各段階や，さまざまな製品の分野間で，企業間において社会的分業を行うことによって，専門的な部門での技術力を高め，品質やコストを改善することができる。中小企業からなる地場産業の産地では，この社会的な分業をオーガナイズする産地問屋・商社が見られる。技能や情報をもった人材が集まっていることは，産業にとっての地域的な共通の基盤となる。産業風土に見られる個性や革新性が活力の源泉となり，これまでは世代的にも後継者が再生産されてきた。

　また，自動車産業のように大量の部品を使用する産業では，大企業の傘下に関連の系列・下請の企業群が集積する。日本の自動車産業に見られたように，極度に集中した効率的な生産体制による競争力を基盤として大規模な輸出を進めていくのか，あるいは米国の自動車メーカーが行い，また日本の企業も海外進出を通じて進めつつあるように，一定規模の工場を国際的に分散配置して，広域的な産業連関や供給圏からなるネットワーク型の生産体系を構築するかは，企業戦略や経済的な環境に応じた代替的な立地戦略である。

都市化の経済 地域的集積の三点目として，多様な産業が集積していることによる**都市化の経済**がある。企業城下町や地場産業地域のように，単一の産業に特化している場合には，その成長や衰退によって地域経済の運命が左右される。

Column ② 現代の地域経済学の諸パラダイム

　地域経済に関する研究領域では，ひとつの標準的な方法論によっているわけではなく，複数のパラダイムが共存している。大きくは新古典派経済学を基礎とした立地論や地域経済学／地域科学（地域学，regional science），取引費用論や産業組織論のアプローチを立地と地域分析に生かした諸研究，構造的・制度的なフレームワークを重視するネオマルクス派や政治経済学派のアプローチに分けられるだろう。しかし相互の論争や対話も盛んであるし，研究史のうえでは重なる部分も数多くある。さらに，本書の題名にも示されるようにグローバル化のなかで，学問的にも地域経済学と国際経済学のボーダーが乗り越えられつつある。

　19世紀から20世紀初頭のチューネンやウェーバーなどの古典的な立地論は，1920～30年代から経済学の新古典派理論を基礎とするようになって，第二次世界大戦後もさらに発展した。また，W. アイザードらの地域科学は地域産業連関などの政策的利用にも応える手法を開発してきた。しかし，理論的な均衡と現実における不均等発展や地域問題の発生との落差は大きく，制度学派的なミュルダールから始まって，1970年前後の社会危機のなかから登場したラディカル派によっても強く批判を受けた。

　新古典派経済学の主流は，アイザードも指摘したように非空間的な一点経済を想定していて，地域経済の分野にはそれほど関心を向けてこなかったのだが，クルーグマンらの国際経済学からの「新しい経済地理学（地理的経済学）」への参入が，1990年代以降の研究の再活性化をもたらしている（藤田・クルーグマン・ベナブルズ，2000）。

　空間的な価格変化に研究の焦点を当てていた立地論を別の視点から批判しつつ，立地も企業行動の一貫にすぎないとする「企業の地理学」「行動論的立地論」が1960年代以降に発展する。そうした研究では，単一事業所企業の新規立地のイメージだけではなく，複数立地企業による分工場や移転，合併・買収（M&A）や撤退・閉鎖などの複雑な再編と，それによって引き起こされる地域問題から政策的な対応へと関心を広げた。

　マルクス経済学が発達していた日本では，地方財政学や経済地理学に

表　学説史略年表

（　）内は原著刊行年

立地論, 地域科学	企業論, 政治経済学, 都市論	経済学, 国際経済学	日本の諸研究
〈古典的立地論〉 チューネン『孤立国』(1826) ウェーバー『工業立地論』(1909)		〈古典派経済学〉 リカード『経済学および課税の原理』(1819) リスト『経済学の国民的体系』(1841)	
		〈新古典派経済学〉 マーシャル『産業と貿易』(1920) ウリーン『空間的均衡理論』 ウリーン『貿易理論』(1933)	
クリスタラー『都市の立地と発展』(1933) レッシュ『経済立地論』(1940)	〈地域主義〉 マンフォード『都市の文化』(1938)		
〈地域科学〉 アイザード『地域分析の方法』(1960)		〈不均等発展論, 従属論〉 ミュルダール『経済理論と低開発地域』(1957) ハーシュマン『経済発展の戦略』(1958) フランク『世界資本主義と低開発』(1967)	
	〈大企業, 多国籍企業論〉 チャンドラー『事業部制の経営組織論』(1961) ヴァーノン『プロダクトサイクル』(1966) ハイマー『多国籍企業』(1976)		赤松要『世界経済論』(1965)
	〈ラディカル派〉 マッシイ『空間的分業』(1984) カステル『都市・情報・グローバル経済』(1999) ハーヴェイ『ポストモダニティの条件』(1990) 〈フレキシビリティ論〉 ピオリ・セーブル『第二の産業分水嶺』(1984) ジェイコブス『発展する地域 衰退する地域』(1984)		島恭彦『現代地方財政論』(1951) 宮本憲一『社会資本論』(1967) 野原・森滝『戦後日本資本主義の地域構造』(1975) 川島哲郎『経済地理学』(1986) 宮本・横田・中村『地域経済学』(1990)
藤田・クルーグマン・ベナブルズ『空間経済学』(1999)	ポーター『競争戦略論』(1998)		

36

おいて国際的に見ても独自な理論や実証研究を生んできた（島，宮本憲一，野原敏雄・森滝健一郎など）。国際的な研究交流は乏しかったのだが，ほぼ並行してイギリス，フランス，アメリカなどでも新古典派批判からラディカル系のアプローチが発展して，D. ハーヴェイ，M. カステル，D. B. マッシィらの研究成果を見ることになる。

さらに1970年代以降の経済危機のなかで，産業集積地区の役割への注目と，グローバル競争の一方での，国家から地域への産業集積のイニシアティブのシフトが生まれた。ひとつはM. J. ピオリ，C. F. セーブルらのフレキシブルな専門特化によってフォーディズムに代わる新しい繁栄の可能性を探る道であり，輸入代替から産業構造の転換を図る自立性を唱えるJ. ジェイコブズの議論も近い立場をとっている。また，ミクロ経済学的な価格分析よりも，組織や制度を重視しつつ，技術や企業間のアライアンス，自治体や研究機関との協力体制を志向する政治経済的アプローチも盛んに行われている（A. J. スコットなどを参照）。

こうした既存研究におけるさまざまな理論的パラダイムに学んだうえで，激しい変化のなかにある現実に向き合った実証を行い，また政策形成に積極的な関わりをもっていく姿勢をもってほしい。

一方，大都市においては都市型工業から第三次産業までの多角的な産業の集積があるために，環境の変化に対する適応力が高い。都市内での異業種間の情報や技術のネットワークを通じて，新たなイノベーションも生まれやすい。単一の産業・機能における規模の経済性だけではなく，複数の分野にまたがることによるメリットとしての**範囲の経済**という考え方が広まっている。

また，大都市では産業の発展や生活基盤の整備とともに，文化や政治の面でも中心地であることによって，多彩な人材が集まりやすい。ニューヨーク，ロンドン，東京などの世界都市には，多国籍企業の本社・子会社や，金融・情報等の対企業サービス業が集積して，グローバルな競争を繰り広げている。

集積の利益と不利益　しかしながら，過度の地域的な集積は，環境の悪化や地価の上昇などのコストを発生させる。この**集積不利益**は，純粋集積でも偶然集積の場合でも生じる。企業の内部では費用と収入の変化から最適な規模を計算できるが，外部で発生する社会的費用（外部不経済）に関しては他の企業や住民に転嫁してしまう。したがって，都市や地域を集計的な単位とした場合には，最適な規模の実現は困難である。大都市に見られるように，過度の地域的な集積にともなう社会的費用が大きくなっても，個別的な集積の利益を利用しようとする産業の集中がなかなか止められない。市場経済にはこのような欠点（市場の失敗）があるために，自治体の介入や住民の参加を通じた都市計画や成長管理が必要となる。

4　現代における産業と生活の空間

　先進諸国では大企業体制が支配しており，その事業活動の空間的な範囲は，全国から国際的なスケールにまで広がりを見せている。この企業行動の実態は，新古典派経済学における完全競争はもとより，完全情報や最適行動という理論的な前提にはそぐわず，不確実な環境のもとにおいて，不完全な情報を利用しながら，多様な目的をもって意思決定を行っていくものとしてとらえなければならない。

　このような企業行動の一環として，企業内の複数の事業所を，複数の地域・国にまたがって立地展開させている。古典的な立地論では，大都市や工業地帯の形成は，原料指向や地域的集積などの単一工場のレベルの立地因子によって説明されていた。近年の「**企業の地理学**」や「**行動論的立地論**」においては，空間的な価格の変化に分析を限定せずに，企業行動の全体の文脈のなかにおいて立地を説

明しようと試みている。さらに，情報やイノベーション，組織にかかわるソフトな立地因子を扱うことが，現代的な立地論の特徴である。

　経済的な効用を求める家計の行動の一環としても，空間的な機会の選択がある。生涯に何度かの住宅や職場を決めるときや，普段の日常生活のなかで買物・レジャーなどの行き先を選ぶことを通じて，家族の生活空間が形成される。住民に対する公共施設やサービスの提供においても，適切な空間的配置が必要である。従業員にとっての生活環境の良さ（アメニティ）は，起業や人材の確保を通じて，企業立地の際にも影響するようになってきている。

1　企業の行動空間

小企業の立地と環境

　企業の規模の拡大や多角化などの成長のプロセスにそって，立地は単一立地から複数事業所立地体制へと進化していく。創業したばかりの小企業では，ひとつの地点の立地そのものが事業活動の姿である。製造業では工場建物の一角に事務室が置かれ，経営者個人がすべてを統括して少数の従業員に指示を与える。小売業の零細店舗でも同様で，場合によっては自宅と併設されていることすら多い。

　「立地を決定する」といっても，立地による費用や収益を厳密に考慮した結果というよりは，長年住んできた地域のなかで個人的な理由によって事業が始められることがほとんどである。行動論的な立地論では，不完全な情報のもとで準最適な立地が行われているともとらえているが，「土地鑑」のある場所では，情報が豊富で，人的なつながりもあるためにリスクが少ない。個人的な因子によるとはいえ，非合理的な立地選択になっているわけではないのである。

　大都市や成長地域のビジネスチャンスの多い地域環境こそが，新規事業創出の基盤となる。シードベッド（苗床）効果やインキュベー

タ（孵化）機能が，地域的な企業集積の形成を説明している。市場競争を通じて経営の存立が問われ，機会を生かして成長することもあるが，事業がうまくいかずに消滅することも多い。小企業の領域では，事業（立地）の生成と消滅の確率が高い。

大企業の内部組織と立地体系

企業は成長するにつれて，設備・労働力・技術・資金などを蓄積していく。経営組織も，企画・財務・総務・営業・研究開発・製造部門などの職能的な機能に分化する。事業を拡張するために，新たな用地を取得して**分工場**を建設したり，あるいは本社も一緒に移転することも起こる。流通の機能でも，新たな市場を開拓するために支店・営業所網を展開し，物流と情報網のロジスティクスを整備していく。これらを通じて，同一の企業内での複数の事業所配置の体系が形成される。

内部組織の複雑化と複数立地の展開にともなって，このシステムを階層的にも空間的にも再統合する必要性が生じてくる。製品の多様性や地域的な広がりを適切に管理するためには，分権的な**事業部制**がとられる。**A.D.チャンドラー**が明らかにしたように，米国の大企業において発達を見た事業部制自体が，大陸の東西にまたがって分散している事業所を統合する必要性から生まれたものであった。現場の事業所では日常的な業務の遂行とその成果の整理と報告をし，各事業部のレベルではそれらを当該の部門ごとに統括する。さらに本社は事業部間の調整と，長期的・戦略的な意思決定を行う。国内の複数事業所体制から，対外事業活動へとさらに発展して多国籍企業の段階にいたると，世界的な視点に立った事業戦略の展開によるグローバルな立地体系とネットワークの構築を行うようになる。

企業組織内部の機能分化とともに，各機能の立地因子に応じた立地上の分化も進行する（図1-4）。最も重要な情報収集と意思決定の際には，情報ネットワークの整備にもかかわらず，フェイス・ト

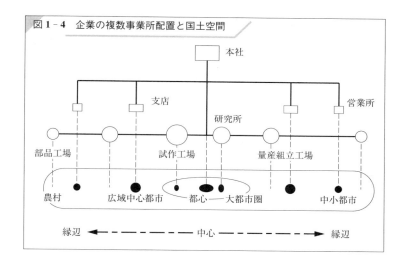

図1-4 企業の複数事業所配置と国土空間

ゥー・フェイスの接触が不可欠である。そのために**本社立地**は，同業のコンペティターや異業種の取引先の本社もあり，政府とのさまざまな接触にも有利なその国の首都に集中する傾向がある。同時に，国内および国際的な高速交通体系もその首都をハブとして整備されるので，交通上のアクセスの面からも集中が加速化される。

　もっとも先進諸国の間でも，日本やフランス・イギリスのように首都集中的なタイプと，米国・ドイツのように各大都市にかなり分散しているタイプとがある。さらに大都市圏の内部でも，本社立地が都心から郊外に移転していることがある。日本における東京の都心への集中は異常である。日本では他の企業や政府との接触が集中の理由とされているが，このような分散的な本社立地をとっていても，政府へのロビー活動やグローバルなネットワークのコントロールは可能なのである。

　子会社・支店・営業所などの配置は，それぞれの管轄するテリトリーのユーザー・消費者に対する営業・サービス・情報収集の必要

から，管轄地域内の**地方中心都市**に置かれることが多い。本社を首都に置き，支店等は地方中心都市に展開するというパターンが，ほとんどの企業で同調してくると，企業内での空間組織が，都市間の全国的なシステムをも規定していくことになる。大企業本社の中枢管理と関連の対企業サービスが首都経済の基盤になり，地方中心都市においては支店の活動によって成長する**支店経済**が顕著になる。

イノベーションとプロダクトサイクル

現代の企業にとって，イノベーションは非常に重要な要素となっている。このイノベーションと情報環境を軸にして立地変化を説明するのが，R.バーノンの**プロダクト（ライフ）サイクル**論である（図1-5）。

科学技術の研究成果は，研究大会や学術雑誌等で公表されて，誰でもアクセス可能な自由財になる。一方，特許等の知的所有権が成立するものに関しては，それを利用するためにはライセンス料の支払いの対象となる無体の経済財である。初期段階の新製品の開発においては，技術や市場面での不確実性が大きい。この不確実性を少なくするためには，情報の入手が重要な役割を果たす。このようなイノベーションが生まれる環境としては，技術開発を担う人材や機関が集中しており，市場の動向も把握しやすい先進国の大都市圏が有利である（図1-5-①）。

大企業はその内部にも，基礎研究や応用研究を進める独立した中央研究所をもち，工場にも生産と密接に関連した開発や試作の機能をもたせることがある。後者は工場の地方展開とその高度化にともなって分散することもあるが，前者は大学や政府の研究機関，他の企業の研究部門の立地とともに，大都市圏の郊外に立地することが多い。

中小企業においても，独自開発の推進のほかに，大企業の試作機能の一端を担ったり，他の中小企業との横の情報交換や技術的な分

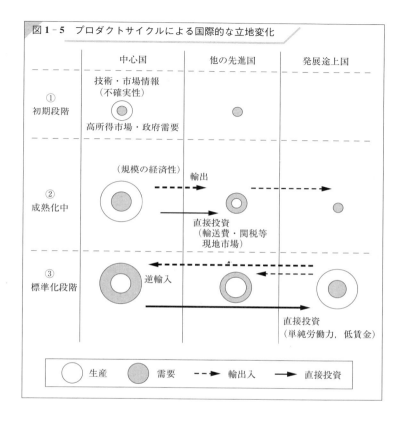

図1-5 プロダクトサイクルによる国際的な立地変化

担関係,相互依存的な取引関係を通じて,技術的な高度化を果たしていることがある。大都市の**インナーシティ**に立地する,東京城南の中小企業群のケースなどがよく知られている。

 技術的に標準化が進み,市場も拡大して製品として成功した段階になると,量産体制を確立するための工場は,大規模な用地や大量の労働力を求めて地方にも展開する。さらに外国への輸出が増加するとともに,相手国との貿易摩擦や現地の競争企業の動向,さらには通貨レートの変動などの環境変化が生じてくる。これに対して,

製品輸出から現地市場を確保するための直接投資へと切り替えられていく（図1-5-②）。

さらに製品の機能も安定する代わりに価格競争が激化して，労賃コストの切り下げが必至となる標準化段階においては，国内の縁辺地域や発展途上国への生産シフトが起こり，その拠点から第三国への輸出や先進国への逆輸入も増加する（図1-5-③）。

このようにプロダクトサイクル論は，先進国の中心地域から，国内の縁辺地域や，他の先進国，そして発展途上国への生産の段階的なシフトを説明する。これは全国的大企業や多国籍企業による，研究所・試作工場・量産工場への一連の立地展開と，**企業内空間分業**によって生じるものである。それぞれの国・地域ごとに見た場合にも，生産・需要・輸出入のバランスが次第に変化していく。

現在では，最初から世界最適生産体制を構築しておいて，新商品を世界市場に一斉に販売する戦略がとられる。つまりプロダクト・サイクルが短縮化，さらには同期化されている。他方，家電などの成熟商品でも，掃除機や炊飯器のように新たな付加価値をつけたマーケティングが行われることもある。また，量産ラインの対外移転に代わって，1人が複数の工程を担うセル方式による多品種変量生産や，納期を短縮する流通組立の導入といったかたちで，「脱成熟化」という生産の国内回帰が起こることすらある。

企業行動と立地変化

企業はその事業活動を行っていくうえで，さまざまな経済環境の変化に適応して，量的な成長や多角化，縮小・撤退等のリストラクチャリングを進めていく。

既存部門の事業拡大や新規事業への多角化のためには，既存もしくは新規の工場で新たな設備投資を進めたり，同業種や異業種の他の企業やその一部の工場の合併・吸収（M&A）を行ったりする。前者の場合の新工場の建設などによる立地変化のほかにも，後者の

ように実際の工場の立地そのものは変わらなくとも,新たな企業の本社のコントロールのもとに置かれて,企業組織内での位置づけが変わってしまうことがある。

不況下で,不採算となった部門においては,既存工場の規模の縮小や,工場閉鎖,さらには倒産も生じる。労賃の高騰や地域市場の縮小,輸送費の不利などの立地因子がマイナスの条件として働いていることもある。しかし,工場閉鎖のように,失業の発生などの重大な社会的影響をともなう意思決定に関しては,企業全体としての経営的な判断によって最終的には左右されよう。

米国などでは,短期的・投機的な利益を求めるM&Aの結果として,工場の売却や閉鎖などの問題が生じることが多かった。一方,日本のように長期的な投資戦略と継続的・改良的な技術革新を重視する経営様式においては,工場立地そのものは同じままで(*in situ*),内部で製品や生産方式を柔軟に変化させる傾向が強い。

サービス経済化と都市群システム

先進諸国の産業構造においては,物的な財の生産を担ってきた農業や製造業に代わって,流通・サービス産業が就業者数や生産所得の過半を占めるようになってきている。また,農業・製造業の内部においても,直接的な生産部門においては,機械化や自動化によって相対的に少ない従業者数ですむようになってきたのに対して,企画・営業・研究開発等の間接部門の比重が高まるという**ソフト化**が進行している。この企業内でのソフト化のなかで,本社・支店や研究所などの機能別の立地が進められることはすでに見た。また,流通・サービスなどの産業部門としての空間的な展開を通じても,都市間の階層的なシステムが形成される。

流通産業は,国内の地域間さらには国際的な財・サービスの取引を効率的に編成する機能を果たしている。生産部門から流通部門へ,さらに流通部門間での卸売の取引(以上,B to B)は,一部の産地

卸の機能を除いて，大都市を中心とする集散地の商社・問屋のもとにまとめられている。また，大手メーカー自身も流通への直接的な関与を強めているが，逆に大手小売業の側からの取引上の対抗力も高まってきている。

サービス部門のなかには，**対企業サービス**（producer service）と**対個人サービス**，さらに**公共サービス**がある。対企業サービスでは，本社機能の首都集中や，支店機能などの階層的な立地に対応したサービス供給のために，やはり階層的な都市システムに対応した立地傾向を示す。特に高次の国際化・情報化に対応した対企業サービスは，首都に極度に特化している。また，金融・不動産業の肥大化も同様の立地傾向を強める働きをもっている。

他方，消費者に相対する小売業や対個人サービス業（以上，B to C）は，人口と家計所得の分布に依存するため，相対的に分散的な立地を示す。さらに，公共的なサービスも，住民福祉の機会の平等化のために均等な施設配置をめざす。

W.クリスタラーの中心地論は，都市の規模，規模階層別の都市数，それらの空間的配置を説明している。中心地システムは，それぞれの中心地に立地する中心機能からの財・サービスの供給と，中心地からの距離によって次第に減少していく需要の範囲としての補完地域との関係からなる。支店の機能で見ればその立地と管轄領域との関係であるし，小売業では商店の立地と商圏の関係になる。

サービス経済化のなかでは，各都市の産業構造は第三次産業を主体としたものとなり，階層的な都市システムのなかに組み込まれる。首都－ブロック中心都市－県内中心都市－生活圏中心都市という階層に対応して，本社・支店・営業所などの配置が行われ，それぞれの空間的スケールにおける流通と情報のまとまりが生じている。首都やブロック中心都市の成長基盤は，こうした企業内のソフト部門の配置や，流通・サービス業の立地に置かれるようになる。

上位から下位の都市までが，上下の垂直的な関係によって結ばれている都市群システムをツリー型とすると，一部の先進諸国に見られるような都市間・地域間での水平的・対角的な多様な結合関係を表現するのが**ネットワーク型**である（A. Pred）。また，発展途上国では，首都への圧倒的な集中にともなって，首位都市優位（プライメイト・シティ）型の都市規模分布が見られる。

2　生活空間の構造

　仕事・住宅・消費

　経済の広域化や国際化のなかにあっても，日常の生活が繰り広げられるのは比較的狭い空間のなかである。経済循環のなかで生産と流通の空間は拡大しているものの，消費ないしは労働力・人口の再生産の場は，日々の時間の長さと空間的移動性の制約のなかで行われている。経済単位としての家計は，労働によって賃金・所得を獲得し，それを支出と貯蓄にまわすことによって成り立つ。それはまた，平日における自宅から職場への通勤とそこでの労働と，自宅や地域社会での余暇時間や休日のすごし方からなっている。

　職場のある場所は，工場・オフィス等の立地と職業・企業の選択によって決まる。日本の大企業のような終身雇用の慣行のもとでは，就職時に決まった企業に定着するのが一般的といわれていた。転勤を別として，さらに企業自体の立地移動もなければ，極端にいえば定年まで同じ場所に通い続けることになる。住宅の方は郊外に求めていくことが多かったので，通勤距離が次第に長くなっていた。一般の求人・求職やパート・アルバイトの労働市場では，住居を変えないかぎりでは，通勤可能な圏内で就業の機会を選んでいくことになろう。

　日本の女性の場合は，男性中心の終身雇用から排除され，結婚・育児にともなって退職してしまい，子供の成長後に再び生計補充的

なパート等に就くことが多かった (M字型カーブ)。このような社会的な制約と，時空間的な制約とから，時給や仕事の内容がよくなくとも，自宅の近くに働く場を求めざるをえない。労働市場と家族生活の両方に制約されて，女性と男性との不平等が生じている。

　女性が働き続けることが多くなってM字の落ち込みは小さくなってきているが，代わりに近隣での保育所の確保や，介護のための時間やサービスの保障が大きな問題となっている。ジェンダーによる差別は他の諸国でも見られるが，福祉サービスが充実している国では，男女の両性に対して地域のなかで生活と労働の機会を保障しようとしている。

　住宅を選ぶ際には，家族の居住条件の要求と，通勤・通学先との関係における利便性を考慮し，そして家計のなかでも大きな支出である住居費の予算制約のもとで決めなければならない。しかし，住宅市場は，個別的な家族の側の選択よりも，不動産資本の行動や公共的な土地政策のあり方によって大きな影響を受ける。都市部への人口の集中と，地価の上昇による住宅地の遠隔地化の結果，長時間・遠距離通勤による時間的・肉体的損失が大きくなり，生活のゆとりを失わせていた。バブル崩壊以降の地価の下落は，人口の都心回帰を引き起こしている。

　消費支出の場としては，消費財や個人サービスの購入のために，商業・サービス業の立地に対応した消費者行動が行われる。遠隔地とのネット・通信販売や，国内外への旅行にともなう支出を別として，日常の買物は小売商圏の範囲内で行われる。

　小売商圏も，空間的な階層性をもっている。日常的に頻繁に購入する食料品や雑貨等の**最寄品**については，近隣の商店やスーパー，コンビニエンス・ストアですませられる。年に数回ではあるが高額な商品を購入するような**買回品**の場合は，都心のデパートや専門店にもショッピングに出かけていく。日本でも人口の郊外化が進み，

モータリゼーションの進展もあいまって,大型ショッピングセンターやカテゴリーキラーの量販店が,幹線道路の沿線に進出している。

市場を経由した個人的・家族的な消費だけでは,現代の生活様式は成り立たない。上記の保育や介護を含めて,教育・医療・福祉等の領域では,民間のサービス企業だけではなく,公共部門によって提供される施設・サービスにも依存している。公共部門における財政的な制約のもとではあるが,人口に対応して基礎的な教育・医療・福祉等の施設を適切に配置することを通じて,住民の生活機会の均等化が図られなければならない。生活圏の広域化にともなって,医療や福祉関係の施設も,中心的なセンターと分散的なサービス機関とに分けて,空間的に階層配置する必要が出てきている。

生活の質から見た地域経済

先進諸国においては,1970年代に入ると大都市への産業と人口の集中が限界を見せはじめ,大都市圏内における都心周辺から郊外への分散に続いて,中小都市や農村部への人口移動も始まっている。この動きを都市化の逆転現象であるとして,**反都市化**(counter-urbanization)と呼んでいる。過度の集積にともなう不利益が産業と生活の両面で起こったことに対して,良好な生活環境を備えた地域への志向が生まれたことと,交通・情報ネットワークの整備とが,分散的な社会の成立を可能としている。

実質的な生活水準とは,総合的な社会生活指標の作成にも見られるように,就業や所得のみならず,生活時間のゆとり,生活基盤の整備,自然環境のよさ,文化的な個性などの多面的な指標によってとらえるようになってきている。物価や環境を考えると,所得面では水準の高い大都市圏での生活が必ずしもゆとりがあるとはいえず,むしろ地方都市や中山間地域の方が時間のゆとりや自然とのふれあいの面で優位に立っているともいえる。それでもなお,大都市への多様な就業機会や文化産業の集積を見ると,すべての面で地域的な

格差が解消しているともいえない。「**生活の質**」を基準として地域経済のあり方を見直す必要があるのではないだろうか。

5 グローバル化のなかにおける地域経済の復権

　産業の立地と地域経済の構造や発展に関するさまざまな理論を見てきた。このような空間のダイナミズムのなかにおいては、地域間・国家間での階層的な分業体系とともに、首都や新しい産業地域への再集中や、空間的な市場圏の拡大と深化、他方ではネットワーク的な生産システムの形成が進んでいる。これらの点を現代経済の構造的な意味での再編成との関係で見直すとともに、新たな地域社会の形成に向けた展望を試みよう。

1 近代史のなかの地域

　産業資本主義の都市　　地域経済や産業立地に関する抽象的・一般的な理論だけではなく、社会的・歴史的な具体的文脈を取り込んでいく。国民経済を単位とする空間的な分業構造は、各国で同一の性格をもっているわけではないし、また歴史的にも変化してきている。

　19世紀のイギリスでは、「世界の工場」として圧倒的な優位を占めながら、国内では石炭・鉄鋼・機械・造船・繊維などの特定の産業に特化した産業地域を各地に形成していた。イギリス以外の諸国でも、石炭・鉱石等の重量減損原料の利用のために原料産地で重工業地域が形成されるとともに、商品経済が発達した地域から繊維工業などの集積地域が誕生している。

　しかし、それぞれの工業都市の内部では労働者と資本の対立と、都市環境の劣悪化が生じており、20世紀に入る頃から田園都市運

動のような改良的な都市計画が登場してくる。

20世紀前・中期の経済空間

イギリスの旧産業は，経営の近代化と技術革新の遅れのなかで硬直的な事態に陥り，ドイツ・米国の追い抜きにあって国際競争力も低下した。特に1930年代の大不況期には，各地に特化した基盤産業の不況が，同時に深刻な地域的な失業を引き起こした。内外への移輸出によって成長した工業都市が，その基盤産業の崩壊とともに衰退の局面へと転じてしまったのである。ここから始まったイギリスの地域政策は，自動車・電機などの新産業が集中し，過密化したロンドンなどからの工場の地方分散と，地域的な産業構造の多角化を課題とした。

20世紀に入ってからのドイツや米国もまた，それぞれ国内にベルリン，ニューヨーク，シカゴなど大都市や，ルール，あるいはニューイングランドから五大湖岸にかけての重工業地域を形成していた。経済成長にともなう工業化と都市化は，同時に国内の他の農業地域との間での不均等な発展と，人口の都市への流入を招いた。

国際的に見ても帝国主義の時代には，アジア・アフリカの地域を植民地化し，ラテンアメリカをも経済的に従属させながら，食料・資源などの一次産品の生産地と工業製品の市場として支配した。従属化させられてきた地域では，支配国や世界経済との結節点となった首都と貿易港をさらに国内での中心として，近代化の渦に巻き込まれていく。

第二次世界大戦後の先進諸国の高度成長期における，大量生産方式の普及と，高生産性－高賃金－耐久消費財市場が好循環をかたちづくった内包的な蓄積体制を，フランスのレギュラシオン学派は**フォーディズム**と呼んでいる。この蓄積体制とならんで，大企業と労働組合との安定した労資関係や，有効需要管理などで国家による経済過程への介入を強めたケインズ主義政策，さらには第二次世界大

戦後のドルを基軸とした国際通貨体制などの社会的調整様式の確立が，戦後における高度経済成長を促した。

消費者の所得の上昇と郊外への住宅の分散，モータリゼーションの普及はあいまって進み，都市の**インフラストラクチャー**の整備への金融的・財政的循環とともに，都市化そのものが現代資本主義の成長と存続の必須の一要件となる（ハーヴェイ，1991）。先進諸国内での地域間格差も，大都市や既成工業地域からの工場の分散化と，福祉国家のもとでの地域間再分配によって縮小の傾向をたどった。

2　現代の経済空間

空間的な階層構造　　1960年代後半から70年代のオイルショックの時期には，インフレと国際通貨体制の動揺のもとでこの**フォーディズム**の蓄積体制と調整様式が危機に陥る。大企業は，都市部での賃金の上昇と硬直化した労資関係から逃れるために，国内の農村部や縁辺地域へと低賃金・未組織・単純労働力指向の工場分散を始めていた。労働過程の脱熟練化と交通通信体系の整備がその条件となり，国家の産業分散政策と自治体の企業誘致がさらにそれを促進した。

しかしながら，このような工業立地の地方分散による地域開発政策は，低賃金・単純労働力指向の単なる**分工場**の進出にとどまった（branch plant economy, externally controlled economy）。中枢管理機能と先端的な研究開発機能については，情報の集積や接触の利益を求めて首都とその周辺になおも集中した。

この結果，同一産業あるいは同一企業の内部において，地域間での機能分担が進み，所有と意思決定に関わる**階層的な空間分業**が確立する。かつての農工間の商品流通や，都市への労働力移動，資本の大都市集中による地域間分業と地域格差のうえに，それを利用しつつもさらに変容させながら新しい空間分業ができあがってきたの

である（マッシィ，2000）。

　先進諸国と発展途上国との間の南北問題もさらに深刻となったが，工業製品と一次産品とを交換する古い国際分業のうえに，新しい国際分業が生まれてくる。先進国内部で発生したものと同様に，多国籍企業による発展途上国への直接投資によって，途上国の自由貿易地区や首都周辺に工業成長が起こり，企業内国際分業と企業内貿易が発展してくる。この逆に先進国においては，製造業の競争力の衰退と多国籍企業の対外投資により，産業の**空洞化**問題が発生した。

　多国籍企業による国内的・国際的な立地体系の影響力が強まった結果，地域経済や国民経済を単位としたセミマクロないしはマクロな問題群と，ミクロな企業の空間組織や立地行動から見た問題が同調化してきている。

中心—縁辺関係の「発展」

　生産や所得から見た地域間格差によって，先進地域と後進地域という区分も以前は行われていた。先進・後進というように空間的な関係を時間的な発展段階論によって置き換えてしまうと，産業化・近代化の進展にともない，後進地域もいつかは先進地域に近づいていくという見方になりかねない。しかし，国内でも国際的に見ても地域間格差は現実には容易に解消せずに強固に残っている。なお，用語の上では「後進」や次の「低開発」は差別性をきらわれて，今は「発展途上（developing）国・地域」が使われている。

　第三世界に関する近代化論を批判した従属理論（**A. G. フランク**）は，中心（中枢）の発展と縁辺（衛星）の低開発（under-development）とは，同じ時代における裏表の関係であり，中心国の危機の時期には縁辺諸国で自立化の傾向が生じることがあっても，中心国の回復と成長にともなって再び縁辺諸国の従属性が強まると主張していた。フランクはさらに国際的な中枢（metropolis）—衛星関係が，国内においても首都（metropolis）と縁辺地域との関係として現れて，入れ

子状の階層構造になるととらえている。

I. ウォーラーステインの世界システム論では，中心―半周辺―周辺の階層的な関係性が，地域的に移動しながら世界史上で生じてきたとする。縁辺地域においても，外部指向型（輸出指向型）工業化によって NIEs（Newly Industrializing Economies）のような事例が出てくるとしても，それは階層的な従属関係のもとでの「発展なき成長」として位置づける。

量的な拡張を指す「成長（growth）」と，質的な変化を意味する「開発・発展（development）」は区別できる。また，動詞の develop は，文法上では主語と目的語をとって「（自治体や企業が）（何々地域を）開発する」という他動詞の用法と，自動詞として「地域（主体）が発展する」という意味とがある。develop は「中にあるものを外に出す（出る）」という意味なのだが（逆が envelop，封筒），「開発」によって地域の潜在的な可能性が引き出されることも，また逆に自然環境や住民の生活を破壊することもありえる。内発的（endogenous）発展と外来的（exdogenous）発展（開発）は，開発の主体が地域の内部にあるのかそれとも，外部の主体（資本，国家）が地域を開発しようとするのかという違いになる。

> 地域経済の再出現

経済のグローバル化にともなって，新たな視点からの地域経済に対する関心の高まりがある。これには企業によるグローバルな視点から見た立地点の選択ということと，産業や経済の活力の担い手としての世界都市や新しい産業地域の再評価という2つの側面があろう。

第一は，多国籍企業の立地行動が，国内における事業所の配置にとどまらず，複数の国家間での立地の選択，さらには相手国の内部での特定の都市・地域の立地選択にまで及ぶようになったことである。多国籍企業が立地選択を行う際に，特定の都市や地域を直接の対象としてとらえはじめている。

グローバルな視点から国内と世界とを同時にとらえて経営戦略を展開する企業行動の立場から見れば，制度的・立地的な条件の違いのなかで，どのように最適な立地を行うかということが課題になる。賃金の格差を利用したり，また誘致先の地域からどれだけ有利なインセンティブ（税の減免，補助金などの誘因）を引き出すかも重要である。また州や自治体の側からも，多国籍企業に対する誘致の働きかけが進められている。このような多国籍企業の立地行動の展開が，地域間における誘致競争を激化させている。

　第二に，国境を越えて拡大した経済空間のなかで，再び世界都市や先端産業地域などの地域経済に関心が集まっている。

　ニューヨークやロンドン，東京などを「世界都市」と呼ぶ。これらの諸都市は，1970年代の一時期は人口と産業の衰退や分散と環境の悪化，財政赤字などによる大都市の危機を経験したが，金融の国際化・自由化を通じた国際センターとして80年代には再生あるいは再集中の現象を見せた。これは多国籍企業の本社や金融・サービス機能がグローバル化のなかで集中・成長したためである。これにともなって，二極分化した労働市場の下層の部分には，発展途上国からの移民労働者も流入してくる（S.サッセン）。

新しい産業地域　また，経済危機のなかにある先進諸国の国民経済のなかにおいて，ハイテクノロジーや企画・デザイン力をベースとした新しい産業地域の発展に注目が集まってきた（スコット編，2004）。エレクトロニクス等の新たな技術革新を基礎としたハイテク産業地域である米国の**シリコンバレー**や，日本の**京浜**，ロンドン周辺のM4コリダー（回廊）などがそれである。また，中小企業のクラフト的な柔軟な専門主義によって成長した**第三のイタリア**も関心を呼んでいる。

　このような動きは，1960年代の大量生産と大量消費を基礎とした高度成長体制（フォーディズム）に代わる，フレキシブルな蓄積様

式（ポスト・フォーディズム）の議論と結びつけられている。このフレキシブルな生産体制の一環として，新しい産業集積地域の形成が位置づけられ，産業政策と地域政策が一体のものとして考えられるようになった。衰退産業地域や低開発地域においても，地域的な産業・技術政策を促進することで発展の軌道に乗り出そうとしている。

③ グローバル／ローカルのパースペクティブ

| 空間的なダイナミズムの光と影 |

このように成功した世界都市やハイテク産業地域があるとはいえ，それらはグローバルなネットワークのなかにおける少数の事例にすぎない。むしろ，世界規模での市場を対象としてビジネスを行い，競争力をもっているからこそ，ローカルな集積が成立している。同時に製品の価格低下も急激に進み，実際の部品や組立の生産拠点はNIEsからASEAN，さらには中国へと展開している。しかも，このような先進国の世界都市とハイテク産業地域，さらには発展途上国の企業や工場群も，激しいM&Aや金融・為替市場の変動のなかに置かれている。

冒頭で取り上げた経済地図の変貌の姿を，地域経済や産業立地の理論によりながら，再描画してみよう。国際的な経済統合を主に例とするが，この議論は国内の地域間における問題とも重なっている。地域間・国家間での経済格差と中心―縁辺の階層制による問題と，他方での地域経済の自立的発展と地域間のネットワークへの志向を，相互の対抗関係と連関が織り成すダイナミックな潮流としてとらえてみたい。そこでまず，現実のいくつかの動きをまとめてみる。

| 市場の拡大とネットワークの形成 |

第一に財やサービスの流通をめぐる空間的な制約は，輸送費の低下と関税等の引き下げを通じて，国内の地域間だけではなく国家間においても小さくなっている。資本と労働力の移動でも，同様

に地域的な流動性が高まっている。情報については，通信基盤の整備にともなって，世界中にほとんど瞬時に伝播するような状況になりつつある。

しかしながら，第二に，財の生産ー流通ー消費という経済循環が，空間的に全く無差別に行われているわけではない。生産の規模と需要の市場圏との対応関係によって，相対的なまとまりをもった経済圏が重層的に形成されている。従来の国内においても，全国的な循環のほかに，広域的な地方圏や，あるいは日常生活圏や都市内部のコミュニティなどの各種の地理的なスケールにおいて，空間的な財・サービスの流通や所得・資金の循環が行われている。

さらに国際的な広域経済統合の動きのなかで，北米やヨーロッパ，東アジアなどのスケールでも，貿易や資本移動の流れが拡大しつつ，同時に域内での産業連関や市場圏としてのまとまりが生じている。旧ソ連や東欧，中南米，太平洋諸国，南・西アジア，アフリカの諸国も，グローバルな市場経済のなかに巻き込まれている。

第三に，地域間および国家間での経済的な所得格差は非常に大きい。このことから，まず周辺から中心への人口の地域間移動が生じるし，資本による賃金格差の利用を通じた新しい空間分業も形成される。資本と労働力の空間移動においても距離の摩擦は働くので，EU内部での中心・周辺性や，NAFTAにおける米国とメキシコ，さらには東アジアにおける日本・NIEs・ASEAN・中国などのように，広域経済圏の内部に階層的な中心ー縁辺関係のまとまりが生まれる。

第四に，産業連関や市場圏，生産要素の移動があっても，広域経済圏の内部の各地域が全く同質なものになることはない。ハイテク産業やクラフト的な熟練による特定産業の集積地域や，国際的な金融・情報の中枢機能をもつ世界都市のように，少数の中心的な拠点がグローバル化のなかで顕在化する。さらに，労働力や市場を求め

Column ③ 地域経済の国家からの「独立」

　2016年6月、「大ブリテン・北アイルランド連合王国」（イギリス）の国民投票で、ヨーロッパ連合（EU）からの分離独立が決せられた。14年のスコットランドの独立住民投票では、僅差でイギリスに留まることとなったが、これらの出来事は、政治的な主権国家と地域・民族の関係のみならず、国民経済と地域経済の関係を再考するきっかけともなる。

　ひとつの社会科学的なフィクション（SF）として、「独立・土佐黒潮共和国」（坂東眞砂子『やっちゃれ、やっちゃれ！』文藝春秋、2010年）を紹介してみよう。高知新聞連載の小説（2004年）がもとになっている。高知県は「限界集落」（大野晃）の名の発祥の地であり、人口が減少し、過疎化が進み、1人当たりの県民所得でも最下位クラスにある。

　高知県が国家として日本からの独立を宣言した場合、国境と領土、国民といった基本的な事柄を一応、別とする。通貨は「円」から土佐和紙を使った「RYOU（両。「龍馬」から？）」となり、「両」が切り下がれば、高知からの輸出競争力は高まるが、輸入される財貨の価値は上がり、農産物やエネルギーをどう確保するかが問題となる。

　「ユーロ」は通貨レートの変動の影響を排除できたが、他方で各国の財政に対しては厳しい規律が求められ、ギリシャの経済危機なども起こってきた。GDPの2倍以上の中央・地方政府の債務を抱えている日本はこの点からみると異常である。日本の中央・地方の政府間関係は「集権型分権システム」（神野直彦『地域再生の経済学――豊かさを問い直す』中央公論新社、2002年）と特徴づけられているが、高知県の財政力指数は0.2程度と最下位クラスなので、地方交付税がない状態では「国家財政」は破綻するし、日本政府も「お荷物」の高知県の独立を、当初は、あまり気にしてないという設定になっている。独立に併せて、食料・エネルギーの自給化と、特産品の輸出によって「外貨」の獲得をめざさなければならない。

　しかし、高知県には「資源」は何もないのだろうか。『県庁おもてなし課』（有川浩、2011年）は、「何もない自然」こそが高知の資源だと

喝破して，これまでの行政に代わる観光戦略を繰り広げる。現実世界の高知では，「四万十ブランド」や馬路村特産の「ゆず」など，各地では内発的な地域づくりが活発に行われており，2015年には高知大学に「地域協働学部」が発足している。

　なお，イギリスでも，1990年代以降のスコットランドやウェールズへの権限委譲にともなって，独自の産業政策や，日系企業などの企業誘致の取り組みが行われ，各地の大学もこうした地域政策に協力してきている。

　豊かさ，幸せ，自由，自立，平和，憲法とは何なのか？　地域の独立をめぐって問い直すための思考実験である。

て産業立地が分散化し，広域的な生産ネットワークが形成される。多国籍企業のグローバルな支配のもとにおいても，それぞれの広域経済圏に対応する**三極体制**をとり，域内での生産体制の確立と，営業や研究開発に関する機能の分権化が進んでいる。

　第五に，NIEs・ASEANが典型であるように，先進国からの資本・技術の移転や対米輸出の拡大という枠組みのなかで，縁辺諸国のなかからも産業発展と経済成長の軌道に乗るケースが出てくる。外部指向的な工業化から出発して，次第に域内での産業連関が広がり，所得水準の上昇にともなって国内の消費市場も拡大してくる。

　第六に，環境保全や労働基準などにかかわって，グローバルに普遍的であるべき社会的規制の適用の問題がある。EUのように従来の国内的な諸規制を国家間で共通のものに変えていくためには，各種の国際機関や協議のためのシステムが必要となり，調整と合意をめぐるプロセスが続いていくことになろう。

> 2つのフレキシブルな地域経済

このようなダイナミズムをもった現実の姿に対する，地域政策の視点からの評価基準として，労働の**フレキシビリティ**における

守りと攻めという議論にならって（ボワイエ，1992），立地と地域に関するフレキシビリティという議論をしてみよう。

　先進国やその中心地における硬直的な生産体制から，資本が立地のうえで逃避して，縁辺地域や発展途上国に直接的に生産を移転している。また，逆に労働力移動から見て，先進国の首都・工業地域への移民労働力を利用することで，間接的に低賃金基盤を維持している。このように資本の立場から労働者に対して数量的・価格的に下方に伸縮的な空間戦略を追求する動きを，守りの立地のフレキシブル化とする。これらは，労働市場における周辺的な部門を数量的なフレキシビリティとして利用する場合の，空間的に見た縁辺と中心地における両側面である。

　テイラー主義の労働原理においては，熟練を解体して「構想と実行」を分離させていた。この分離は空間的な分業を媒介として，中枢管理機能・研究開発機能の立地する首都と，縁辺地域における単純労働部門との関係として現れる。中心地域は新たな革新にもとづいてその優位な地位を保ちつづけるのに対して，縁辺地域では意思決定機能の欠如と，数量的な変動の不安定性に悩まされる。

　労働の側からの攻めのフレキシビリティでは，労働者の多面的な技能の発達と共同的な生産への関与，さらには労働時間の短縮などの「労働の質」を追求している。ハイテク工業地域の産業の再生などにかかわる積極的な側面は，自立的なイノベーションの拠点の役割を果たし，市場の変動に柔軟に対応している点があげられる。このような対応を行うためには，意思決定から研究開発—生産への流れの迅速化と，生産過程における現場の労働者を含めた柔軟な再編成と対応力がなければならない。

　縁辺部に分散した工場においても，単なる低賃金労働力の利用では，賃金の上昇などによって直ちに競争力を喪失する結果にならざるをえない。生産拠点としての機能を維持してゆくためには，応用

的な研究開発の機能の付加や，工程革新による生産性の継続的な上昇，そして技能の高度化などが不可欠になってくる。

　もうひとつの重要な攻めのフレキシビリティの空間的要素は，広域統合のなかにおける労働時間の短縮や環境保全などに関する社会的な規制の平準化である。立地による格差を通じたソーシャル・ダンピングの余地をなくしていくことを通じて，企業にとっても競争条件を平準化するのが目的である。縁辺地域においても「発展なき成長」の結果としてではあれ，労働力需要の高まりのなかで賃金水準が上昇し，政治的な民主化や現地の労働組合との対立関係も生じてくる。所得水準の上昇は，地域市場の拡大を通じてさらに投資を促進し，市場圏立地のサイドからの消費・産業連関の形成を進めていくことになる。

　各地域の経済が次第に自立性と柔軟な適応力を獲得していくとすれば，地域間の関係もより水平的なネットワークに変質する可能性が出てくる。同時に，地域間での階層的格差もより縮減されたものになってこよう。このようなアプローチの仕方を，立地と地域にかかわる攻めのフレキシビリティとしよう。その特徴は，広域的な市場と生産のネットワークの形成の動きのなかにある水平化への動きをより重視しながら，同時に労働・生活・環境の質を平等に高めていこうとする点にある。

> コミュニティの永続可能性

　そのためには，企業，国家・自治体，住民のそれぞれの立場からの，分権的な地域社会の形成に向けた社会的合意の形成が重要となってくる。国家と自治体との間での分権化と，企業組織の内部での分権化，労働組合や住民団体による地域的な活動の活発化という，大きな社会変動のなかにおいて，地域の活性化への道をさぐる議論が行われつつある（Sabel, 1989）。大企業と労働組合，国家介入という20世紀後半の社会的調整様式そのものを見直すような文脈

で考えるべきであろう。この点において，グローバル化のなかでの地域経済の復権と，地域を基盤とした社会システム全体の変動が交錯している。

　「**シリコンバレー**」や「**第三のイタリア**」が注目されるのは，単なるハイテク産業やクラフト的熟練の発展だけではなく，企業や住民のコミュニティ形成への参加と，これらの地域がもっているユニークな「**労働の質**」と「**生活の質**」への評価によっている。この地域的な産業群が，環境や福祉，ユニークな文化などにかかわる社会が真に必要としている製品やサービスの開発を続けることを通じて，産業コミュニティの維持可能な発展を果たしていくことを期待したい。

第2章 現代日本の地域経済と地域問題

（左上から右回りに）東京・丸の内，香川・丸亀駅前，宮城・気仙沼被災地，京都・嵯峨野

　この章では，資本蓄積のグローバル化が進むなかで，日本の地域経済がどのように変貌し，いかなる地域問題を抱えているかを概観する。地域は，何よりも住民の生活の場であるとともに，資本の活動の場でもある。それまで地域経済を支えてきた資本の生産力が増大し，活動領域が広域化し，トップ企業の活動が国境を越えるなかで，地域経済や住民の生活はどのように変化しているのだろうか。また，資本蓄積の拡大は，既存の経済構造や住民生活との摩擦を生み出し，常に新たな地域問題を発生させていく。現代における資本活動のグローバル化は，どのような地域問題を生み出しているのだ

63

ろうか。まず最初に，*1*では，日本の地域経済の形成過程を振り返ることにより，現代日本のグローバル化の歴史的位置を確定したい。そのうえで，*2*で1980年代後半以降に明確な姿をとってきたグローバル化の様相と，それが地域経済に与えるインパクトを見てみる。*3*では，グローバル化と同時に進行した産業構造の転換が，日本の地域経済構造や就業構造，住民生活をどのように変えているかを検討する。続く*4*と*5*では，都市および農村の変貌とそこでの地域問題を各々明らかにしていきたい。

1 地域経済の形成過程

1 資本主義の発展と地域経済

幕藩期の地域経済構造

資本主義が本格的に発展してくる以前の封建社会は，現物経済で成り立っていた。日本の幕藩社会も，基本的には農民が貢納する年貢によって支えられた「米遣いの経済」であった。しかし，鎖国体制のなかでの商品生産の発展と貨幣経済の浸透により，「三都」（江戸，大坂，京都）を中心に，都市商工業が発展していく。**幕藩時代前期**においては，江戸は武士が集中する行政都市・消費都市であり，江戸の消費財は，大坂，京都の商工業者によって供給されていた。江戸の人口は100万人を超えたと推定されており，西欧の封建都市と比べると巨大な都市であった。幕末に近づくにつれて，江戸周辺には「**江戸地廻り経済圏**」が形成されていく。幕藩時代には，回船などによる広域流通もあったが，基本的には藩を越える人や物の往来は厳しく制限されており，藩ごとに分立した経済構造であった。幕末期には，藩財政を強化するために，さまざまな特産品の奨励や専売制の導入が図ら

れ，現代の「**地場産業**」に継承されているものも少なくない。

　以上のような幕藩期の経済構造を一気に崩したのは，不平等条約のもとでの開港である。これにより，日本は世界資本主義体制のなかに完全に包摂されることになった。幕末貿易によって，生糸や茶などの輸出が伸びる反面で，在来綿業は綿織物などの完成品輸入によって急激に衰退することになった。また，このような国内産業の再編に加え，自然災害や銀流出と貨幣改鋳による物価の暴騰があり，「世直し状況」が広がっていく。

産業資本の形成

　明治維新政府は，地租改正や関所の廃止などによって，資本主義の発展の障害となる封建的制約を取り払い「**国民経済**」の外形を整えるとともに，殖産興業政策や官業払い下げによって**産業資本**の積極的育成に努めた。この結果，1910年代までには，綿業，絹業を中心に産業資本が確立する。他方，八幡製鉄所に代表されるように，鉄鋼などの重工業部門は，**国家資本**の手によって形成された。これらの資本が形成された地域は，綿糸紡績業では大阪，兵庫を中心とした西日本地域の都市近郊であり，製糸業においては長野や群馬など養蚕地域の農村部が中心であった。また，機械金属部門は，東京などの大都市圏に集中していた。産業資本の確立期に，鉄道が全国に網の目を広げるにつれて，都市経済と農村経済との結合が進展していく。しかし，産業革命は，全国で同じように起きたわけではなく，東北地方では東京市場への鉄道による米移出をめざした**地主制**が発達することになる。さらに，日本の産業資本の形成は，アジア諸国への軍事的侵略なしにはありえなかった。世界経済が**帝国主義**の時代に入るなかで，後発資本主義国として台頭してきた日本は，朝鮮半島や台湾，中国大陸の一部を軍事力で植民地化することで，原材料市場や販売市場，資本輸出市場を確保したのである。こうして，日本資本主義は，本国経済と植民地経済から成る「大日本帝国」を築くにいたる。

> 重化学工業化と金融寡頭制

1920年代から30年代にかけては，**世界大恐慌**に示されるように，世界資本主義の転換期であった。帝国主義諸国は**ブロック経済化**の動きを強める一方で，**管理通貨制度**を導入して，慢性化した失業問題を解決するために大規模**公共事業**を展開しはじめる。米国の**ニューディール政策**，ドイツにおけるアウトバーン建設，日本における**時局匡救事業**などがその例である。この時期，日本では軍事体制への移行と並行しながら，本格的重化学工業化が進行する。大都市の臨海部に重工業地帯が形成されるとともに，地方でも金属機械系の工場立地を核に新興工業都市が続々と生まれてくる。他方で，農村部においては，昭和恐慌と植民地米の移入のなかで，基幹部門であった「**米と繭の経済**」が崩壊して疲弊を極め，**岡谷**などの製糸業地域は衰退していく。また，東京や大阪の都心部には，地方や外国に支店や分工場を有する**金融資本**や独占体の本社機能が集積し，**丸の内**に代表される業務空間や盛り場などが形成される。大都市周辺には，鉄道沿線に住宅開発がなされ，**衛星都市**が生まれてくる。しかし，戦争体制が強化されるなかで，繊維工場などの「平和産業」の軍需工場への転換や，民間企業の合併が「企業整備令」のもとで強制的に進められた。大都市では空襲を逃れるために工場の疎開が行われ，中小商工業者の強制的な廃業と労働者化も図られた。農村部では，軍需工場や飛行場の建設のなかで農地が縮小したばかりでなく，応召による労働力不足，さらに肥料などの資材不足のために生産が後退し，大都市部への食糧供給能力は著しく低下していった。

2 戦後復興期の都市と農村

戦争被害と戦後の生活難

　第二次世界大戦は，アジア諸国・諸地域や対戦国に多大な人的，物的損害を与えるとともに，日本国内にも大きな惨禍をもたらした。太平洋戦争中の戦死者は，民間人も含め300万人近くに及んだ。戦争で失った国富は，開戦前の4分の1に達した。

　敗戦によって，植民地は解放され，日本は米軍を中心とするGHQ（連合国軍総司令部）の占領下に置かれることになる。貿易が厳しく統制されたために，原材料が不足し，工業生産は大幅に落ち込んだままであった。また，農産物輸入の途絶と農業生産力の低迷のなかで，食糧供給もままならなかった。強権的な農産物供出が行われたものの，都市部を中心に深刻な**食糧危機**に陥った。物資が不足する一方で，ヤミ市場が形成され，爆発的なインフレーションに襲われた（1946年の1年間で300％）。しかも，軍人や満州など植民地に移民していた人々が大量に引き揚げてきたことによる人口問題と食糧問題に加え，戦災を受けた都市部での住宅問題が，緊急の社会的課題となった。

占領と戦後改革

　GHQの占領政策の基本目標は，非軍事化と民主化に置かれた。日本の占領体制の特徴は，ドイツのような直接占領方式ではなく，官僚機構を温存したままの間接占領方式がとられた点にある。GHQの占領政策は，武装解除にとどまらず，戦前日本の社会経済制度を全般的かつ抜本的に改革するものであった。なかでも，経済面では**財閥解体**，**農地改革**，**労働改革**の三大改革が遂行され，資本，賃労働，土地所有といった資本主義の主要構成部分の根幹にメスが入った。

　とりわけ農地改革は，農村部の地域経済構造に大きな変革をもたらすものであった。それは戦前からの懸案であった地主的土地所有

を廃棄し，**自作農体制**を全国の農村につくりあげ，のちに農業生産力が向上する社会的前提となった。また，農地改革と並行して農地開拓が進められ，食糧問題と過剰人口問題の同時解決が図られた。さらに，日本国憲法と**地方自治法**の制定により，首長・議員の公選制や直接請求制度を盛り込んだ地方自治制度が導入されたことは，内務省の解体や教育委員会の公選制とともに，地方自治の発展史のなかで特筆すべき改革であった。

改革の転換と講和

ところが，1948年に入ると，占領軍の改革路線が大きく転換する。中国大陸や朝鮮半島で社会主義勢力が台頭するなかで，米国政府が日本を「**極東の軍事工場**」化する方向を打ち出し（48年1月「ロイヤル声明」），そのために財閥解体や労働改革をトーンダウンしたのである。また，賠償施設に指定された国内工場の多くも，賠償緩和措置によって残存し，順次生産を再開していく。同時に，経済の安定を強力に行うために，**ドッジライン**（49年）による財政緊縮が実施され，激しいデフレが日本経済を襲う。さらに，1ドル＝360円の**固定為替レート制**が敷かれ，貿易再開への条件整備がなされた。翌年には投資母国への元利送金を保証し，外資の輸入を厳しく管理・選別する「**外資に関する法律**」が制定される。これは，財政危機に陥っていた米国政府が，従来の援助に替わり民間資本の資本輸出を促進することに対応したものであった。このような形で，日本経済の「自立」が図られるなかで，52年には**サンフランシスコ平和条約**が発効する。しかし，この講和は，全面講和ではなく，一部諸国との単独講和であったため，国内いたるところに米軍基地が存続することになっただけでなく，**沖縄**は本土から切り離され米軍の管理下に置かれた。また，千島列島も放棄することとなった。こうして，外形的には占領体制から「独立」した日本は，52年に**IMF**（国際通貨基金），とIBRD（世界銀行）に加盟したのに続き，翌年にはGATTに仮加盟

し，世界資本主義体制の一角に復帰する。

> 経済復興と国土総合開発法

デフレによる不況のなかで勃発した**朝鮮戦争**は，日本国内に一時的な**特需景気**をもたらす。日本は，米軍の軍需物資，サービス補給の基地となった。以後，日本経済の復興＝「自立」は，政治的にも経済的にも，米国の強い影響力のもとでなされることになったのである。1950年に制定された**国土総合開発法**にもとづく**特定地域総合開発**も，米国の**TVA**（テネシー川流域開発公社）方式の**河川総合開発**を日本に導入したものであっただけでなく，資金や建設資材，技術，発電機などを米国から調達することによって実施されていく（詳しくは次章を参照）。特定地域総合開発は，国内資源（特に水資源）の活用を図りながら，そこで得られた電力，用水を，都市域での工業復興に使用するものであった。都市部では，戦災復興事業が進み，繊維工業や鉄鋼業を中心にした工業生産活動が拡大し，50年には戦前の鉱工業生産水準を回復する。農村でも，農地改革による農業生産力の向上があり食糧増産が続いたほか，小麦などの米国の過剰穀物の輸入によって，栄養状態も回復していった。

③ 高度経済成長と地域経済の不均等発展

> 重化学工業化

1950年代半ばから70年代初頭にかけて，日本経済は歴史的な高度経済成長期を迎える。資本蓄積の急速な拡大は，日本の地域経済構造を大きく変えることになった。この高度経済成長期のリーディング産業は，鉄鋼，造船，石油化学，合成繊維，自動車，電気機械である。いずれの産業も，外国技術を積極的に導入したほか，通産省の強力な産業育成策によるさまざまな優遇策を受けていた。その際，外国技術を含む資本や貿易の自由化を選択的・段階的に行っていった日本の通商政策が大きな役割を演じた。石油化学分野では，55年に通産省が石

油化学工業育成対策を省議決定し，**岩国**，**徳山**，**四日市**，**川崎**などに**臨海コンビナート**が，外国資本・技術の導入と国有地の払い下げなどによって建設される。こうして，東京湾から北九州にいたる**太平洋岸ベルト地帯**に，重化学工業の立地が集中するようになる。62年に策定された**全国総合開発計画**によって推進された**新産業都市**建設は，このような動きへの地方の反発から生じたといえる。しかし，新産業都市もまた，重化学工業の誘致に重点を置いた**拠点開発**であり，次章でも述べるようにさまざまな矛盾を生み出した。

社会資本建設

個別産業の育成は，私的資本による工場建設だけでは成し遂げられない。とりわけ鉄鋼や石油化学などの「**重厚長大**」産業は，専用港，道路，工場用地，用水，電力，社宅用地を必要不可欠とした。このため，政府は1957年の「新長期経済計画」以降，これらの**社会資本**「充実」政策を推し進める。なかでも，60年の「国民所得倍増計画」では，生産基盤系の社会資本の不足が「成長の隘路」になっているとし，その充実を強調した。72年には，**田中角栄**が『**日本列島改造論**』を発表し，公共投資をひとつの産業として積極的に位置づけ，新幹線，高速道路網などへの巨大投資を提唱するにいたる。公共投資は，軍事支出と並ぶ現代資本主義における過剰資本の処理の一手段であり，この資金循環を政治支配の道具にすることで，「**土建国家**」の構造が出来上がっていくのである。他方，地方においては，「**企業城下町**」の形成が見られた。**豊田市**では，トヨタの工場間をつなぐ道路が，あたかも工場内のベルトコンベアのように建設され，工場の拡張に対応して，周辺自治体の合併がなされていった。トヨタ出身者は，市会議員ばかりでなく，市長ポストにも進出し，市政に対し強い影響力をもった。

> エネルギー革命と食糧輸入

　高度経済成長は，技術導入や政府による育成政策，社会資本投資だけでなく，**エネルギー革命**や食糧輸入によってももたらされた。従来の水力，石炭，木炭エネルギーに替わって，オイルメジャーが供給する安価な石油が急テンポで輸入されたのである。一次エネルギー供給に占める石油の比重は，1955年の20％から62年には46％に増大，73年には78％に達した。この結果，**筑豊**や石狩の炭田地帯では採算の取れない炭鉱から閉山が相次ぎ，**構造不況地域**になっていく。また，家庭における燃料源も，電気やガスに交替していくなかで，薪炭の需要も急激に減少した。薪炭は，山村地域の主要な副業であり，その市場縮小は山村経済を動揺させ，**過疎化**の内的要因となった。

　また，労働力の賃金部分を構成する食糧についても，麦類，雑穀，大豆の輸入が増大しはじめる。1955年に88％であった穀物自給率は，65年には62％，70年には46％にまで低落する。これは，米国の穀物過剰生産により，世界市場価格が国内価格を下回り，穀物メジャーや商社が積極的に輸入をしただけではなく，日本政府が**農業基本法**（61年）の制定とその後の「総合農政」の推進（70年〜）により，農業の**構造政策**を進め，果樹や畜産部門などを**選択的拡大**しながら，麦類や大豆などの生産縮小を進めたことにも起因している。同様の構造政策は，中小企業分野でも行われ，大企業と中小企業との格差（「二重構造」）解消を目的に**中小企業基本法**（63年）が制定され，中小企業や地場産業の近代化・協同化が進められた。

> 過疎過密問題と公害問題

　高度経済成長は，確かに1人当たり所得を増大させたが，日本の地域社会に深い傷跡を残すことになった。大都市圏や太平洋ベルト地帯での重化学工業化は，産業機能だけでなく人口の大都市集中を引き起こした。大都市圏人口は，1955年の37％から，70年に

は47%に増大し,絶対数でも1500万人近くの増加を見た。これに対し,地方圏では60万人以上の人口を減らしている。大都市部では,都心部でのビルラッシュと人口の**ドーナツ化**が起こり,旧市街地では商工住雑居の都市機能混在化が進んだ。このため,居住条件が悪化し,都市公害問題や交通渋滞問題が深刻化した。また,都市中心部の地価が高騰するなかで,**千里ニュータウン**や**多摩ニュータウン**などの大規模開発と並び,極小規模の「**ミニ開発**」による住宅開発が大都市周辺部に**スプロール**的に広がり,衛星都市が急拡大した。同時に,地方からの若年労働者の大量流入に対応する住宅問題や,保育園,小学校などの公共施設不足が問題となった。また,臨海コンビナート地域では,四日市公害に代表される大気汚染や水質汚染による**公害問題**が激化した。

このように大都市部では,**集積不利益**による**過密問題**が深刻になったが,農山村部では若年人口の大量流出による**過疎問題**が起きた。**中国山地**で典型的に見られた過疎問題は,農山村社会のコミュニティ機能を麻痺させただけでなく,共同体によって維持されてきた山や水の管理を脆弱なものとし,無医村を拡大して,大きな社会問題に発展した。1970年には「過疎地域対策緊急措置法」が時限立法として制定され,以後,10年おきに法改正がなされ,過疎債発行による道路建設や広域行政による集落生活環境施設の整備,産業誘致が行われてきた。

4 オイルショックと地域産業のスクラップ&ビルド

パックスアメリカーナの動揺

1960年代末から,米国では**ベトナム戦争**の長期化にともなう財政危機と多国籍企業化による貿易収支の悪化が進行していた。米国は,**サンフランシスコ平和条約**にもとづいて引き続き領有していた**沖縄**への援助も削減し,日本の政府援助がそれを肩代わりした。

一方で、日本の繊維輸出が対米貿易摩擦を生み、その解決を図るために沖縄を日本に返還することが政治決定された。しかし、返還後も米軍基地はそのまま残されることとなり、その後の沖縄地域経済の発展にとって大きな障害となる。71年8月、ニクソン米大統領は、突然ドルと金の交換停止を発表する。ドル散布によって世界秩序（パックスアメリカーナ）を築いてきた米国の地位が、自らが仕掛けたベトナム戦争と日本やヨーロッパ資本主義国の経済復興のなかで大きく揺らいだのである。これにより、国際通貨制度の大きな変動が起こり、固定相場制は崩壊し、73年には**完全変動相場制**に移行する。円相場の変化によって日本の地域経済が大きな影響を受ける時代となったのである。さらに、73年秋には**第一次オイルショック**が起きる。中東戦争を契機にオイルメジャーの原油資源支配に対し、民族主権を主張した石油産出国による石油減産と原油価格引き上げは、高度経済成長期を通して石油依存度（とりわけ中東依存度）を高めていた日本経済に大きな衝撃を与えることになった。

<u>高度経済成長の終焉</u>　**オイルショック**に端を発した物価の急騰は、**田中角栄**が煽った**日本列島改造**ブームによる地価暴騰とも重なった。高度経済成長末期の過剰流動資金は、大企業による国土の買い占めに流れた。土地買い占めは、新幹線や高速道路の建設候補地周辺やレジャー施設化が見込まれる山林など、地方の農山村のいたるところでなされ、地価上昇率は1973年には対前年比30%を超えた。小売物価指数も対前年比26%の上昇を記録したが、卸売（企業）物価指数はそれを上回る37%の高騰であった。買い占めは、洗剤やトイレットペーパーなどにも及び、モノ不足が社会不安を煽った。このような狂乱物価も手伝って、日本の鉱工業生産は急速に冷え込み、74〜75年期の生産指数は73年のピーク時に比べ、2割以上も低下したのである。とりわけ、積極的な設備投資を続けてきた化学、鉄鋼、アルミ、石油精製部門は、大量

表 2-1 現代日本における地域経済の不均等発展

	製造品出荷額等			分配所得額		
	1960年	1990年	2010年	1960年	1990年	2010年
北海道	2.6	1.8	2.1	4.8	3.9	3.6
東北	2.9	4.9	5.6	7.0	6.4	6.0
関東	31.9	33.1	26.8	31.6	36.8	38.3
東京都	15.8	7.2	2.9	18.2	14.5	15.4
中部	21.4	27.2	30.5	18.9	18.3	18.4
愛知県	9.1	11.3	13.2	5.8	6.0	6.1
近畿	25.4	17.8	15.9	18.0	16.8	15.7
大阪府	13.5	7.6	5.5	8.9	8.0	6.9
中国	6.7	7.0	8.5	6.1	5.6	5.5
四国	2.4	2.4	3.0	3.5	2.7	2.7
九州	6.7	5.8	7.6	10.1	9.5	9.7
全国	100.0	100.0	100.0	100.0	100.0	100.0

（原資料）経済産業大臣（通商産業大臣）官房調査統計部編『工業統計表』，内経済計算年報』，日本銀行『都道府県別経済統計』。
（注）1960年の数値には，沖縄は含まれていない。
（出所）日本開発銀行内地域経済研究会編『地域経済統計分析』金融財政事情研

の過剰生産能力を抱え**構造不況業種**に転落した。

減量経営と海外進出

構造不況業種となった「重厚長大」産業は，雇用調整を主要内容とした「**減量経営**」を進めた。鉄鋼，石油化学やアルミ産業などでは，国内分工場を閉鎖ないし縮小して国内工場体制を集約する一方で，海外に生産拠点を移す「**積極的産業調整**」が，政府の補助金を得ながら実施された。このため，高度経済成長期に企業城下町として栄えた，**新居浜**や**室蘭**などの地方工業都市は，関連企業の閉鎖や，商店街の衰退を引き起こすにいたる。戦後重化学工業の地域経済への貢献は，それほど長くは続かなかったのである。他方で，**ME（マイクロエレクトロニクス）機器**の導入により，省エネルギー，省力化が図られ，生産・流通コストの削減や，経営の多角化による高収益部門へのシフトが

(単位：％)

銀行預金額			銀行貸付額		
1960年	1990年	2010年	1960年	1990年	2010年
3.6	2.3	2.4	3.6	2.0	2.3
4.4	4.1	4.6	4.0	2.9	3.8
37.6	48.5	46.4	40.6	55.4	54.3
28.9	34.2	28.2	34.5	44.6	40.6
17.7	13.7	14.5	15.3	10.2	11.5
6.5	5.0	5.4	6.4	4.2	3.9
21.8	18.3	17.1	23.7	18.9	14.4
12.9	10.8	9.4	16.5	13.3	9.0
5.4	3.9	3.9	4.6	3.2	4.0
2.9	2.6	2.6	3.0	1.9	2.6
6.6	6.5	6.5	7.4	5.5	7.2
100.0	100.0	100.0	100.0	100.0	100.0

閣府（経済企画庁）経済研究所編『県民所得統計年報』および『県民

究会，1969年，および朝日新聞社編『民力』各年版による。

行われた。

集中豪雨型輸出と貿易摩擦

とりわけ，自動車，電気機械部門においては，積極的な合理化投資と下請企業からの調達コストの引き下げに成功して，米国や欧州への**集中豪雨型輸出**を行った。米国から日本への輸入は1980年の244億ドルから85年の258億ドルとほぼ横這いに推移したのに対し，日本からの米国向け輸出は314億ドルから653億ドルへと2倍以上も増え，対米貿易黒字は70億ドルから395億ドルへと急拡大した。これらの貿易黒字のうちの75％は対米輸出企業上位50社の自動車，電気機械メーカーが生み出したものであった。この結果，80年代前半にかけて自動車，半導体などの個別産業分野で，**貿易摩擦**問題が連続的に浮上していった。同時に，これら輸出産業

の競争力の高さは,為替相場における円高圧力となり,国内の賃金水準や非輸出産業の生産物価格を割高なものとしていった。

地方の時代から東京一極集中へ

オイルショック後の低成長時代は,大都市圏への人口集中が沈静化し,逆に地方都市での人口増加が見られた。このことから「**地方の時代**」の到来が期待をこめて主張されたが,これは大都市圏での労働力吸引力が減退したことによる一時的現象であった。しかも,財政危機のなかで地方への**財政トランスファー**が削減されたことも手伝って,1980年代以降,再び大都市圏と地方圏との所得格差が拡大しはじめ,人口の大都市圏,なかでも東京への一極集中が明確な傾向として表れてくる。東京では,生産機能が低下するなかで,国際金融の自由化や企業活動の国際化と合わせて金融のセンター機能や本社機能が集中するようになる。すでに**島恭彦**は,51年に「現代に於いては一地域の生産額はその地域の住民の所得や資本の蓄積と比例しない」として「**地域経済の不均等発展**」論を提起していた(島,1951)。

表2-1は,1960年からバブル景気の絶頂期である90年,そして**金融ビッグバンとリーマンショック**後の2010年の製造品出荷額等,県民所得,銀行預金残高,銀行貸付残高の地域的不均等を示している。東京が生産の比重を大きく低下させ生産機能を地方や海外に移しながら,とくにバブル景気の際に預金や貸付残高といった金融機能を集中させ,2010年における貸出残高の比重は4割を保持していることがわかる。他方,特に2000年代初頭に金融ビッグバンを経験し大手銀行の本店機能を喪失した大阪府や愛知県の金融市場でのシェアの低下が目立つ。

2 経済のグローバル化と地域インパクト

1 経済のグローバル化の急進展

世界史的な構造転換期　1980年代後半から90年代にかけての時期は、ソビエト連邦・東欧の社会主義体制の崩壊と先進資本主義国における**規制緩和・民営化**の強力な推進に示されるように、第二次世界大戦後の枠組みが大きく変わる、世界史的な構造転換期であった。その背後には、**ME化**と通信技術の急速な発展とあいまって進行した経済のグローバル化の進展がある。その主役は、いうまでもなく、**国民経済**の枠組みを大きく超えてグローバルに活動する**多国籍企業**であり、米国のみならず、欧州、日本、そして途上国においても海外直接投資の交流が高まり、企業の多国籍化が進展した。**海外直接投資**の交流は、各国間の貿易摩擦を回避するために、政策的にも促進された。その「政策協調」を日本政府が最初に集大成したのが、後述する「**前川レポート**」であった。

その後も、米国政府は、**ガット・ウルグアイ・ラウンド**や**日米構造協議**、G7会議などの場で、サービスや知的所有権などあらゆる分野での市場開放を求め、国内政策や経済構造そのものの改革を要求し、「**政策協調**」を迫った。この結果、大規模小売店舗法の規制緩和に示されるように、従来の日本独自の産業政策が変更され、国際協調を最優先する政策・制度の国際化も進むことになる。さらに、「円」の力が増大するにつれて、通貨・金融制度も国際化する。1984年には日米円・ドル委員会の合意を見て、日本の通貨・金融制度の自由化が図られたほか、86年12月には**東京オフショア市場**が創設される。

1995年には，**WTO**体制が発足し，本格的な自由貿易体制と直接投資交流の網のなかへ日本は組み込まれていくことになる。そして，2010年以来，米国が中心となり**TPP**（Trans-Pacific Partnership: 環太平洋連携協定）交渉が開始される。後に日本政府も参加した交渉は，2016年2月に政府間で調印され，各国での協定批准手続きがなされているところである。

日本企業のグローバル化と直接投資交流

　1980年代後半における日本企業のグローバル化は，きわめて顕著に進行した。日本企業のグローバル化の最も重要な指標は，直接投資の増大と海外生産比率の上昇である。戦後日本の**対外直接投資**は，67年から80年12月の投資の原則自由化にいたる過程で一段階ずつ投資水準を上昇させてきたが，86年度以後は80年代前半の100億ドル水準を2倍，3倍と上回り，89年度には675億ドルに達した。

　1990年代半ば以降の対外直接投資残高を図2-1で見ると，99年末の2587億ドルから，2014年末には1兆2015億ドルへと大きく伸びていることがわかる。他方で，外国企業による対内直接投資残高は，1996年末の299億ドルから2014年末の1949億ドルへと増大しているものの，内外均衡が大きく崩れた状態が続いている。

　日本からの対外直接投資は，当初資源分野や製造業分野が中心であったが，近年では小売業や飲食店，サービス業を含む第三次産業の比重が高まってきている。また，投資地域では，中国やASEANをはじめとするアジア地域の比重が高くなっている。このように世界各地域に**現地子会社**を配置した多国籍企業は，**地域統括本社**を設立して，文字どおりグローバル企業へと成長してきている。

　経済産業省「第45回海外事業活動基本調査」（2014年度実績）によると，海外進出している企業の7割が中小企業となっているが，海外での雇用の77％，売上高の88％，現地法人からの受取収益の

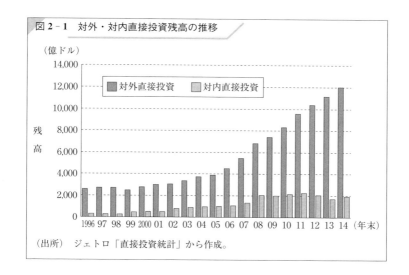

図2-1 対外・対内直接投資残高の推移
(出所) ジェトロ「直接投資統計」から作成。

97%を占めているのは大企業である。また，中小企業庁の「中小企業実態基本調査」(2014年度実績)によると，国内の中小企業の数は350万社であるが，そのうちすでに海外展開している企業数は2万社にも達しておらず，対外直接投資の主力は大企業となっている。

対日直接投資の増加と地域的偏在

他方，海外からの**対日直接投資**は，1990年代初頭までは日本からの対外直接投資額の1割にも満たず，直接投資のインバランスが経済摩擦問題のひとつとなっていた。だが，90年代後半に入り，不況が深化し金融機関や大手企業の破綻・経営悪化が相次ぐなかで，国際的なM&Aの展開により，外国からの直接投資が急増する。2001年度からは，小泉純一郎内閣の「**構造改革**」の一環として「日米投資イニシアティブ」が実施され，各種の投資規制の緩和がなされて増加傾向を辿ったが，2008年のリーマンショック，2011年の東日本大震災後は低迷している。しかも，その投資先は圧倒的に金融・保険であり，現地法人も東京周辺に偏在している。

第2章　現代日本の地域経済と地域問題

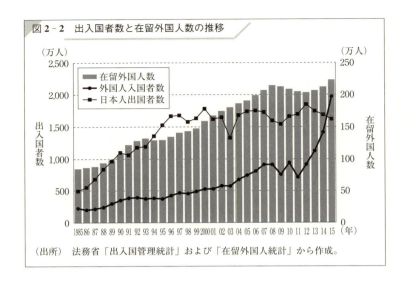

図 2-2 出入国者数と在留外国人数の推移

（出所）法務省「出入国管理統計」および「在留外国人統計」から作成。

人の移動のグローバル化

経済のグローバル化は，人間の移動のグローバル化をともなう。1990年に入国管理法が改正され，労働力不足に対応するために日系3世の国内での就労が認められることとなった。これにより自動車工業地域への日系ブラジル人等の流入が急増することになる。また，外国人研修・技能実習制度も創設されたことから，最長3年の研修，就労が認められ，製造業だけでなく，農業はじめ多様な職種に就業する外国人が増える。また，2000年代に入り中国はじめアジア諸国からの留学生も急増するようになる。

図2-2によると，1985年の在留外国人数は85万人であったが，91年には122万人，さらに2015年には過去最高の223万人に達している。国籍別で見ると中国が最も多く，これに韓国・朝鮮，フィリピン，ブラジルが続いている。

さらに，観光やビジネスでの一時的な出入国者も急増している。

前図では，日本からの出国者数は 1985 年の 495 万人から 2012 年には 1849 万人に伸びたが，その後円安もあって微減し 2015 年には 1621 万人まで低下している。これに対して日本に入国する外国人は 1985 年の 226 万人から 2010 年の 940 万人に達した。東日本大震災で微減するが，その後急増して 15 年には 1969 万人となり，はじめて日本からの出国者数を上回った。中国向けビザ発給要件や円安効果による「インバウンド」観光客（訪日外国人観光客）の増加が顕著となっている。

2 経済構造調整政策から構造改革へ

> 前川リポート

経済のグローバル化は，政策的にも推進された。その最初の契機は，前述したように 1980 年代前半の日米**貿易摩擦**であった。これを解決するために，85 年 9 月の**プラザ合意**では，「**円高ドル安**」が日米間で合意された。しかし，財政赤字と貿易収支の「双子の赤字」に苦しむ米国では，85 年に純債務国に転落するなかで，対日強硬論が台頭し，米国自動車など個別産業調整での輸入規制にとどまらない抜本的政策を日本政府に要求してきた。

そこで当時の中曾根康弘内閣下の首相の私的諮問機関（座長は前川春雄・前日銀総裁）で立案されたのが，1986 年 4 月の「**前川リポート**」（「国際協調のための経済構造調整研究会報告書」の略）である。同リポートは，日米首脳会談用に作成されたものであるが，日本の経済構造や地域住民の生活に大きな影響を与える重要な内容を盛り込んでいた。日本政府は，個別産業間の調整にとどまらず「従来の経済政策及び国民生活のあり方を歴史的に転換すること」，つまり日本の「経済構造」そのものの「変革」を，国会にも諮らずに対米公約したのである。具体的には，**内需主導型経済構造**への転換のために，**規制緩和**による内需拡大，**積極的産業調整**，農産物貿易自由化

をはじめとするいっそうの市場開放，製品輸入の促進のほか，直接投資の促進そのものを謳っていた。

政策協調と国内産業 　注意したいのは，このような政策自体は，**中曾根内閣**のもとで進められていた行政改革のなかで，経団連など日本の財界がたびたび要求していたものであり，いわば「外圧」によって正当化した側面も見られることである。

米国は，その後も国内通商法による制裁措置を武器に，各種個別交渉，**日米構造協議**やガット・ウルグアイ・ラウンドなどの場を通して，公共投資枠の拡大と建設事業参入，大規模小売店舗法の規制緩和，農産物貿易の自由化などを強く求めていった。

以上で見たように，1980年代後半以降の経済のグローバル化は，経済構造調整政策の遂行による国内流通産業や農業の再編という側面でも進行していた。これらの比較劣位産業は，輸出産業ではないにもかかわらず，貿易摩擦のスケープゴートとなったのである。他方，当の貿易摩擦を引き起こした自動車や電気機械など比較優位産業の海外直接投資については，「国内雇用・経済への影響等に配慮しつつ」も「積極的に推進すべき」（前川リポート）とされた。なお，政策協調の国内経済への影響は，**低金利政策**の導入にも表れている。米国国債への国内過剰資金の流入を促した日本での低金利政策の導入は，一方で**土地投機**に見られるバブルを生み出し，他方では年金生活者などの生活を圧迫することになった。

経団連の「グローバル国家」論と橋本行革ビジョン　1996年1月，**橋本龍太郎内閣**の下で行政改革が本格化するなかで，財界団体の経済団体連合会（経団連）が，橋本行革ビジョンに対する提言「経団連ビジョン2020」をまとめた。同ビジョンでは，「企業に選んでもらえる国づくり・地域づくり」を「活力あるグローバル国家」と名付けた。

ここでいう「**グローバル国家**」とは，同ビジョンを要約すれば「今や世界経済の主要な担い手は多国籍企業であり，日本が世界経済のセンターの一つとして生き延びようとするならば，多国籍企業に選んでもらえる国づくり，地域づくりをしなければならない」というものであり，そのために賃金，法人税，社会保障負担等の多国籍企業からみれば「高コスト」にみえる経済構造の改革，そして「官」のスリム化と「民」への開放を迫った。この提言をうけた橋本首相は，「橋本改革ビジョン」を策定する。そのなかに盛り込まれたのは，法人税率の引き下げと消費税率の引き上げ，社会保険料等の国民負担の拡大，労働法の見直しによる雇用の流動化，国と地方の行財政権限の見直しと地方分権化，中央省庁等の改革であった。

　2001年4月に発足した**小泉純一郎内閣**は，経団連の「グローバル国家」論をベースに「**改革なくして成長なし**」を前面に押し出した構造改革を強力に推進する。同年4月は，中央省庁改革の施行時期と重なり，首相のイニシアチブのもとにおかれた経済財政諮問会議議員には，経団連会長や新自由主義的改革論者が民間議員として任命され，構造改革の指令塔の役割を果たす。

　小泉内閣とそれに続く**第一次安倍晋三内閣**は，こうして財界の「グローバル国家」論に応えた構造改革を追求していった。それは，第一に，多国籍企業，金融資本の利益を最優先した金融と証券の各種規制緩和，外資誘致，郵政民営化であり，第二に，医療，年金，介護，保育の分野等での「規制改革」と「官製市場の開放」であり，第三に，内外の多国籍企業が活動しやすい「事業環境創出」を図るための，市町村合併，三位一体の改革，大都市再開発の推進であり，第四に「国のかたち」を変更するための憲法改正と道州制導入の準備であった。

　これらの政策群は，産業，労働，都市開発，地方自治体の行財政体制など広範囲な分野に及んでおり，地域経済や地域社会に対して

後に述べるように多大な影響を与えた。

③ 対外直接投資急増の地域インパクト

> 産業空洞化論争

対外直接投資あるいは**多国籍企業**が本国経済に与えるインパクトについては，1970年代の米国における**産業空洞化**をめぐる論争がある。一方で対外直接投資は働き口を輸出するので国内の失業を招くと主張されたのに対し，他方では投資収益によって新たな雇用が生み出されるとの反論がなされた。後者が根拠としてあげたのは，海外子会社等に対する資本財，部品，製品の輸出増加が雇用をもたらすことと，米国内に本社機能が集積するために**ホワイトカラー**の雇用も増えるということであった。

だが，どちらか一面だけを強調することは誤りであり，対外直接投資母国における一見相反する2つの側面は，相互に切り離せないコインの両面である。この両側面は，問題を一国単位で見るのではなく，その内部の地域構造に着眼することによって，初めて明らかになる。

> 国内工場の閉鎖・縮小，雇用調整

対外直接投資による国内工場の閉鎖・縮小は，すでに1970年代から繊維，アルミ，石油化学工業などで見られたが，80年代後半以降の特徴は，それまでリーディング産業であった自動車・電気機械産業においても，国内工場の再編・縮小，事業部や子会社体制の再編がなされたことにある。特に，90年代の大不況期に入ってからは，家電企業の雇用調整が大規模に進められた。東京商工リサーチの調査によれば，93年9月から94年3月までの間に，上場電機メーカー174社のうち168社が何らかの雇用調整を行い，合計2万619人の雇用削減がなされた。さらに，大手電機8社は，96年3月から2001年3月までに，国内雇用の約2割にあたる6万8327

人を削減したほか、2001年度以降も合計8万人の雇用削減を計画的に進めた。この結果、電機産業の雇用者数は、2001年から05年にかけて20万人も減少した（電機連合調べ）。

下請など間接雇用への影響

対外直接投資は、海外進出企業の**直接雇用**への影響ばかりでなく、間接雇用にも大きな影響を与えた。**間接雇用**への影響は、大きく2つのルートからなる。ひとつは、親企業や取引先企業が海外進出することにより、それまで原材料・サービスを納入していた**下請企業**や取引企業の受注額が減少する経路である。これは、受注量の減少と、受注単価の切り下げという形で表れている。また、金属加工組立型産業では、**企業内世界分業**を展開しており、より低コストの原材料をグローバルな規模で調達するようになっているうえ、進出先国の**現地化政策**もあって、海外進出製造業企業の**現地調達率**は年々高まってきている（1986年度の40％から2014年度の58％へ）。第二のルートは、**企業内貿易**と為替差を活用した**逆輸入**を通してである。経済産業省の調査によれば、2014年度時点で海外現地法人からの輸入額は、日本の総輸入額の2割弱に達し、その7割がアジアからの輸入となっている。低賃金を基盤においた低価格な逆輸入品の増大は、国内における同業種の生産基盤を崩壊させることになった。中小企業のなかには、親会社の海外進出に合わせて直接投資を行う企業も増加しているが、それは巨大な数にのぼる中小企業のごく一部である。多くの下請企業は、政府による親企業からの「自立化」政策によって、業種転換や廃業を余儀なくされていった。

さらに、下請企業が集積していた東京都**大田区**や**東大阪市**の金属加工業地域では、バブル期の地価高騰も手伝って、中小企業の大幅な減少だけでなく、熟練工の減少による技術・技能の空洞化、下町の社会的機能の空洞化をも生み出した。

> 対外投資にともなう雇用創出効果

他方，1980年代後半には，**第四次全国総合開発計画**（四全総）のもとで**東京**が国際金融センターとして「**世界都市化**」していくなかで，本社機能の東京への移転が相次いだ。海外現地法人を所有する製造業親会社の半数は東京に拠点を置いており，グローバル化の直接的な果実である対外投資収益の大半は，親会社本社の集中する東京に還流する仕組みになっている。対外直接投資の増大は，雇用を喪失するだけでなく，本社機能の集積にともなう新たな就業機会の創出や，海外の現地法人向けの資本財の生産・輸出による国内雇用および外国人雇用の増大も生み出している。

> 1990年代以降顕在化した雇用喪失

1990年代に入ると，対外直接投資にともなう国内生産・雇用創出効果は漸減し，**輸出代替**および**逆輸入**による雇用喪失が増大した結果，両者を合わせた純効果は，93年度以降マイナスに転じる。ちなみに，通産省（当時）によれば，96年度には製造業の海外進出によって国内雇用が22.5万人も失われたと推計されており，**対外直接投資**による**雇用問題**が表面化した。

その後，政府は雇用喪失推計を公表していないが，経済産業省の「海外事業活動基本調査」によると，製造業の海外生産比率（海外現地法人売上高／〔国内法人売上高＋海外現地法人売上高〕）は，国内全法人ベースで1985年度の2.9％から2014年度の24.3％へと高まっており（図2-3），産業の空洞化が広がっていると予測される。とりわけ海外進出企業をベースに計算すると，2014年度の**海外生産比率は38.2％**に達している。業種別にみると，全法人ベースで最も高いのは自動車などの輸送機械の46.9％であり，以下，汎用機械（34.2％），情報通信機械（30.7％）が続く。逆に，地域資源を活用する食料品は4.2％に留まるなど業種別の不均等性が大きい。

他方で，対外投資収益は着実に増大しており，2005年度には，

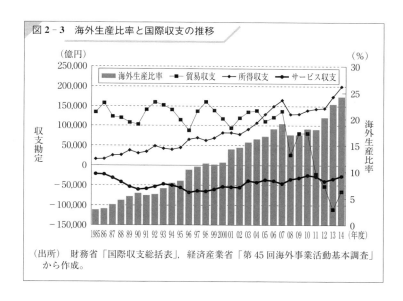

図2-3 海外生産比率と国際収支の推移

(出所) 財務省「国際収支総括表」、経済産業省「第45回海外事業活動基本調査」から作成。

海外からの投資収益を意味する**所得収支**の黒字額が、貿易収支の黒字額を上回るまでに達した。2011年度以降、**貿易収支**は赤字となったため、日本の経常収支の黒字を担っているのは所得収支となった。所得収支のうち、海外の現地法人から本社に還流する所得(配当金、ロイヤリティ等)は、2005年度の1.9兆円から14年度には3.7兆円へとほぼ倍増している。これらの投資収益の圧倒的部分は、多国籍企業の本社が集積する東京に集中することになる。

問題は、このような対外直接投資の増大にともなうプラスおよびマイナス効果が、別々の地域にもたらされていることにある。

④ 経済構造調整・構造改革の地域インパクト

次に、経済構造調整・構造改革の地域インパクトを概観しよう。

> 規制緩和と大型プロジェクト

第一に、1980年代後半以降、**規制緩和**による**大型プロジェクト**が展開された。なかでも、鉄鋼、セメントをはじめとする重厚長大産業が結成した**日本プロジェクト産業協議会（JAPIC）**が提案して、**東京湾横断道路、関西新空港、関西文化学術研究都市**などの巨大開発が規制緩和と民間活力の導入政策のなかで実施されたことが注目される。また、都市においては、「**アーバンルネサンス**」の名のもとで**首都改造**に代表される都市再開発が都心部で行われ、地上げによる土地投機を煽り、住民の都心流出やバブル発生の一因となっただけでなく、その後のバブル崩壊によって多くの地方自治体を財政危機に陥れた。農村部においても、**リゾート開発構想**が全国いたるところで具体化された。リゾート開発は、次章で詳しく述べるように、自然や地域社会、地方自治体に深刻な問題をつきつけた。

> 鉱業での「政策閉山」

第二に、前川リポートでスクラップ化を宣告された石炭産業では、従来の国内炭保護政策を転換した石炭鉱業審議会第八次答申が打ち出された。「閉山交付金」が拡充されるなかで、北炭幌内や三菱南大夕張など優良鉱を含む炭鉱が相次いで「**政策閉山**」した。1997年3月には国内最大の三井三池鉱業所が閉山、2014年時点で、8炭鉱（うち坑内堀1）が稼働しているだけである。他方、日本の石炭需要は増大し続け、世界最大の輸入国となっている。しかも、その輸入額の4割は日本の商社・炭鉱資本による開発輸入になっている。資本は、国内炭鉱から海外炭鉱に生産拠点を移して生き延びたが、炭鉱都市は自らの存立基盤を喪失することになった。2006年には、夕張市が財政再建団体に陥ることになる。ちなみに、1986年から2002年度にかけて、石炭（亜炭含む）炭鉱労働者は、全国で2万人から777人へと急激に減少したのである。この結果、日本の化石エネルギーの自給率は1％未満となり、その中東依存度はOECD諸国中最高の9割

近くに達しており，日本経済のエネルギー面での持続可能性が危惧されている。

<u>農産物貿易の自由化</u>　第三に，農業も，鉱業と同様に貿易摩擦のスケープゴートとして差し出された産業である。**前川リポート**で対米公約された，内外価格差の著しい農産物の輸入促進と市場メカニズムを活用した構造改革政策の徹底が，その後順次具体化された。**牛肉・オレンジの自由化**に続き，**ガット・ウルグアイ・ラウンドの妥結によりミニマム・アクセス米の輸入**も開始されるにいたった。1995 年には，**新食糧法**が**食糧管理法**にとって代わった。これにより，農業保護政策が放棄され，円高の相乗効果もあって，農産物・食料品輸入額は急激に増加する。この結果，**5** で詳しく述べるように，**穀物自給率**（カロリーベース）が先進国中最低の 29％ まで低下する（2014 年度）など，農業の大幅な後退を招いている。

<u>中小企業経営への影響</u>　第四に，商工業分野の中小企業経営者も，円高と製品輸入の急増，規制緩和にともなう大型店の進出によるインパクトを受けた。製品輸入額は，1986 年から 90 年にかけて倍増したが，これらは主として前述した海外進出企業からの逆輸入品とアジア諸国等からの輸入品からなっている。問題は，中小企業性製品の輸入伸び率が大企業性製品の伸び率を上回り，特に食料品，繊維・繊維製品分野での輸入増加と国内市場への輸入浸透度が深まったことにある。

このため，もともと国内市場向**地場産地**である**西陣**や**丹後ちりめん産地**では，安価な輸入絹織物の影響で機業家の廃業が相次いだ。また，**関の刃物**や**四日市**の万古焼など輸出市場向地場産地でも，**円高**のなかで輸出市場を失い，内需転換に成功した一部の産地や業者を除き，円高以前の生産水準を回復できず，企業数・従業者数を減らしたところが多い。

Column ④ 中小企業振興基本条例・公契約条例の広がり

2000年代に入り、自治体の産業政策にも新たな動きが見られるようになった。地域の経済、社会、文化活動の担い手が圧倒的に中小企業関係者であることに注目し、地域の中小企業や協同組合、あるいは地域によっては農業経営者や医療福祉法人も政策対象にして系統的に育成することを目的に、**中小企業振興基本条例**あるいは地域経済振興基本条例を制定する自治体が広がっている（第4章も参照）。

1979年に**墨田区**が初めて制定した同条例は、99年の中小企業基本法の改正によって地域の中小企業施策の立案と実施が地方公共団体の責務とされたこと、さらにEUの小企業憲章にならって「中小企業は社会の主役」と謳った**中小企業憲章**が2010年に閣議決定されたことにより、急激に広がっている。2016年6月現在で、41道府県、176市区町村が制定している。

2014年に**小規模企業振興基本法**が制定されたことから概ね従業者数5人以下の小規模企業に焦点をあてるだけでなく、大企業や金融機関の役割、大学はじめ教育機関の役割、そして防災における中小企業の役割と地方自治体の責務などを盛り込んだ条例が次々と制定されている。

さらに、地方自治体が公契約を結んで発注する建設工事、物品、サービスについて、行政サービスの質を維持向上させること、工事や物品・サービスを供給する労働者や下請け企業の労働条件や環境への配慮を評価して、地域経済・社会の持続的発展につなげていくことを目的にした**公契約条例**も、2010年の千葉県**野田市**での制定から始まり、2016年には30余りの自治体で制定されるようになっている。いずれも、自治体の行財政能力を活用して、主権者である地域住民の福祉の向上につなげる試みである。

ところが、2016年2月に調印された**TPP**（環太平洋連携協定）では、このような地元中小企業の振興のために大企業に地域貢献を求めることや、地元中小企業を優先した調達行為を禁止する条項が盛り込まれており、地域経済の振興だけでなく地方自治権をめぐって深刻な問題を投げかけている。

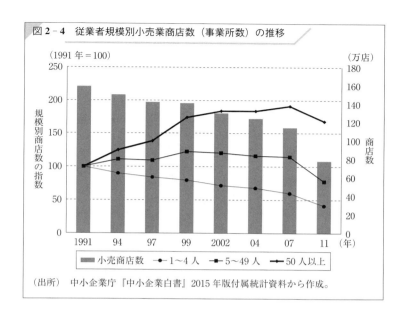

図2-4 従業者規模別小売業商店数（事業所数）の推移

（出所）中小企業庁『中小企業白書』2015年版付属統計資料から作成。

　さらに、規制緩和による大型店の進出ラッシュは、都市部の**商店街**にとどまらず、郊外店の展開を通して農村部の商店街や個人商店にも打撃を与えている。このため、図2-4に示したように、大規模小売商店の増加とは対照的に、小規模小売商店の減少が近年著しくなっている。他方、従業員50人以上の大規模小売商店数は2007年まで増加傾向にあったが、過当競争と消費購買力の低迷により2011年には減少に転じた。この間、大型店の経営破綻も相次ぎ、中心商店街が衰退した地域でも、「**買い物難民**」問題が表面化する。

3 産業構造の転換と地域経済構造

1 生産機能の縮小とサービス経済化

経済のグローバル化と
国内生産機能の縮小

対外直接投資の急増による国内工場の閉鎖,縮小は,取引・下請け企業の生産,雇用も縮小させた。さらに,**経済構造調整政策**や**構造改革**による農林水産物,鉱工業製品の輸入の増加は,日本国内における生産機能の低下を引き起こしている。

1994年から2014年にかけての経済活動別国内総生産の推移を見ると,農林水産業,鉱業,製造業,建設業,金融保険業,卸小売業でいずれも生産額が減少しているのに対して,情報サービス業や医療,不動産業での増加が目立っており,総じて日本経済の生産機能の低下とサービス化が同時に進行したことがわかる。

産業別就業人口の動向

2000年代の産業構造の転換を,就業人口の側面から見てみよう（表2-2）。この表からは,第一に,2000年から2010年の間に就業者総数が342万人も減少していることがわかる。就業者総数が減少したのは,1990年代後半からのことである。減少理由は,**完全失業率**が上昇し,高齢化によるリタイアが増えたことに求められる。

第二に,産業別に見ると,産業構造の転換がよくわかる。製造業が237万人と大きく減少するなかで,卸売業・小売業に次ぐ第2位産業に転落する。建設業も187万人減と3割近い減少を記録する。

第三に,これに対して最も増加したのは「分類不能の産業」の270万人であり,これに医療・福祉の185万人が続いている。前者は,情報化のなかで第一次,第二次,第三次産業にわたる事業を展

表2-2 産業別就業者数の推移（2000～10年）

(単位：千人)

産業大分類	実数		構成比（％）		2000～10年	
	2000年	2010年	2000年	2010年	増減数	増減率(%)
総数	63,032	59,611	100.0	100.0	▲3,421	−5.4
農業，林業	2,955	2,205	4.7	3.7	▲750	−25.4
漁業	253	177	0.4	0.3	▲76	−30.0
鉱業，採石業，砂利採取業	46	22	0.1	0.0	▲24	−52.2
建設業	6,346	4,475	10.1	7.5	▲1,871	−29.5
製造業	11,999	9,626	19.0	16.1	▲2,373	−19.8
電気・ガス・熱供給・水道業	338	284	0.5	0.5	▲54	−16.0
情報通信業	1,555	1,627	2.5	2.7	72	4.6
運輸業，郵便業	3,218	3,219	5.1	5.4	1	0.0
卸売業，小売業	11,394	9,804	18.1	16.4	▲1,590	−14.0
金融業，保険業	1,751	1,513	2.8	2.5	▲238	−13.6
不動産業，物品賃貸業	1,065	1,113	1.7	1.9	48	4.5
学術研究,専門・技術サービス業	1,974	1,902	3.1	3.2	▲72	−3.6
宿泊業，飲食サービス業	3,803	3,423	6.0	5.7	▲380	−10.0
生活関連サービス業,娯楽業	2,404	2,199	3.8	3.7	▲205	−8.5
教育，学習支援業	2,606	2,635	4.1	4.4	29	1.1
医療，福祉	4,274	6,128	6.8	10.3	1,854	43.4
複合サービス事業	695	377	1.1	0.6	▲318	−45.8
サービス業(他に分類されないもの)	3,452	3,405	5.5	5.7	▲47	−1.4
公務(他に分類されるものを除く)	2,142	2,016	3.4	3.4	▲126	−5.9
分類不能の産業	761	3,460	1.2	5.8	2,699	354.7

（出所） 総務省『国勢調査報告』各年版による。

開する新産業が増加したことや，**ダブルワーク，トリプルワーク**をする人が増えていることの反映であると考えられる。

　最後に，農林漁業も，絶対数では少ないものの軒並み25～30％の大幅な減少率を記録した。これは，高度経済成長期を上回る減少率であり，明らかに経済構造調整・構造改革政策による輸入促進の影響であるといえる。こうして，グローバル化のなかで，生産機能の低下と**サービス経済化**という就業構造の変化が進行したのである。

2 地域内再投資力と投資主体の弱体化

> 地域の持続的発展と地域内再投資力

一般に，ある地域の経済や社会が持続的に存続し発展するということは，そこで繰り返し，ある一定量の再投資が行われ，地域内での雇用や所得，そして生活が再生産されていることを意味する。これを**地域内再投資**と呼ぶ。再投資主体には，企業や協同組合，NPO などの民間事業所に加えて，農家や地方自治体も含まれる。この経済主体の**地域内再投資力**が質量ともに維持・拡大すれば，その地域社会の持続的発展が可能になるだけでなく，農林漁業が存在する地域では国土の保全効果も維持・向上することになる。だが，逆に地域内再投資力が弱まれば，地域社会だけでなく，それがよって立つ基盤である国土の荒廃が進む危険が高まるといえる。近年の経済のグローバル化やそれに対応した市町村の合併と「**三位一体の改革**」に象徴される地方財政の圧縮は，この地域内再投資力の弱体化をもたらしている。

> 事業所数の減少

実体経済の担い手であり，地域内再投資力の一大主体でもある民営事業所数と同従業者数の動向を見ると，1996 年以降同時に減少する傾向が続いている。事業所開業率を上回る規模での廃業が相次いでいるからである。

総務省の「事業所・企業統計調査」によると，1996 年の 652 万事業所から 2006 年の 587 万事業所へと全体で 65 万事業所が減少，従業者数も 5758 万人から 5678 万人へと 80 万人の減少をみた。

大きく従業者を減らした産業は製造業，卸売・小売業，建設業であり，逆に最も増えているのは医療・福祉業であった。

その後，同種の調査は「経済センサス」に継承されるが，調査方法が異なるためデータの連続性がない。参考までに，2014 年経済センサスを見ると，事業所数は 578 万事業所，従業者数は 5743 万

人となっている。

大阪・西日本の落ち込みと東京「一人勝ち」

事業所数の動向を都道府県別に見ると、小泉内閣期を含む1999年から2004年にかけて最も減少率が高いのは大阪府であり、以下、高知県、徳島県、京都府といった西日本での落ち込みが目立った。大阪府は、グローバル化の負の影響が最も大きかった製造業、なかでも繊維工業や電気機械産業の中小企業が集積した地域であった。

さらに、4大メガバンクへの再編（**金融ビッグバン**）によって、大阪に拠点を置く金融資本の本社機能が東京に併合されたことで、グループ会社の本社機能の東京移転も相次ぎ、国内経済における地位を一挙に低下させたのである。他方、従業者数では、東京都、沖縄県、奈良県の3県のみが増加し、とりわけ東京都は15万人増と「一人勝ち」状態を示しており、地域間格差が鮮明になっている。

農家の減少

農村における投資主体である農家も、大きく減少した。「農業センサス」によれば、販売農家数は1985年に332万戸存在していたが、95年には265万戸、そして2010年には163万戸まで減少し、ほぼ半減した。

同センサスでは、政府の**農業法人**育成政策にもとづいて、2005年調査から、農家と法人組織等を合わせた「農業経営体」を新たに調査するようになるが、この農業経営体数も、2005年の201万体から、15年には138万体へと大きく減少している（詳細は、本章5①で述べる）。

市町村合併と地域内再投資力

小泉内閣のもとで「**平成の大合併**」が強力に推進された結果、市町村数は1999年時点の3232から、2014年4月には1718にまで減少した（詳しくは第4章参照）。地域経済に占める市町村役場の比重は、その財政支出の規模においても、雇用規模においても、

さらに行政サービスによる地域内の企業や農家などへのサポート機能の点においても，過疎地域ほど大きい。

　だが，市町村合併によって，合併特例が切れる時点から急速に地方交付税交付金が削減されるため，財政規模は収縮し，職員数も大幅に削減されるので，役場を通した公共調達（建設工事，物品・サービス発注）や職員の消費購買力が失われるため，地域内再投資力は縮小していくことになる。

　特に市町村合併を推進するために，小泉内閣時代に小規模自治体ほど地方交付税交付金を大きく減らす「三位一体の改革」が遂行されたために，合併した自治体，非合併の自治体とも厳しい財政状況に追い込まれた。

　広域合併した自治体では，たとえば大阪府よりも広く東京都の面積に相当する約 2178 km^2 の市域をつくった岐阜県**高山市**の縁辺にある旧**高根村**では，合併後 4 年間で人口が 3 割も減少する事態となった。同様の現象は，広域合併自治体において，共通に指摘されている。

> 東京への経済的富の集中

　以上のように，小泉内閣以降の構造改革が，地域経済のあり方に大きな影響を与えた。だが，「改革なくして成長なし」というスローガンとは裏腹に，2000 年度と 05 年度の全都道府県の県内総生産と県民所得合計額を比較すると，図 2-5 のようにいずれもマイナスを記録することになり，逆の結果となった。

　その内容を詳細にみると，県民所得を伸ばしているのは東京都周辺や愛知県，和歌山県，山口県といった 8 都県だけであった。これらは，金融資本の本社や自動車産業関連企業が存在していたことによる。他方，県民所得は，39 道府県で減少したのである。

　なかでも，東京都は，総生産の伸びを上回る，県民所得の増加率を記録した。これは，後に述べる本社機能による所得移転に加え，

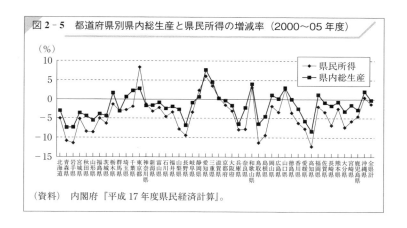

図 2-5　都道府県別県内総生産と県民所得の増減率（2000～05 年度）

（資料）　内閣府『平成 17 年度県民経済計算』。

バブル景気下での株価，地価上昇にともなう財産所得の増加によるところが大きい。実際，東京都では，財産所得と企業所得が大きく増加しているのに対して，雇用者報酬は他県と同じく減少を記録していたのである。

その後も，地方の地域経済の再投資力が弱化するなかで，地方に存在する分工場や大型店，金融機関やサービス業の支店などで生産された経済的富が，本社機能を通して東京に集中する事態も引き続き進行した。これに，海外現地法人からの所得移転も加わり，多国籍企業の本社が集中する東京に資金が集中することになる。

図 2-6 は，2012 年の第一次産業，第二次産業，第三次産業の生産額の都道府県別シェアと，法人企業所得の同様のシェアを比較している。東京が，それぞれの産業部門の生産額をはるかに上回る，5 割以上の法人企業所得を占有していることがわかる。

これをさらに増幅させているのが，「**都市再生**」や第二次安倍政権のもとにおける**国家戦略特区**指定による公共投資や高層ビル建築の集中であり，**汐留**，**品川**，**丸の内**周辺で大規模な再開発が進められ，東京一極集中を一段と強めている。

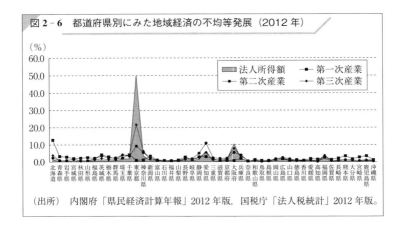

図 2-6 都道府県別にみた地域経済の不均等発展（2012 年）

（出所）　内閣府「県民経済計算年報」2012 年版，国税庁「法人税統計」2012 年版。

③　地域労働市場の構造変化

資本蓄積と地域労働市場

　住民生活のよりどころである労働市場は，一般に資本の蓄積活動が高まれば労働力吸引がなされて拡大し，低まれば失業という形をとって労働力の排出が行われて収縮する。この過程は景気循環のなかで単純に繰り返されるものではなく，産業のスクラップ＆ビルドのたびに必要とされる労働力の性格は異なってくる。

　また，産業の交替は，立地する地域の交替をも意味するので，地域労働市場も産業構造の転換によって変動をこうむることになる。しかも，現代では，**シリコンサイクル**に代表されるように景気循環サイクルは絶えざる技術革新によって短期化しているうえ，立地移動も国境を越えてグローバルに行われるようになっている。

　1994 年には，日経連（日本経営者団体連盟，2002 年に経済団体連合会と合併し日本経済団体連合会となる）が「**新日本型経営システム**」を提唱し，中規模企業も含め，終身雇用制と年功序列制を廃し，雇用の流動化と短期化，給与制度における能力主義や年俸制の導入を図

る動きを強め，これが前述した橋本行革による派遣労働者制度の導入をはじめとする雇用の流動化政策につながった。

バブル期の労働市場と女性・外国人労働力

1980年代後半のバブル景気拡大期において，労働市場では「**人手不足**」が顕在化した。このため，高齢者や女性，外国人労働者の活用が活発化する。

結局，この時期に雇用を拡大したのは，第一に女性労働であり，第二にパート・アルバイト等の臨時・日雇労働であり，第三に外国人労働であった。80年代後半の労働力需要は，家庭のなかにあった女性労働力を，パート・アルバイト形態で吸引した。

労働市場の逼迫が続くなかで，**外国人労働者**の「輸入」が本格的に始まったことが，この時期の大きな特徴である。商品や資本に加え，労働力をも国際的に調達するようになったという点で，日本資本主義のグローバル化の大きなメルクマールとなるものであった。とりわけ1990年の入国管理法の改正により，南米からの日系人やアジア地域からの労働者が，出稼ぎ収入を求めて，首都圏や関東，東海地域を中心に流入した。彼らの就業先は，低コストの労働力を求める自動車工場から町工場，農家にいたるまで，広範囲にわたった。総じて，この時期，労働力市場のグローバルな規模での流動化と不安定化が進行したといえる。

バブル崩壊後の雇用調整と高失業率

ところが1991年にバブルが崩壊すると，労働市場が収縮してしまったために，最初に人員整理の対象となったのは，臨時雇用タイプの女性や外国人であった。

また，「平成の大不況」は，バブル景気下のリーディング産業であった電気機械，自動車，金融業，建設業，コンピュータソフト産業を直撃し，これらの部門で雇用調整が大規模に行われた。しかも，ME（マイクロエレクトロニクス）化という技術革新にも規定されて，

生産過程の労働者だけではなく，中間管理職を含む**ホワイトカラー**層で人員整理が行われたところに大きな特徴があった。

さらに，1997年4月の消費税率引き上げをきっかけに，不況は一段と深化し，金融機関の破綻や企業の大規模な**リストラクチャリング**が相次ぎ，**完全失業率**が急上昇することになる。2000年には，米国やイギリスの完全失業率も上回り，2002年には「労働力統計」史上最悪の5.4％に達した。

リーマンショックと地域別完全失業率

その後，日本平均の完全失業率は4％台に低下するものの，2008年に起きた世界的規模の**リーマンショック**によって再び失業率が上昇することになる。リーマンショックは，米国の**サブプライムローン**の破綻にともなうグローバル恐慌であったが，米国市場の収縮によって，米国での販売に依存していた日本の自動車，IT家電業界に大きなショックを与えた。

この時期，両産業とも，**派遣労働者**や期間工など有期雇用を活用しており，真っ先に雇用調整の対象となったのは彼らであった。このため「**派遣切り**」が横行し，2008年末には東京で「**派遣村**」が作られ，派遣労働者問題が一気に社会問題化することになった。

図2-7は，**地域別完全失業率**の推移を示したものである。バブル絶頂期の1990年を底にして，2000年，2010年といずれの地域も上昇傾向を辿った。1970年代後半以来完全失業率が高かった北海道や近畿，九州・沖縄地域と並んで，東北地域が急増していることが注目される。山形県や岩手県などの自動車・電機関係工場での「派遣切り」の結果であった。2010年から15年にかけては，全体として失業率は低下しているものの，九州・沖縄，近畿，東北では相対的に高く，東海，北陸では相対的に低いという地域差がある。

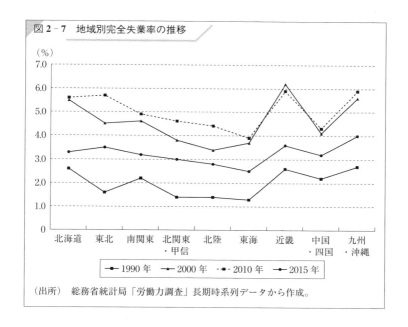

図 2-7 地域別完全失業率の推移

(出所) 総務省統計局「労働力調査」長期時系列データから作成。

> 青年の失業問題とワーキングプア問題

2010年以降,日本の完全失業率は緩やかな改善傾向にあるが,15年平均で3.6%となっている。けれども,年齢別にみると,15～19歳は5.9%,20～24歳は4.8%となっており,青年層の失業率が依然高い状況にある。このほか,ニート (NEET: Not in Employment, Education or Training) と呼ばれる無業者が,2002年の内閣府調査によると85万人存在していた。

さらに,青年層で就業している人の多くも,臨時雇い,アルバイト,派遣労働,請負労働など,不安定な非正規雇用であり,年間所得が生活保護給付額にも満たないワーキングプアの増大が社会問題化している。

2014年の「経済センサス」によれば,全産業平均の非正規雇用

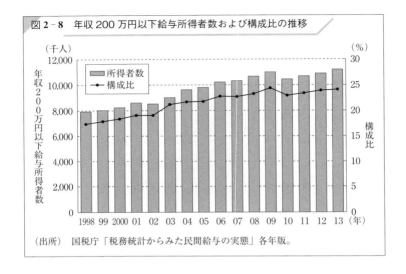

図 2-8 年収 200 万円以下給与所得者数および構成比の推移

(出所) 国税庁「税務統計からみた民間給与の実態」各年版。

比率は 41.1% に達している。業種別に見ると，宿泊業・飲食サービス業が 78% と最も高く，以下，生活関連サービス・娯楽業の 56% 等のサービス業が並び，サービス経済化が安定雇用を生み出していないことがわかる。

図 2-8 は，全年齢層の給与所得者のうち，年収 200 万円以下所得者の人数と構成比の推移を示している。人数は，1998 年の 793 万人から 2013 年には 1120 万人へと増加，その比率も 17.4% から 24.1% へと傾向的に高まってきていることがわかる。

④ 人口減少地域・高齢化地域の拡大

就業機会と住民生活

ところで，以上の労働市場分析では，追加的な労働力の需給関係のみしかとらえられていないうえ，農業就業者を含む全体的な就業機会がどのようになっているかを知ることはできない。地域経済においては，農林漁業者をはじめとする自営業者も重要な位置を占めているうえ，生産活

動をしていない年金生活者を含む全住民がどのような生活構造にあるかを見ておく必要がある。とりわけ、高齢化が急速に進むなかで、地域経済を生産活動だけではなく生活の側面からもとらえ直すことが近年特に必要となっている。

人口減少時代

日本社会は、2008年をピークに、人口減少時代に入った。その理由として、一般的に「少子高齢化」があげられることが多い。だが、医学や医療技術の向上による高齢化とは異なり、少子化は社会問題としての側面が強く、ひとつの言葉にまとめるには問題がある。青年層での高失業率やワーキングプア、そして民間企業の参入が可能なまでに引き上げられた保育料は、結婚や出産、育児にとって大きな障害となっており、少子化傾向を反転させるにはその改善が必要となっている。さらに、目を地域に転じると、人口動態においても、不均等が目立っている。

人口移動パターンの構造転換

表2-3によって、過去95年間の国勢調査を振り返ると、対前回調査比で人口を減少させた都道府県数が大量に増える時期は3度しかない。第一は戦時期の重化学工業化の時代であり、第二は高度経済成長期、そして第三の時期が1985年以降の経済のグローバル化期である。この第三期のうち85年から90年までは、バブル景気の時代である。いずれも、大都市圏を中心に景気が拡大し労働力が不足状態になったため、地方から大量の人口を吸引した時代である。

反対に、オイルショック後の構造不況期であった1970年代後半には、人口の動きがストップしており、好況期と不況期の労働力吸引力の違いによって、人口減少都道府県数の数も増減する循環運動が存在していた。しかし、この人口移動パターンは、91年のバブル崩壊後大きく変化する。すなわち、不況期に入っても人口減少都

表 2-3 人口減少県数の推移

(単位：%)

比較調査年	人口増加率	減少県数
1920～25 年	6.6	2
1925～30	7.7	0
1930～35	7.3	3
1935～40	3.8	22
1940～47	5.9	3
1947～50	10.7	1
1950～55	7.1	7
1955～60	4.6	26
1960～65	5.1	25
1965～70	5.4	20
1970～75	6.8	5
1975～80	4.5	0
1980～85	3.4	1
1985～90	2.1	18
1990～95	1.6	13
1995～2000	1.1	24
2000～05	0.7	32
2005～10	0.2	38
2010～15	-0.7	39

(出所) 総務庁統計局監修『国勢調査集大成 人口統計総覧』東洋経済新報社，1985年。総務省統計局ホームページ。

道府県数が減らず，逆に増加するという人口移動パターンの構造転換が生じたのである。

人口減少が続く列島周縁部

このような人口移動パターンの構造転換は，自然的要因によって生み出されたものではなく，経済のグローバル化にともなう就業構造の転換，その結果としての地域における人口扶養力の変動によって生じたものである。実際，都道府県別に見ると，1985年から2015年にかけて，北海道，東北，北陸，中四国，九州といった日本列島周縁部に位置する道県で，人口を減らしつづける一方で，

表 2-4 人口減少自治体の広がり

人口増減率階級	市町村数					市町村数の割合（%）				
	2000～05年*	2005～10年	2010～15年			2000～05年*	2005～10年	2010～15年		
			総数	市	町村			総数	市	町村
総数	2,217	1,728	1,719	791	928	100.0	100.0	100.0	100.0	100.0
人口増加	613	407	303	194	109	27.6	23.6	17.6	24.5	11.7
20.0% 以上	3	1	1	0	1	0.1	0.1	0.1	0.0	0.1
10.0～20.0% 未満	19	17	10	3	7	0.9	1.0	0.6	0.4	0.8
5.0～10.0%	95	70	31	15	16	4.3	4.1	1.8	1.9	1.7
2.5～5.0%	181	107	80	47	33	8.2	6.2	4.7	5.9	3.6
0.0～2.5%	315	212	181	129	52	14.2	12.3	10.5	16.3	5.6
人口減少	1,603	1,321	1,416	597	819	72.3	76.4	82.4	75.5	88.3
0.0～2.5% 未満	411	280	260	181	79	18.5	16.2	15.1	22.9	8.5
2.5～5.0%	539	331	328	187	141	24.3	19.2	19.1	23.6	15.2
5.0～10.0%	553	560	601	208	393	24.9	32.4	35.0	26.3	42.3
10.0～20.0%	96	146	212	21	191	4.3	8.4	12.3	2.7	20.6
20.0% 以上	4	4	15	0	15	0.2	0.2	0.9	0.0	1.6

（注）　東京都特別区部は1市として計算。＊東京都三宅村は総数にのみ含まれている。
（出所）　総務省統計局「平成27年国勢調査人口速報集計結果」（2016年）から作成。

首都圏をはじめとする大都市圏の都府県の人口は増えるという対立した動きが見られるのである。

さらに，2000年から15年にかけての市町村別人口動態を，表2-4で見ると，人口減少自治体比率は，2000～05年の72.3%から，05～10年の76.4%，さらに10～15年の82.4%へと急速に高まっている。とりわけ町村部を中心に10%以上の減少を記録する自治体の比率が増える傾向にある。

人口自然減自治体の増大

さらに，住民の生活の場に最も近い市町村単位にまで分析の精度を高めてみよう。平成の大合併が始まる直前の1995年から2000年にかけての国勢調査によると，市のうちの47%，町村の73

%で人口を減少させた。都道府県レベルでの人口減少状況よりも,はるかに広がりをもつのは,同一の都道府県内でも,県庁所在地や各都道府県の人口1位都市に,人口,昼間就業人口,夜間就業人口(当該自治体に常住している就業人口)の集中傾向があるためである。

　国土レベルでの東京一極集中の基礎過程には,各都道府県レベルでの「一極集中」現象があるといえる。また,各市町村単位でも,中心部(集落)への一極集中が進展した。これは,農村部での就業機会が空洞化するなかで,商業施設やサービス業などの新たな就業機会が集積する中心都市への移住や通勤者が増大したためである。しかも,人口減少の形態が,高度経済成長期における「**社会減**」から,死亡者数が出生者数を上回る「**自然減**」に変わったことが大きな特徴である。

　人口の自然減少自治体は急速に広がり,2000年度末では2140市町村を数え,全国の66％の基礎自治体に及んでいた。市町村合併後も,その傾向は続き,都道府県単位でみると,2014年の人口推計では,自然増自治体は,東京都,神奈川県,愛知県,滋賀県,沖縄県の5都県しか存在しない。他方で,38道府県が自然減と社会減の同時進行となっている。

　年金生活者の急増　最後に,上の点ともかかわり,地域において**年金生活者**が急増している点を指摘しなければならない。国勢調査では2010年まで,各世帯の主要な家計収入源を調べており,これによると主として年金収入に依存する世帯数(率)は,全国で1980年の190万世帯(5％)から,2000年の887万世帯(19％)へと増大した。特に**鹿児島県**では30％の世帯が年金世帯になっているほか,高度経済成長期に過疎化によって若年層が流出した中国,四国,九州地方の各県では,高齢化の進行のなかで軒並み25％以上を記録していた。

　この傾向は,バブル期に地価高騰や地上げによって住民が流出し

た大都市都心部でも同様であり，**阪神・淡路大震災**では，**インナーシティ**に住むこれらの年金生活者世帯で大きな被害が出た。**東日本大震災**では，高齢化が進む農漁村での津波被害や原発事故のため，自力では自宅再建できない被災者のために，**復興公営住宅**の建設が急がれている。

いずれにせよ，経済的価値を新たに生み出すことのできる生産年齢人口が地域から流出したために，年金による再分配所得の循環によって福祉や小売業などの地域産業が支えられている地域が確実に広がってきている。

4　東京一極集中と都市問題

1　多国籍企業時代と世界都市論

世界都市論

経済のグローバル化によって，最も大きく変わったのは**東京**である。1980年代後半に，東京が本社機能を集積し，国際金融センター化したことは先に見たとおりである。同様な傾向は，ニューヨークやロンドンなど世界の主要都市ですでに表れていたことであり，このような**多国籍企業**の拠点都市を念頭に置いた「**世界都市論**」が提起されるようになった。

この議論は，多国籍企業のグローバルな組織管理体制（世界本社－地域統括本社－現地法人本社－支社・分工場－営業所－代理店等）に注目して，多国籍企業世界本社の拠点である世界都市と，組織管理体制のそれぞれの機能に対応した都市の階層構造が形成されることを強調している。この発想を最初に提起したのは，「多国籍企業にとって国境線というのは自動的に消滅してしまうインクで書かれた区

画にすぎない。少なくともまず第一に，多国籍企業を分析する単位としては，国家よりも都市のほうが魅力がある」と指摘したS.ハイマーである。彼の視点は，その後，一方ではJ.フリードマンによる多国籍企業の管理組織の世界的配置を基礎にした世界都市のヒエラルヒー仮説の提起，他方では海外直接投資と移民労働者の流入の相互関係に注目して世界都市内部の構造変化を明らかにするS.サッセンの世界都市論に引き継がれた。

都市の階層システム論　同様の方法を日本に適用して，東京を頂点に，以下，大阪・名古屋の巨大都市，札幌・広島・福岡などの**地方中枢都市**，そして県庁所在地にあたる**地方中核都市**等々の階層構造を指摘することは比較的容易である。これは，前述したような，東京系資本による地方進出のあり方とも符合する。ただし，日本の場合，会社の管理体制の階層性よりも，中央集権的な官僚機構ないし行政指導ルート（中央省庁－出先機関－都道府県庁－市町村）によって古くから形成されてきた階層性であるといえる。とはいえ，いずれの場合も行政や多国籍資本の中枢から見た各都市のシステム論的な位置づけであり，都市がそれぞれもっている多様な地域的個性やダイナミズムは視野の外に置かれている。

地域経済の主体と地域的価値移転　現実の都市経済は，単一の経済主体がつくりだしているわけではなく，**多国籍企業**から個人商店，年金生活者にいたるまで，多様な経済主体が複雑に絡み合いながらつくりあげているものである。したがって，問題はむしろ，階層性の形成というよりも，それぞれの都市経済の自律性が外部資本の進出によって失われてきているという点にある。

　それは，**企業城下町**が本社の工場閉鎖の決定で衰退したり，地域内で生産された価値の少なくない部分が，巨大化した企業組織の本社－分工場（支店）関係を通して，本社所在地の東京に移転してし

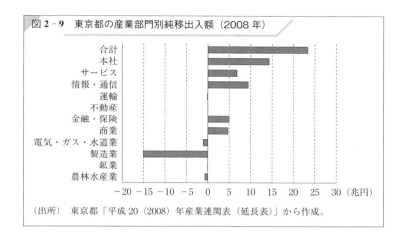

図 2-9 東京都の産業部門別純移出入額（2008 年）

（出所）東京都「平成 20（2008）年産業連関表（延長表）」から作成。

まうことを意味する。

　たとえば図 2-9 は，2008 年の**東京都産業連関表**にもとづいて，東京都の地域間取引構造を図示している。東京都産業連関表では，「本社」をひとつの産業部門ととらえ，本社サービスによって他地域から 14.3 兆円の移出額が純流入していると推計されている。これとサービス業，情報・通信業，金融・保険業，商業の黒字部分によって，製造業，農林水産業の生産物を購入する形になっているのである。

　これが，**東京一極集中**の経済的要因のひとつである。支店機能が集まった地方中核都市の「**支店経済**」や，分工場が集まった「**分工場経済**」，大型小売店舗が立地する地域では，生産や販売によって生み出された利益の多くが本社に移転することになり，当該地域への波及効果，**地域内経済循環**は限定されることになる。

2 規制緩和・民間活力の導入と首都改造

> 首都改造

東京一極集中のもうひとつの要因は、民間活力導入と**規制緩和**による**首都改造**政策の遂行である。「**アーバンルネサンス**」(都市復興)という宣伝文句で、1983年にこの政策を打ち出したのは**中曾根首相**であった。中曾根が特に重視したのは、建築規制の撤廃と、国鉄用地の利用、民間の力を活用した開発方式の導入である。アーバンルネサンス論が出てくる背景には2つの事情があった。ひとつは、2度に及ぶオイルショックの影響もあり「**大都市衰退論**」が浮上してきたことへの対応であり、もうひとつは、構造不況に陥っていた鉄鋼をはじめとする**構造不況業種**がJAPICを結成して約20兆円とも推定された都市改造市場の創出をねらっていたことである。

その後、都市再開発法や建築基準法、土地区画整理法などの法改正や民活法の制定、国鉄民営化によって公有地の払い下げが促進され、民間主導型「公共事業」の制度的条件が整う。こうして、政府も全面的にバックアップした東京湾横断道路、臨海副都心開発、幕張新都市建設などの**ウォーターフロント開発**をはじめとする巨大プロジェクトが**四全総**に集約されて順次具体化していく。また、オフィス空間不足論が説かれるなかで、東京都心部だけでなく、**大宮**などの**業務核都市**に高層ビル建設ラッシュが波及していった。

> バブル期の地価高騰と都市問題

これらの都市改造によって、国際金融センターに必要な情報都市基盤が整備され、外国銀行・証券会社などの東京への集中が進行したものの、より大きな社会問題が生み出された。それは、第一に地価の暴騰による**土地投機**の横行と、それによる住民の流出である。土地投機は、金融資本による土地担保金融によって増幅し、東京では図2-10のように1980年代後半に地価がつり上がった。

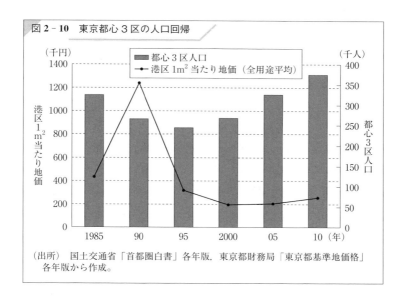

図 2-10 東京都心 3 区の人口回帰

(出所) 国土交通省「首都圏白書」各年版，東京都財務局「東京都基準地価格」各年版から作成。

　まとまった土地を取得するために地上げが横行し，相続税や固定資産税の上昇も加わり，都心部からの住民の流出が続出した。また，取引先企業の海外進出や購買力の流出も手伝って，零細下請企業や個人商店の大量の減少を見た。下町地域では，生業的な商工業が崩れ，若年人口が減少するなかで古い木造アパートに住む高齢者の比率が高まり，コミュニティ機能が後退する**インナーシティ問題**が激化した。

　一方，東京都区部の住宅価格が上昇するなかで，住宅開発は外延的に広がった。この結果，通勤時間 1 時間半を超える長時間通勤人口が増大し，東京都をとり囲む首都圏での東京通勤人口が著しく増大することになった。また，東京圏域への物流の集中や域内での人・物資の移動量の増加にともない，自動車の排気ガス（窒素酸化物）による大気汚染や道路騒音問題が悪化した。

バブル崩壊と都心回帰

バブル崩壊後、地価の下落が始まったが、**臨海副都心**などの計画は挫折し、銀行の**不良債権**が累積することになった。また、バブル系産業のリストラクチャリングが進むなか、東京都内での労働市場は収縮し（民営事業所従業者数は、1991年から94年にかけて39万2000人の減少）、1990年代半ばには東京圏からの人口流出傾向が見られた。しかし、96年以降は東京圏への人口流入傾向が再現し、東京都心部でも99年以後人口増加に転じた（図2-10）。

この時期における**人口の都心回帰現象**は、都心部の地価下落によって低価格のマンション供給が進んだことと、地域産業が後退している地方圏に比べ、サービス業をはじめとして相対的に多くの就業機会を提供している東京の経済力の強さによるところが大きい。加えて、建物の容量や高さ規制の緩和によって、大都市の拠点開発が政策的にも推進されたことが大きい。このような人口の都心回帰現象は、その後、大阪市や京都市など他の大都市でも広がっていくことになる。

オリンピック誘致と国家戦略特区

第二次安倍晋三内閣が発足し、東京の大規模開発は一層推進されることとなった。その推進力となったのが、2020年**東京オリンピック・パラリンピック**の誘致であった。2013年9月、安倍首相は、世界が懸念する福島第一原発事故については、「アンダーコントロール」されていると演説し、東京へのオリンピック誘致に成功する。

これを機に、**国家戦略特区**制度を活用して、2014年5月に東京圏を地域指定し、建物の容積率の緩和等の都市再開発や外国人客の誘致を行うための民泊の推進策を講じていく。東京都も、2014年末に『**東京都長期ビジョン**』を策定し、都心6プロジェクト（有楽町、兜町、芝浦、三田、虎の門、西新宿再開発）の遂行を掲げた。併せて、**羽田空港の国際化**と、成田空港とのアクセス改善、さらに都市高速

道路の整備を図った。これにより，2015年度だけでも，東京都内では20階建て以上の高層ビルが40棟建設され，拠点開発地域では再び地価が高騰している。

他方で，東日本大震災地域では，復旧・復興に必要な建設労働者や資材が払底し，工事の入札が未成立に終わったり，住宅や事業所の再建が遅れ，建設コストが急上昇するなどの影響を受けた。

③ 大都市の産業・生活・防災問題

1980年代後半以降，日本の大都市は，東京と同様の問題を抱えている。第一に，東京に始まった地価高騰は，東京マネーの流入により，地方大都市の都心部に飛び火し，それが周辺地域へと波及していった。その際，民活型ターミナル開発などの拠点プロジェクト型の都市改造が，火に油を注ぐ役割を果たしたといえる。

> 社会的共同消費手段不足論と建造環境論

都市が成り立つうえでの，道路や鉄道，商業施設，学校などの物的インフラストラクチャーの重要性に注目したのは，**宮本憲一**とD.ハーヴェイである。宮本は，これらを**社会的一般的労働手段**と**社会的共同消費手段**に分け，戦後の日本の社会資本充実政策が前者に著しく偏っているために，後者の不足が生じたとした。宮本は，社会的共同消費手段の量的質的不足と**集積不利益**こそが体制を超えた都市問題であり，資本主義下においては貧困者のスラムへの累積と土地問題という2つの固有の都市問題が表れるとする。また，ハーヴェイは，土地と結びついた固定資本および耐久消費財を，すべて**建造環境**と呼び，これを資本の生産のために機能する建造環境と，労働者の消費のために機能するものとに区分する。この建造環境は，過剰資本の流入と国家や地方自治体の調整によって形成されるものであり，地上建造物の複合体であるがゆえに**都市景観**をかたちづくる。だが，輸送システムに代表される建造環境は，常に自らの発展

段階に対応した機能を求める資本主義の要請により,ある時期になると更新を迫られる。こうして古い建造環境と新しい建造環境との利害関係者の間での対立が,階級闘争を置き換える形で出現するという。

1980年代後半以降の都市改造も,宮本の社会的一般的労働手段,ハーヴェイの「生産のための建造環境」を,**都市再開発**という形で既存の都市経済の仕組みを破壊しながら遂行された。しかも,構造調整や経済のグローバル化という事態が同時進行していたために,都市の物的景観とともにその土地の上に成り立っていた都市の産業や住民の生活も大きく変化することを余儀なくされたのである。この結果,都市改造は,新たな都市問題群を生み出していった。

京都市の都市問題

たとえば,**京都市**の人口は,1986年から87年にかけての地価急騰に合わせて,86年をピークに減少に転じる。特に人口減少が激しかったのは,東山区,下京区,上京区,中京区といった都心部および**インナーシティ**地域である。都心部に新たなオフィスビルが建築され東京系企業がテナントとして進出する一方で,周辺の商店,旅館が減少した。上京区を中心にした**西陣**地区では機屋の廃業が相次ぎ,空き地や駐車場,ペンシルビルなどがスプロール状に広がっていった。西陣では,オイルショック後構造不況に陥っていたが,80年代後半以降絹製品・半製品の逆輸入品が増大し,産地の崩壊が加速している。また,京都市内での高さ規制が緩和されるなかで,京都ホテルや京都駅ビルの高層化計画,都市高速道路の建設が推進され,貴重な歴史的・観光資源が破壊されるとして**景観問題**が大きな問題としてクローズアップされた。バブル崩壊後,地価が下落した都心部において,建築規制の緩和もあって,マンションが次々と建設され,人口の都心回帰傾向が明確なものとなる。

そのなかで,再び建物の高さ規制の検討が開始される。2007年,

京都市は「新景観政策」を実施し，建物の高さとデザインおよび屋外広告物の規制等を全市的に見直し，大文字をはじめとする山並みに囲まれた歴史的都市の大景観の保全を宣言する。しかし，その後も西陣や室町の繊維産業地帯の衰退により，町家の減少は続き，外資系ホテルの立地が相次いでいる。

阪神・淡路大震災と復興問題

　1995年1月17日の**阪神・淡路大震災**による被害とその後の復興過程は，現代の都市問題をえぐり出したといえる。被害がとりわけ集中したのは，ベイエリア開発の裏側で取り残された**インナーシティ**であった。また，いくつかの大工場が工場閉鎖を決定し，神戸市の産業「空洞化」に拍車をかけた。

　ケミカルシューズ等の地場産業や商店街のほとんどを失った**神戸市長田区**などでは，グローバル競争のもとで，住民生活を支える地域経済の再建は厳しいものとなった。震災復興事業として，「創造的復興」という名のもとで神戸新空港の建設や大規模都市再開発が実施された。

　しかし，年金生活をしている高齢被災者には，仮設住宅から出て自立する経済力のない住民が多く見られた。このため，震災から20年過ぎても被災者の生活再建問題は続いている。新空港などのプロジェクト型復興投資を行ったとしても，地域住民の生活再建の力にはならず，災害復興においては，地域産業と生活がともに結びついた地域経済の再形成が必要であることを改めて示したといえる。

　その後，被災者の生活再建を最優先する「**人間の復興**」の必要性が被災者団体や被災自治体から強く主張されることにより，1998年に**被災者生活再建支援法**が制定される。被災者の生活再建に対して公費を投入する法制度が初めてつくられたが，当初は住宅本体への支出は認められなかった。これに対して，2000年の**鳥取県西部地震**において，鳥取県の片山善博知事が独自の住宅再建支援制度を創

設したことをきっかけに，2007年からは住宅再建にも公費が活用できるようになった。

4 中小都市とコンパクトシティ論

2014年5月，**日本創成会議**（増田寛也座長）が，2040年までに20～30歳代の女性が半数以上減少する自治体を「**消滅可能性都市**」と呼び，うち1万人に及ばない自治体を「**消滅自治体**」とする「**増田レポート**」を発表した。このレポートは，リストアップされた自治体に衝撃を与えただけでなく，安倍内閣の地方制度改革および国土形成計画の見直しの前提とされた。

2014年秋から開始された「**地方創生**」政策においても，人口20万人以上の中核都市と周辺の市町村が連携協約を結ぶ**連携中枢都市圏**をつくり，人口30万人程度の「**コンパクトシティ**」を形成することで，東京圏に集中した人口の分散化をはかる考え方であった。

> 日本版コンパクトシティの問題点

増田レポートの推計方法については，2005年から10年の人口移動をもとに計算しているうえ，2011年の東日本大震災以降の「田園回帰」ともいわれる人口移動の変容や自治体での主体的な地域づくりによって人口動態が変化することを無視している等，多くの問題が指摘されている。さらに決定的な問題は，若年女性人口が半減することで自治体が消滅するとしている点である。自治体が消滅するのは，若い女性以外の男女の主権者を含めて総意で自治権を返上し，隣接自治体に合併するときだけである。むしろ，小規模市町村に自治体としての存続を諦めさせ，自治体合併なり連携都市圏への参加を促すことが，増田レポートの最大のねらいであったともいえる。

また，新たな**国土形成計画**が描くコンパクトシティについても，注意する必要がある。もともとコンパクトシティ論は，イギリスの

都市計画思想であり，歩いて暮らせる範囲でのまちづくりを重視する考え方である。

ところが，2000年代半ばに日本に移入された際に，**青森市**や**富山市**のように，市町村合併で800〜1000 km² 以上の巨大な面積を抱えた自治体が，除雪費や社会資本投資を節約するために中心市街地活性化策の一環として医療・福祉サービス付きマンションや商業施設を集中的に整備することをコンパクトシティと呼ぶようになった。

つまり大規模自治体になったために財政的都合から住民を中心市街地に集中させることが日本型コンパクトシティの独自の意味となったのである。しかし，周辺農山村から住民を強制的に移動させることもできないし，農山村住民が少なくなれば災害のリスクも高まり，持続可能な地域づくりにならないことは明らかである。

青森市ではJR青森駅前のコンパクトシティを運営する第三セクターが経営破綻を起こしたうえ，表2-5のように青森市全体でも2010年代半ばに1万人以上の人口を減少させている。

> 産業衰退・市町村合併・災害の影響

改めて表2-5を見ると，2010年から15年にかけて人口を増やしている自治体は，東京都の特別区をはじめ大都市とその周辺にある郊外都市である。これに対して，人口を減少させている都市は，第一に**北九州市**，**長崎市**，**函館市**，**呉市**，**日立市**など，鉄鋼業，造船業，水産加工業などの産業衰退都市，第二に**石巻市**，**南相馬市**，**気仙沼市**などの震災・原発事故被災都市，そして第三に**青森市**や**静岡市**などの大規模合併都市であることがわかる。もっとも人口減少の要因は複合的なものである。石巻市や気仙沼市のように産業衰退と合併，さらに災害が重なった都市も，存在している。

「平成の大合併」によって，全国の自治体の平均面積は，1999年の115 km² から2010年には215 km² となり，1000 km² を超える自治体は29自治体を数えるに至っている。最大の面積は岐阜県**高山**

表2-5 人口増減数の多い都市の人口（2015年）および人口増減数（2010～15年）

(単位：人)

順位	人口増加都市		人口	増加数	人口減少都市		人口	減少数
1	特別区部	（東京都）	9,272,565	326,870	北九州市	（福岡県）	961,815	-15,031
2	福岡市	（福岡県）	1,538,510	74,767	長崎市	（長崎県）	429,644	-14,122
3	川崎市	（神奈川県）	1,475,300	49,788	石巻市	（宮城県）	147,236	-13,590
4	さいたま市	（埼玉県）	1,264,253	41,819	南相馬市	（福島県）	57,733	-13,145
5	札幌市	（北海道）	1,953,784	40,239	函館市	（北海道）	266,117	-13,010
6	横浜市	（神奈川県）	3,726,167	37,394	下関市	（山口県）	268,617	-12,330
7	仙台市	（宮城県）	1,082,185	36,199	青森市	（青森県）	287,622	-11,898
8	名古屋市	（愛知県）	2,296,014	32,120	横須賀市	（神奈川県）	406,686	-11,639
9	大阪市	（大阪府）	2,691,742	26,428	呉市	（広島県）	228,635	-11,338
10	広島市	（広島県）	1,194,507	20,664	静岡市	（静岡県）	705,238	-10,959
11	吹田市	（大阪府）	374,526	18,728	小樽市	（北海道）	121,910	-10,018
12	川口市	（埼玉県）	578,245	16,739	気仙沼市	（宮城県）	64,917	-8,572
13	藤沢市	（神奈川県）	424,103	14,446	今治市	（愛媛県）	158,185	-8,347
14	船橋市	（千葉県）	622,823	13,783	秋田市	（秋田県）	315,374	-8,226
15	戸田市	（埼玉県）	136,083	13,004	日立市	（茨城県）	185,149	-7,980

（出所）　総務省統計局「平成27年　国勢調査報告　人口速報集計結果」。

市で2178 km^2 であり大阪府よりも広い。第2位が**浜松市**の1558 km^2 である。どちらも，山間部での人口減少が合併後甚だしく，市全体の人口も減少している。

　これに対して，新潟県**上越市**のように合併した周辺部の旧町村だけでなく旧上越市内に，28の**地域自治区**を設けて，住民が公募公選で選ぶ**地域協議会**をおき，そこに一定の予算を配分することで，それぞれの地域の住民自治の力と市役所の団体自治の支所機能を結びつけて地域づくりを行う試みをしている自治体が現れている。ちなみに上越市は，「平成の大合併」で全国最多の14の市町村による合併を行い，974 km^2，人口約20万人を擁する自治体となった。市域内では豪雪地帯と無積雪地帯が並存しており，地域の個性に合わせた地域政策が必要となったことが地域自治組織制度創設の最も大きな要因であった。

5　WTO体制と農村

1　ガット合意と農政の枠組みの転換

> 農村の役割

農産物や食料品は，生物としての人間の再生産に欠くことのできない基本的生活手段であるとともに，一国の賃金水準も規定している商品でもある。都市住民は，農村が供給する農産物なしには生存することができない。同時に，米などの農産物を生産する農業は，これまで国内産業や地域産業の構成部分として重要な役割を果たしてきた。また，農村住民は，農林業に従事することにより国土の8割を占める農林地を管理し，環境保全や国土保全においてきわめて大きな役割を果たしている。

> 食料自給率の低下とガット・ウルグアイ・ラウンド合意

日本の農村は，1961年の**農業基本法**の制定以来，非農業部門での急速な経済発展のために，都市に対し低廉な農産物，労働力，土地を提供する役割を果たしてきた。とりわけ重要なことは，**選択的拡大政策**による農産物輸入の増大である。米国やイギリス，フランスが自給率を高め農産物輸出国になっているのとは対照的に，80年代には日本の食料自給率は先進資本主義国でも最低の水準となった。にもかかわらず，82年に米国が提起した**ガット・ウルグアイ・ラウンド**やその後の日米2国間交渉，そして93年末のウルグアイ・ラウンドの合意（94年批准）を通して，主食の米や，選択的拡大の対象品目であった果樹や畜産との競合品目を含むほとんどの農産物が輸入されることになった。

WTO発足と米の輸入開始

ウルグアイ・ラウンドでは，自由貿易をいっそう追求していくための国際機関として **WTO**（World Trade Organization：世界貿易機関）の設立も決定され，1995年1月1日から発足する。このWTOのもとで，農産物や工業製品の関税撤廃だけでなく，サービス貿易や知的所有権をはじめとする非関税障壁の撤廃が議論されていくことになる。

米については，1995年から6年間は関税相当量の設定は行わないものの，95年の38万tから始まり2000年の76万tにいたる**ミニマム・アクセス**米の輸入を日本は約束する。さらに，1999年度からは，米輸入の関税化がなされ，1kg当たり341円の関税がかけられた。

さらに，米をはじめとする農林水産物および加工品の輸出を進めるために米国に本拠を置く**アグリビジネス**等はすべての関税の原則撤廃と食品安全基準等の非関税障壁撤廃，さらに投資活動の自由を求めて**TPP**の締結を米国政府に働きかけ，2010年から交渉が開始される。日本政府も**第二次安倍晋三内閣**のもとで交渉に参加し，2016年2月に協定案が政府間で調印された。現在，各国で，その批准を行っているところであるが，米国はじめ各国で多国籍企業の利益を追求した不公正な協定であるという批判が強まり，予定どおり発効するかどうか不透明な状況にある。

農政の枠組みの転換と「新政策」

ガット・ウルグアイ・ラウンドは，各国の主権に属する農業政策の枠組みの改変をも迫った。日本においても，交渉妥結後を展望した農政改革の基本方向が，「新しい食料・農業・農村政策の方向」（「**新政策**」）として，早くも1992年6月に発表された。これは，**農業基本法**の根本的見直しを標榜したものであり，「生産・流通段階において規制と保護のあり方を見直し，市場原理・競争条件のい

っそうの導入を図る政策体系に転換」することを基本に置いていた。

「新政策」に盛り込まれた内容は，その後農政審議会の答申（1994年8月）やガット合意後の関連対策の整備のなかで順次具体化されていった。

まず第一に，農産物貿易の大幅な自由化に対して国内農業の体質を強化するため，「経営感覚に優れた効率的・安定的な農業経営」の選別的育成を図る**農業経営基盤強化促進法**が制定された（94年）。その育成対象は，農業基本法で謳われた家族農業経営ではなく，法人経営を含む「多様な担い手」による大規模経営（稲単作で10～20 ha）である。

第二に，農産物輸入の影響が最も大きいと予想される**中山間地域**を対象に，**特定農山村法**が制定された。しかし，その政策手法は，EUの**条件不利地域**（ハンディキャップ地域）で実施されているような直接所得補償方式ではなく，融資事業と公共事業の導入にとどまった。ウルグアイ・ラウンド関連対策においても，中山間地域を重点対象に，6兆円余りの予算のうち3兆5000億円が公共土木事業，7000億円が融資事業に向けられた。

2000年度からは，中山間地域の耕作放棄地の発生を防止し，集落単位での担い手を育成するために**中山間地域等直接支払制度**が導入された。

> 新食糧法の制定と農業・農地市場の自由化

さらに，流通部面においては，**食糧管理法**の廃止と**新食糧法**の制定（1995年11月施行，正式名称は「主要食糧の需給及び価格の安定に関する法律」）によって，米市場の「内なる自由化」がなされ，5兆円ともいわれる米流通市場に多様な分野からの参入が行われて米流通を大きく変えたほか，米価の引き下げに拍車をかけた。

さらに，1999年には，農業基本法に代わり，**食料・農業・農村基本法**（新農業基本法）が制定された。これにより，食料自給率の目標

設定が義務づけられたほか、政策の範囲が食品安全から農村環境問題にいたるまで大きく広げられることになった。

一方、日本経団連などの財界サイドでは、規制緩和推進策のターゲットを農地法の見直し、農協系統組織の再編に置き、農業・農地市場の開放を次々に要求していった。これに応える形で、小泉純一郎内閣下で「構造改革特区」、第二次安倍内閣下で「**国家戦略特区**」を設定し、農業生産への株式会社の参入や農地の取得を認めることになった。国家戦略特区に指定された**新潟市**では、ローソンが農業経営だけでなく六次産業化にも進出している。また、兵庫県**養父市**では、オリックス不動産やヤンマーが進出している。

2015年9月には、特区だけでなく、全国規模での農政改革を行うための**農政改革関連3法**の改正案が可決された。これにより、農協は営利事業を営むことが認められるとともに、系統組織の指導機関であった全中(全国農業協同組合中央会)の権限が弱体化された。また、農地の売買・貸借の許諾を行ってきた公選制の農業委員会制度を改変し首長任命制度にしたうえ、株式会社による農業生産法人経営や農地取得がいっそう容易になった。

このような「**構造改革**」型農政は、大規模経営や法人経営に対する支援策を拡充する一方、従来の減反補助金を廃止することとした。安倍内閣のもとで、**TPP**を意識して農産物輸出を志向する経営体への支援を強めているが、他方でそれをはるかに上回る農産物が輸入され農業生産の後退と食料自給率の低迷が続いており、国民の食料供給や国土保全の持続性という点で不安定要素が拡大しつつある。

② 農産物の大量輸入と日本の農村

> WTO体制下での農産物輸入急増

ガットからWTO体制に移行する時期は、日本では経済構造調整政策、構造改革の遂行期であった。したがって、政策的な農産

物輸入の促進策のなかで，日本の農産物輸入は，バブル崩壊後の不況期も含め爆発的な増大を記録する。

すなわち，日本の農産物輸入額は，1960年時点では9億ドル弱であったが，85年には146億ドル，さらに93年には338億ドル，2003年には370億ドル，さらに2014年には555億ドルに達した。この結果，日本の**食料自給率**（供給熱量ベース）は，1985年の53％から2003年の40％，14年の39％へと低下した。とりわけ**穀物自給率**は29％（14年）となっており，先進国中最低レベルである。

日本の農産物貿易は，2014年の輸出額が34億ドルに留まっており，著しい入超構造であることが特徴であり，2014年時点で中国に次ぎ世界第2位の食料純輸入国となっている。

食料の海外依存度を高めることは，国内農村の農林地の荒廃を通して環境悪化を招くとともに，海外の農村や環境への負担を大きくすることにつながる。これらの食料輸入においては，内外の**多国籍アグリビジネス**や商社が大きな役割を果たしている点にも留意したい。

近年，輸入額の上位を占めているのは，輸入自由化が進展した牛肉，豚肉等畜産物である。また，輸入自由化とともに加工用・業務用の需要が高まった生鮮・乾燥果実，鶏肉調製品や冷凍野菜も増加してきている。

> 農産物価格の引き下げと農業生産の低迷

しかも，米価をはじめとする政府決定農産物生産者価格は，農産物貿易自由化に対応して「内外価格差是正」と「生産性向上」を図るために，1980年代後半以降実質的に引き下げられた。たとえば，玄米は1985年度の1万8668円/60kgから2003年度には1万3820円/60kgまで引き下げられた。2004年には食糧法が改正され，米流通の市場化が徹底され，他の農産物なみになった。米の**減反政策**も堅持されるなか，2013年産の主食用米の相対取引価格（全

銘柄平均）は，1万3252円/60kgとなっている。

国内農業生産額は1984年の11.7兆円をピークに減少を続け，2003年の8.9兆円，2014年の8.4兆円にまで落ち込んでいる。

農家数の著しい減少

このような農業経営条件悪化のなかで，1990年農業センサスでは，対85年調査比9.3％の農家減少率を記録した。これは，60年代の高度経済成長期にも見られなかった過去最大の減少率であった。しかも，95年農業センサスでは，さらにこの減少率を上回る10.4％の減少（90年比）を記録する。なかでも，畜産農家数は，80年から95年の間に，乳用牛62％減，肉用牛53％減，豚87％減という凄まじい減少ぶりであった。また，ミカンに代表される果樹や，中国等からの開発輸入が増大している野菜部門においても，国内生産の減少が顕著になっている。特に90年代末からは，ねぎや生しいたけ，畳表といった農産物や加工品の中国からの輸入が急増し，国内産地は大きな打撃を受けた。

1990年代を通して輸入農産物が増大するなかで，2000年農業センサスでも，総農家数は1995年比で9.4％減となった。さらに，2005年の農業センサスでは，農業経営体数（センサス定義の変更によって家族経営体と法人経営体などを含む）の対2000年調査比減少率は，15.5％に達した。

2005年の農業経営体数は201万体であったが，その後も減少を続け，10年には対前回調査比16.4％減の168万体，そして15年農業センサスでは同じく17.4％減の138万体へと大きく減少している。

農業地域構造の変動と
階層分解の激化

日本のなかで，農業就業人口比率が相対的に高い地域は，表2-6で示したように，北海道から東北，北陸，中国，四国，九州・沖縄にいたる，大都市圏の外延部である。ただし，農業粗生産額で見ると，首都圏を抱える関東・東山地域が，野菜などの生産に

表2-6 日本の農業地域構造

(単位：%)

| | 農業就業人口比率(2010年) | 農業粗生産額(2014年)億円 | 1994〜2014年増減率 | 2014年構成比（括弧内1994年） | | | 1995〜2010年農家減少率 |
				米	他耕種	畜産	
北海道	5.9	11,110	−4.6	9.9 (22.3)	35.8 (40.1)	54.3 (37.6)	−36.8
東 北	8.3	12,298	−37.1	27.9 (49.9)	38.3 (29.0)	33.7 (20.9)	−26.9
北 陸	4.4	3,904	−45.7	55.3 (68.8)	24.9 (17.3)	19.5 (10.5)	−34.2
関東・東山	2.4	19,370	−19.6	14.3 (25.8)	57.6 (53.5)	27.4 (19.9)	−23.5
東 海	2.8	7,319	−28.0	11.4 (21.2)	55.5 (55.1)	30.8 (21.4)	−23.8
近 畿	1.7	4,382	−35.6	24.9 (35.5)	55.0 (46.5)	21.1 (16.4)	−24.2
中 国	4.6	4,119	−34.7	22.8 (42.1)	35.7 (34.9)	41.4 (22.9)	−27.6
四 国	7.4	3,859	−35.5	10.9 (20.7)	64.2 (61.5)	25.0 (17.5)	−24.8
九州・沖縄	6.1	17,918	−14.5	9.1 (21.5)	46.3 (46.9)	43.6 (30.4)	−28.6
全 国	3.7	84,279	−25.2	17.1 (34.2)	46.8 (42.6)	35.5 (22.5)	−26.6

(注) 地域区分の「北陸」は，新潟，富山，石川，福井。「東山」は，長野，山梨。「東海」は，岐阜，静岡，愛知，三重。
(出所) 農林業就業人口＝総務省統計局「平成22年国勢調査結果報告」。農業粗生産額＝農林水産省「生産農業所得統計」。農家減少率＝農林水産省「農林業センサス累年統計－農業編－（昭和35年〜平成22年）」。

よって最大の農業生産地となっている。

しかし，前述の経済構造調整政策・構造改革が進められるなかで，1994年から2014年にかけて，全地域で農業粗生産額の減少をみている。また，両年の部門別構成比を見ると，全国合計で米の比重が半減するととともに，野菜などの「他耕種」および畜産の比重が大きくなってきている。

地域別にみると，本格的農業地域である北海道と北陸，九州・沖縄地域において，この間の農家減少率が大きくなっている。いずれも，米の生産額構成比の低下が著しいという特徴がある。

2010年から15年にかけての農民層分解の状況を農林業センサスのデータで見ると，北海道では100 ha以上，都府県では5 ha以上が増え，小規模農家が減少する傾向が明確に表れている。

すなわち，農産物輸入促進政策の継続に加え，大規模経営体育成に重点を置いた「選択と集中」政策による「**構造改革**」型農政が進められるなかで，大規模経営が増加する一方で，小規模経営が淘汰されて農家，農業経営体が大きく減少したといえる。

③ 現代の農村問題

産業としての農業が，経済構造調整政策・構造改革と農産物の世界商品化によって，大幅に縮小再編を遂げているなかで，農村問題も新たな局面を迎えている。

> 高齢化の進展と農村社会関係の崩壊現象

第一に，**農業就業人口の高齢化**である。2000年には販売農家の農業就業人口に占める65歳以上の高齢者の比率が，初めて5割を超え（52.9％），15年には63.5％となっている。これは，直接には若年の新規就農者の激減によるものである。1964年に6万6000人いた新規学卒就農者は，2014年にはわずか1460人に留まっている。

近年，定年後の新規就農や「**田園回帰**」による若年の新規就農者が増える傾向があるとはいえ，農業をめぐる経済環境が悪化しているなかで，**農業の担い手を集落や自治体でどのように確保し，世代交替を果たしていくか**は，最大の問題となっている。

第二に，この点とも関連して，農家単位では嫁不足や高齢独居世帯の増加，集落単位では，さまざまなムラの共同業務（消防団，道普請，水路清掃，寺社の催し，下草刈り等）の麻痺といった社会関係の崩壊現象に加え，耕作放棄地と鳥獣害が広がっている。

第三に，農村の経済活動や社会活動の背骨となっていた**農業協同組合**や**森林組合**の広域合併，市町村合併が政策的に進められるもとで，集落や町村単位での農林業の維持・発展をサポートする組織が弱体化していることも大きな問題である。

表2-7 農業地域類型別販売農家数の推移

農業地域類型	実数（千戸） 2000年	実数（千戸） 2010年	増減率（％）
都市的地域	502	353	△30.0
平地農業地域	859	593	△31.0
中間農業地域	708	496	△30.0
山間農業地域	268	189	△29.5
合　計	2,337	1,631	△30.2

（出所）農林水産省ホームページによる。

農業地域類型と条件不利地域

ところで、ひとくちに農村といっても、立地条件はかなり異なっている。したがって、大都市圏や中心都市、人口集中地区からの位置と、地形や標高差による差異をもとに、農村地域を類型区分することが必要となる。農林水産省は、都市的地域、平地農業地域、中間農業地域、山間農業地域の4つの**農業地域類型**を設定している。

2000年から2010年にかけての地域類型別の販売農家の動態を見ると、表2-7のようになっている。これによると、いずれの地域とも10年間に30％前後の減少率を記録している。条件不利地域という言葉は、従来、「山間」と「中間」を合わせた「**中山間地域**」を指していたが、2000年代以降、農業生産条件の不利は、都市的地域や平地農業地域においても広がっているといえる。

都市的農業地域の抱える問題

都市農業の抱える条件不利性は、第一に都市化の進行による土地価格の高騰にあり、第二に**宅地並み課税**の負担であり、第三に周辺の宅地化による生産条件の劣悪化にある。とりわけ経済構造調整政策の遂行のもとでの土地政策の基本姿勢は、都市農家の土地保

有を「私権」とし、これを「公共の福祉」のために宅地市場に供給させようとしたものであった。1991年施行の**新生産緑地法**は、500 m^2 以上の農地規模をもち、かつ30年以上の営農継続意志のある農家については存続を認めたものの、その厳しい条件のために、大量の市街化区域内農地を宅地に転化させることになった。

ちなみに**市街化区域内農地**は、1993年の14.3万haから、2014年には7.7万haに減少している。都市的地域では、資産としての農地の売却を待つ**耕作放棄地**（遊休地）も広がっている。他方で、都市における農地の保全と営農活動が、都市民への食料供給、緑環境の維持、都市の安全性等、多様な視点から見直されてきており、2015年には都市農業振興基本法が制定され、自治体ごとに「農のあるまちづくり」が追求されつつある。

| 中山間地域の抱える問題 |

他方、**中山間地域**の最大問題は、農業を含む地域産業全体が縮小し、地域経済が人口扶養力を喪失するなかで、人口の過疎化と高齢化に拍車がかかっていることである。

中山間地域には、2005年時点で総人口の14%しか居住していないが、全農家の43%、総経営耕地面積の43%が存在し、国土の65%を占めている。多くの農家は、農林業を基本にしつつ、兼業収入によって生活している。しかも、地形上の制約のために水田の規模拡大によるコスト低減には限界がある。また、自然条件に適した果樹、畜産、野菜なども、貿易自由化のターゲットとなり、担い手の高齢化のなかで経営維持が困難になりつつある。しかも、兼業機会・所得も縮小過程にある。中山間地域の多くの農家がかかわっている林業は、木材の大量輸入と価格低迷のなかで農業以上に困難な状況に置かれている。しかも、経済のグローバル化のなかで工場の新規立地は大幅に減少しているうえ、農村に進出した工場の撤退等が相次いだ。中山間地域のなかでも問題が深刻なのは、過疎地域で

Column ⑤ 耕作放棄地と荒廃農地対策

耕作放棄地とは、「農業センサス」での定義によれば、「以前耕地であったもので、過去1年間以上作物を栽培せず、しかも、この数年の間に再び耕作するはっきりした意思のない土地」を指している。耕作放棄地の面積は、1985年に13.1万haであったが、2015年には42.3万haへと増大している。この結果、耕作放棄地率｛耕作放棄地面積／（耕作放棄地面積＋経営耕地面積）｝は、1985年の2.7%から2015年の9.8%へと高まっている。特に耕作放棄地率が高いのは、中山間地域と都市的地域である。ちなみに、2010年の耕作放棄地率を農業地域類型別に見ると、最も高いのは山間農業地域の14.6%であり、以下都市的地域の13.8%、中間農業地域の13.4%、平地農業地域の5.2%が続いている。

一方、農林水産省が実施している荒廃農地調査を見ると、荒廃地は2014年に27.6万haほどあり、そのうち約半分は再生不可能と評価されている。

耕作放棄は、小型トラックや農業機械が入らない山や谷の水田から、平地に下りてくるように進行する。これを「山が下りてくる」と表現する地域もあるが、耕作放棄地の拡大によって作付農地に**鳥獣害**が広がったり、国土保全上の問題も発生している。

耕作放棄地が中山間地域に多い理由として、農産物価格の低迷や農業就業人口が減少していることに加え、高齢化の進行のなかで、山や農地の世話をする担い手が、農家にも、村にも枯渇してきていることがあげられる。他方、都市農業地域では、資産運用のために耕作を行わなかったり、担い手がいないために土地持ち非農家になったものが多いことが要因として考えられる。

このため、政府は**農地中間管理機構**を作って、農地の貸し手と借り手のマッチングを行ったり、企業の参入を促進して、農地の活用を図ろうとしている。その際、農業だけでなく六次産業化やソーラーパネルの活用も図られている。また、国の土地改良事業が入らない山間地域の小規模圃場を整備するために、長野県**栄村**のように、村単独事業で小規模・低負担の「田直し事業」を実施しているところもある。

ある。

④ 新過疎問題

> 過疎問題の発生と過疎地域指定

すでに述べたように，**過疎問題**は，1960年代の高度経済成長期に発生した。これに対し，70年に「過疎地域対策緊急措置法」（いわゆる「過疎法」）が時限立法として制定され，以後10年おきに名称を変えながら，過疎対策法制が継続されてきた（詳細は，第4章の*Column*⑧参照）。

最初の法律で定められた過疎地域とは，第一に1960年から65年の間に人口を10％以上減少させ，第二に66年度から68年度までの財政力指数の平均が0.4未満の地域であった。当時の指定地域は775市町村であったが，その後基準が変更されたり，市町村合併が行われたこともあり，2015年4月時点では797市町村が過疎地域の指定を受けている。これは，全市町村数の47％にあたるが，人口では9％を占めるにすぎない。だが，面積では，国土の59％を占めていることに留意する必要がある。

> 新過疎問題の発生

オイルショック後の構造不況のなかで，人口の地方還流が見られ，1980年代初頭には「地方の時代」という言葉まで生まれたが，80年代後半以降再び地方での人口減少が顕著になった。85年の国勢調査では，特に東北地方において，かつての農山村地域だけではなく中小地方都市でも人口減少が進行したことが明らかになったほか，人口減少の形態が社会減少から自然減少に転化していることから，**新過疎問題**が浮上することになった。その後，人口減少地域がさらに広がっていることはすでに見たとおりである。

現代の新過疎問題は，高度経済成長期の第一次過疎時代に端を発する人口構成の高齢化や人口の自然減少などに示される農山村社会

内部での歴史的要因と，資本蓄積のグローバル化と経済構造調整による中山間地域における産業後退とが，重なりあったところに生じている。しかも，地域経済面における，第一次過疎時代との決定的な違いは，過疎地域内部で，従来の就業機会・所得機会に代替できる農業部門，非農林業部門が，グローバル競争のなかできわめて限局されたものになっている点である。

過疎対策事業とその限界

ところで，**過疎対策事業**は，過去45年間に100兆円近く投下されてきた。その内容は，初期においては道路を中心とした交通基盤整備と産業基盤投資であり，近年においては下水道，保健，福祉，教育などの生活関連支出が増えている。過疎対策事業は，適債事業の枠が決まっている**過疎債**を主要手段にしているため，自治体にとっては限られた分野にしか充当できないという問題もあった。

このような対策の効果が表れていない要因のひとつとして，道路を整備しながら工場やリゾート施設などの地域外資本を誘致することに主眼が置かれてきたことがあげられる。過疎地域において最も問題なのは，地域内において産業を創り出し維持する地域内投資力が欠乏している点にある。このため，道路を整備することにより，企業が立地するどころか，「**ストロー効果**」で中心都市や中心集落への人口流出を促した地域も少なくない。

逆に，「**小さくても輝く自治体フォーラム**」に参加している宮崎県**綾町**や島根県**海士町**などのように，地域の資源を活用した地元企業や農林漁家，協同組合が主体となり，地方自治体との協働により**地域内再投資力**を高めて，人口を維持，増加させている例もある。

過疎地域の産業後退と国土保全の危機

過疎地域全体の人口は，1987年以来自然減少に転じ，人口減少率も80年代後半から2000年にかけて5％前後を推移してきたが，2005年から10年にかけて7％の減少幅となった。人口の高

齢化も著しく，2010年段階では全国平均23％に対し，過疎地域では33％に達している。

過疎地域においては，地域内での生産活動が弱まるなかで，非高齢者は地域外へ通勤し，高齢者が地域内の農林業や非農林業を支えるというように，世代間の就業構造の分離が進行している。また，地方自治体の財政支出とともに，高齢者の年金収入・支出の地域経済に果たす役割が大きくなっている。

このような過疎地域を含む中山間地域の農家・林家は，国土の65％の土地と43％の農地を支えている。そこでの農林業生産は，その再生産を通して，農家の生活を再生産してきただけでなく，**国土保全**の活動を再生産し，大都市住民の生活の安全を支えてきた。農林業のもっている**多面的機能**である。ところが，近年の中山間地域における農林業を含む地域産業の後退と担い手の枯渇は，このような機能を発現させるシステムそのものを危機に陥れている。

たとえば，2004年10月に起きた**新潟県中越地震**の被災地域は，日本有数の地滑り地域であった。新潟県は，耕作放棄地率が高いほど地滑りが発生しやすいことをあらかじめ指摘していた。新潟県中越地震は，大規模地盤災害と地滑り災害が複合した災害であったが，被害の大きかった**山古志村**（現・長岡市），長岡市太田地区，小千谷市東山地区の耕作放棄地率は，震災前の時点で20％を超えていたのである。しかも，この震災で発電がストップしたJRの発電所の送電先は，首都圏であった。このように，大都市の経済社会生活は，中山間地域での生産活動や国土保全活動があってはじめて成り立っているといえる。

市場原理にもとづく産業政策，「安ければよい」という貿易自由化政策では，地域において産業と密接に結びついている生活問題や環境問題というより根本的な問題群を解決できないばかりか，逆に地域レベルでも国土レベルでも，日本社会の持続可能性を脅かすこ

とになってしまっているといえよう。

第3章 戦後日本の国土計画・地域開発政策

立山連峰を背景に,富山県内を快走する北陸新幹線(2015年3月14日)
写真提供=時事

　第3章では,戦後日本の地域開発政策を,国土計画(全国総合開発計画および国土形成計画)との関係にもとづいて特徴をとらえ,特に地域産業政策として果たしてきた成果や諸課題を中心に検証する。

　戦後日本の地域開発政策に関する研究と評価は,これまでも地域社会学,行政学,政治学,財政学,経済地理学などさまざまな学問領域から行われ,数々の成果を生み出している。特に中央政府の対米協調外交や経済政策との関係,工業再配置と国内分業体制の構築を導くための社会資本充用政策の実態,開発地域での公害問題や環境破壊と社会的費用の負担転嫁問題等が明らかにされ,日本の地域

開発政策の本質に迫るすぐれた成果を数多く生み出してきた。

　本章は，従来の研究成果を可能な限り踏まえたうえで，日本の地域開発政策の成果や課題を，第二次世界大戦以後から2015年までに7次にわたって策定されてきた国土計画との関係にもとづき検証する。特に地域開発政策が産業再配置や大型公共投資を一体化し，地方自治体の地域産業政策を誘導してきた面があることからその特徴や成果，課題等を多面的かつ総合的に検討するよう努める。

　そこで，*1* では，第二次世界大戦後から7次にわたり展開されてきた日本の国土計画の目標，方法，特徴などを総合的に検証する。*2* では，戦後復興期から高度経済成長期に至る間の産業構造高度化を支えてきた資源エネルギー政策であるダム等水資源開発政策を検証する。*3* では，地域経済の不均等発展を是正し国土の均衡ある発展を名目に展開された重化学工業化政策を検証する。*4* では，重化学工業に代わる新たな地域格差の是正策として計画化された先端技術産業政策（テクノポリス政策）を検証する。*5* では，対米貿易摩擦の解消と内需拡大を名目に地域間格差の是正策として導入されたリゾート開発政策について検証する。以上を踏まえたうえで，国土計画等の今日的必要性に関しても触れることとする。

1 現代地域開発政策の展開

① 水資源開発の構想と現実

冷戦の時代と日本　1950年代は，戦後の世界システムの歴史のなかで「冷戦の時代」と呼ばれている。特に，50年6月に勃発した朝鮮戦争は，東西冷戦の舞台を欧州から東アジアへと移したことから，日本の経済的政治的重要性を一挙

に高める契機となる。

しかし，日本の生産技術は，戦時統制下での技術革新の停滞により欧米諸国に著しく立ち遅れ，老朽化で精度も低く，朝鮮戦争の特需景気（**朝鮮特需**）が原因で生じた繊維，鉄鋼，機械機器等の需要増にまったく対応できない状況にあった。

高性能な製品・半製品を大量に生産するための技術革新は，軽工業をはじめ素材供給型の重化学工業でも喫緊の課題となっていた。特に，電力・鉄鋼・海運・石炭など**四大重点産業**の生産力強化は急がれ，生産力を増強するためのエネルギー資源の開発は戦後復興期の最重要課題でもあった。

国土総合開発法の誕生

朝鮮特需を契機に，日本の工業生産力の復旧は急速に進む。しかし，生産を支える電力をはじめ道路，港湾，鉄道，用水など産業基盤整備は大幅に遅れ，東京，大阪，名古屋など既成工業地帯では供給を妨げる「生産の隘路」とまでいわれていた。その結果，1950年制定の**国土総合開発法**は，生産の隘路打開を目標にした電源開発のための根拠法として運用されていく。

国土総合開発法は，1962年制定の第一次**全国総合開発計画**から，98年の新たな全国総合開発計画までの根拠法として活用されてきた。だが，法制当初の理念はそうではなく，特定地域の**河川総合開発**を重点的に進め，治山・治水，発電，食糧増産などをめざす戦後復興と国土保全のための法律であった。

同法の「開発」理念の根底には，米国のTVA（テネシー川流域開発公社）にならい，財政難のなかで河川流域へ効果的に国家資金を集中投入し，疲弊する流域を総合的に発展させたいという意図があった。

そこで，京浜工業地帯への電力供給を期待された「奥只見地域」と，台風による水害で疲弊した国土の再生を期待された「北上地

域」を「特定地域」とし，国家資金を集中投下し緊急課題であった電力開発と電力による山村集落の再建，流域の生活と産業の総合的発展を促進する構図が描かれていたのである。

> 特定地域の総合開発は形骸化の方向に

しかし，この理念は，次の3つの政治的圧力の前に脆くも崩れ去っていく。

一つ目は，同法にもとづき政策を推進する政府内部の力学が，重点的総合的な河川開発計画を形骸化していったことにある。TVA方式による特定地域の総合開発を準備していた経済安定本部の意図は，旧内務省系官僚の巻き返しによって大きく崩れ，都府県計画や2府県以上にまたがる場合の地方計画，さらに全国を視野に入れた全国総合開発計画までが入ることによって，特定地域の総合開発を重点的に進めようとする同法の意図は希薄化されていく。

二つ目は，地方の政財界から中央政府に対して巻き起こった圧力である。すなわち，(1)国土総合開発法の公布とともに，特定地域に関しては「国によって地域が指定され，開発計画が閣議で決定され，さらに実施に要する経費を政府が特別に措置する」との好条件が示され，荒廃が続く地方から異様なまでの関心と期待を集めるようになる。地域指定を受けるための地方から中央への政治的圧力は必然的に高まっていくことになる。(2)さらに内務省の事務を引き継いだ建設省が，1948年以降3年間にわたって「特定開発地域」として全国14地域の総合開発調査と5年計画の総合開発計画を作成していたことが重なり，特定地域への競争を促すことになる。全国42府県51地域が特定地域の指定争奪戦を演じたことこそ，その証左である。

結局，国土面積の3分の1に及ぶ22もの地域が指定を受けることになり，特定地域の重点的総合的な開発理念は，荒廃が続く全国地方都市圏の経済復興事業へと重点を移していくことになる。

三つ目は，日本の「経済的自立」をアジア戦略の要とした米国の対日圧力である。1951年の対日講話・日米安保条約調印によって日本を同盟国とした米国政府の次なる課題は，米国のアジア戦略を担う経済力と政治的安定を日本が回復させることにあった。他方，電源開発への技術的・経済的支援，重化学工業化の促進，輸出競争力強化，貿易の自由化等を通じた日本経済の「自立的発展」は，45年の敗戦から復興をめざす政財界の切実な要求でもあった。

　ここに日米の利害が強く一致し，政治的安定と経済的自立を目標に，政府の経済政策は，石炭や鉄鋼を重点的に増産し，化学肥料や電力の生産を最優先する傾斜生産方式を導入していく。特に電力生産のために巨大な最新鋭のダム開発が急がれた。そこで，GHQによる対日援助見返資金の投下（1949～52年度，631億円），マッカーサー指令による電力事業再編成＝9電力会社体制の確立（52年9月），**電源開発促進法**の制定（52年7月），電源開発株式会社の設立（52年9月），さらに電力5カ年計画（53～57年度）の策定が急ぎ着手されていく。こうして日本経済の重化学工業化を推進する体制が，米国の復興支援を得て政府内に構築されていった。

　こうして，特定地域の開発事業は，全国の主要河川の上流から中流・下流に及ぶ広大な流域圏において，林業，農業，畜産業の振興よりも電源開発を際だたせ着手されていった。

　国土総合開発法による特定地域の総合開発は，当初の理念を実現に結びつけることのないまま，傾斜生産と経済復興を支えるための電源開発事業を突出させていく。したがって，発電された電力は，深刻な生活苦のなかで山村集落の水没と引き替えにダム誘致を決議した河川上流部の総合的発展には役立てられず，既成工業地帯の臨海工業地帯に集積する重化学工業へと送電されていった。また，ダム事業を受け入れた山村集落では水没や農地の喪失を生み，過剰な労働力を大都市部へと流出させる引き金となっていった。

戦後復興下ではじまった地域開発政策は，こうして国内の政治的安定と経済的自立を求める日米政府および中央財界，さらに戦後復興をいち早く求める地方政財界の利害が一致を見るなかで着手されていく。

② 国民所得倍増計画から全国総合開発計画へ

「平和共存」の時代と日本

　1960年代は，米ソの冷戦状態が緊張の糸を緩める時代である。これを機に東西両陣営は，植民地から独立を始めたばかりのアフリカなど南側諸国への援助競争にしのぎを削るようになる。同時に米国は，61年からベトナム戦争へも介入を開始し，この介入を経済的に支えるための直接間接の措置が日本政府に要求されるようになる。政府による貿易の自由化推進とアジア貿易の拡大・援助強化の背景には，そのような事情があった。

　1959年，日本の対米貿易収支が黒字になると，米国の対日貿易自由化要求は一段と強くなる。そのため，60年，岸信介内閣が安保改定と同時に「貿易・為替自由化計画大綱」を決定したのを受けて，自動車や電算機を除く多くの商品の差別的対米輸入制限撤廃が進められた。さらに同年12月，池田内閣は**国民所得倍増計画**を決定し，貿易の自由化に備え，設備投資と技術革新の強化による重化学工業の資本蓄積を積極的に推進していくべきことを唱えた。

既存工業地帯に集中する重化学工業

　日本の対アジア貿易は，1950年代に合理化投資など技術革新を遂げつつあった鉄鋼・電力・造船業界と，政府の保護育成策下で生産を開始した石油化学工業が，大量輸出生産体制を確立したことで急速に拡大していく。それにともない電力需要も急増し，60年代に入ると最新鋭の火力発電所を隣接させた**石油化学コンビナート**が誕生するようになる。

石油化学コンビナートの建設は，港湾，鉄道，道路など海陸一体型の産業基盤が整い，かつ大消費地である大都市圏への輸送コストが低い大都市臨海部の既存工業地帯へと集中していく。そのため産業基盤の整備は著しく立ち遅れ，さらに労働者の住宅不足や上下水道など生活基盤の未整備も手伝って，生産の拡大に支障が生じるようになる。

　こうして，生産の隘路打開をめざした海陸一体型産業基盤の整備拡充を中心に，素材供給型重化学工業の立地操業を満たす臨海工業地帯の開発需要が急速に高まりを見せるようになる。その開発可能性・立地条件は，三大都市圏を離れた場合でも，鉄道や道路で直結し，石油化学コンビナートの立地操業に必要な産業基盤をフルセットで用意できる**太平洋ベルト地帯**上であることが求められていた。

　こうした産業界からの要求を満たした経済計画が，1960年，池田勇人内閣によって策定された国民所得倍増計画である。

　国民所得倍増計画では，(1)大消費地に近い太平洋ベルト地帯上で，かつ大消費地間の中間地点に新規コンビナートを造成する，(2)四大工業地帯の密集部へは生産立地規制を課す一方，生産の隘路打開のためには産業基盤投資を急ぐ，(3)他方，四大工業地帯の周辺地域へは鉄道や道路の輸送網を整備し，工場を分散立地させる，(4)北海道，東北，日本海側など低開発地域は，所得倍増計画に支障を生じないよう倍増計画後に工業化を図る，といった経済合理性を最優先した社会資本投資戦略を表明した。

　ところが，この所得倍増計画に盛り込まれた社会資本投資戦略は，開発から取り残されてきた太平洋ベルト地帯以外の府県や市町村，地方政財界から強い不満と批判を寄せられることになる。その結果，所得倍増計画は修正を余儀なくされ，結局，太平洋ベルト地帯から全国へと工業分散を図り，大都市圏と地方圏との経済力格差の是正に寄与する形で生産の隘路打開を図る開発計画へと変更されること

表3-1 全国総合開発計画（概要）の比較

	全国総合開発計画 （全総）	第二次全国総合開発計画 （二全総）	第三次全国総合開発計画 （三全総）
閣議決定	1962年10月5日	1969年5月30日	1977年11月4日
策定時の内閣	池田内閣	佐藤内閣	福田内閣
背景	1 高度成長経済への移行 2 過大都市問題、所得格差の拡大 3 所得倍増計画（太平洋ベルト地帯構想）	1 高度成長経済 2 人口、産業の大都市集中 3 情報化、国際化、技術革新の進展	1 安定成長経済 2 人口、産業の地方分散の兆し 3 国土資源、エネルギー等の有限性の顕在化
目標年次	1970年	1985年	おおむね10年間
基本目標	地域間の均衡ある発展	豊かな環境の創造	人間居住の総合的環境整備
開発方式等	拠点開発構想	大規模プロジェクト構想	定住構想

（出所）国土庁監修『平成12年度 国土統計要覧』大成出版社をもとに、各国

になる。それが、1962年策定の全国総合開発計画である。

全国総合開発計画と拠点開発の論理

表3-1は、第一次の国土計画である**全国総合開発計画**（全総と略す）から第7次の国土計画である2015年策定の新たな国土形成計画（全国計画）までの概要一覧である。

全総では、「自然資源を有効に活用し、資本、労働、技術等の諸資源の適切な地域配分によって、都市の過大化の防止と地域格差の縮小を図る」ことを基本目標に謳い、それを実現する地域開発方策として「**拠点開発方式**」を導入した。

第四次全国総合開発計画（四全総）	新たな全国総合開発計画（新全総）	国土形成計画（全国計画）	新たな国土形成計画（全国計画）
1987年6月30日	1998年3月31日	2008年7月4日	2015年8月14日
中曾根内閣	橋本内閣	福田内閣	安倍内閣
1　人口、諸機能の東京一極集中 2　産業構造の急速な変化等により、地方圏での雇用問題の深刻化 3　本格的国際化の進展	1　地球時代（地球環境問題、大競争、アジア諸国との交流） 2　人口減少・高齢化時代 3　高度情報化時代	1　本格的な人口減少社会の到来、急速な高齢社会の進展 2　グローバル化の進展と東アジアの経済発展 3　情報通信技術の発達 4　安全・安心に対する国民意識の高まり 5　「公」の役割を果たす主体の成長	1　本格的な人口減少社会の到来 2　地域の個性を重視し、地方創生を実現 3　イノベーションを起こし、経済成長を推進
おおむね2000年	2010年から2015年	おおむね10年間	おおむね10年間
多極分散型国土の構築	多軸型国土構造の基礎形成	一極一軸型国土の是正	国土の均衡ある発展
交流ネットワーク構想	参加と連携	広域ブロックの自立的発展	対流促進型国土の形成

土形成計画（全体計画）の内容を加筆し作成。

　拠点開発方式とは、図3-1のような社会目標を備えた地域開発方策である。重化学工業を誘致する拠点都市地域では関連産業が著しく発展し、家計所得と財産価値を増やし、自治体財政収入の増加と住民福祉の向上が進み、以上の結果として豊かな地域社会が形成されるというシナリオが描かれている。

　豊かな地域社会像を社会目標に掲げた拠点開発構想は、当初全国に10カ所程度の拠点都市地域を設け、効率的・合理的な産業基盤整備と大都市圏からの工業分散によって実現をめざしていた。

　ところが、拠点開発地域の指定によって工業誘致を強く望む全国

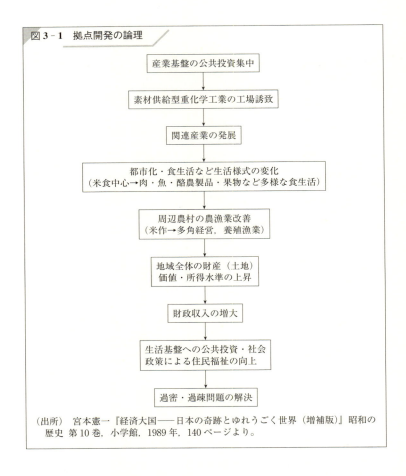

図3-1 拠点開発の論理

(出所) 宮本憲一『経済大国——日本の奇跡とゆれうごく世界(増補版)』昭和の歴史 第10巻,小学館,1989年,140ページより。

39都県から44カ所が候補地域に名乗りをあげる事態を生み,熾烈な指定競争が繰り広げられることになる。結局,後掲図3-6の通り,拠点開発地域は増え,当初の10カ所を大幅に上回る15の**新産業都市地域**,それに準じた6つの**工業整備特別地域**が拠点都市地域の指定を受けるに至ったのである。

> 拠点開発の深刻な現実

　新産業都市地域等の指定を受けた地方自治体は，大都市圏から重化学工業を誘致すべく積極的な誘致運動（固定資産税等の減免措置を含む）と，用地・用水・電力・鉄道・港湾などがワンセットになった公共投資を高い国の補助率を適用しながら優先的・先行的に行った。

　その結果，四大工業地帯と鉄道，道路，航路で結ばれた新産業都市地域へは企業・工場が分散立地するなどし，図3-1に描かれた成果を生み出す地域も生まれていく。福島県常磐郡山地区をはじめ岡山県南地区，大分地区などは「新産業都市の優等生」と称賛されるほど工場立地が進展するようになる。

　しかし，新産業都市地域は四大工業地帯や大都市圏から遠く離れた地域が多く，総じて既成工業地帯からの企業・工場の分散立地は遅れていく。その結果，新産業都市地域を抱える道県や市町村の議会，関係機関の間からは，地域開発をめぐり費用対効果を問題視する声も出されるようになる。

　莫大な公共投資で大規模工場の誘致を働きかけながら，企業・工場の進出が目標に至らない新産業都市地域では，図3-2（右側の矢印の流れ）のような厳しい現実に直面する地域も生まれるようになる。大部分の新産業都市地域では，高率補助により積極的な産業基盤投資を重ね，そのうちの自己負担財源を賄うために地方債を発行したが，地方債の元利償還が自治体財政の硬直化を進め，小中学校，市町村道，公営住宅など生活基盤事業の遅れや計画の見直しを余儀なくされる事態を生むことになる。また，企業・工場の進出と操業が計画を大幅に下回る新産都市地域では，豊かな地域社会という社会目標すら薄らいでいった。

　他方，企業・工場の誘致と操業に成功し，石油化学コンビナートや銑鋼一貫型の臨海工業地帯が操業を始めた「新産業都市の優等生」では，図3-2（左側の矢印の流れ）の通り，コンビナートや工

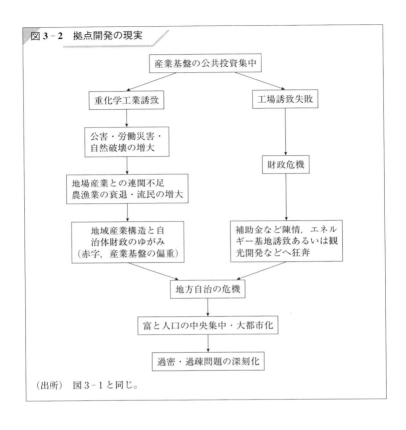

図3-2 拠点開発の現実

(出所) 図3-1と同じ。

業地帯の周辺住民および労働者のなかに，体調の異変を訴える者を多数生むようになる。公害患者や労働災害の犠牲者である。被害者を取り巻く大気の汚染，河川，海洋，地下水の汚濁は動植物の奇形や農林水産業の破壊をもたらす事態へと向かうことになる。

　後述するように，公害や環境破壊の原因企業による発生源対策や政府による被害者救済が進展を見せないなかで，原因企業・工場の地方再配置を，国土計画を通じ推進した政府の責任が，裁判で問われる事態に及んでいく。

結局，全総の開発方式は，経済成長を最優先する政府と資本蓄積を急ぐ重化学工業資本の投資戦略のもとで進められていく。新産業都市地域や工業整備特別地域では，産業基盤整備を急ぎ，最終製品が多種多様な装置型産業を誘致し，道県内における工業製品出荷額および人口の占める割合を高めていった。ただし，その成果と引き替えに，同地域では，公害病患者や労働災害被害者の発生，生活基盤整備の遅れ，自治体財政の硬直化など「集積の不利益」を生み出していくようになる。

③　第二次全国総合開発計画の時代

「多極化」の時代と日本　　1970年代は，東西両陣営内での多極化が進んだ時代である。このうち西側では，米国経済が低迷する一方，日本や西ドイツ（当時）が高度成長を遂げ，従来の米国一極体制の構造が多極化しはじめる時代を迎える。

　米国は，ベトナム戦争への介入によって膨大な財政赤字と通貨膨張によるインフレの進行，国内の非軍需生産部門における生産性の低迷，貿易収支の悪化，膨大な国際収支の赤字を抱え込み，ドル不信を生む。国際通貨危機の再発のもとで，金・ドル交換停止（＝ドルショック，1971年）を余儀なくされ，1961年に参戦したベトナム戦争では敗北を喫することになる。

　国内外の政治経済が大混乱し疲弊する米国に対し，日本はその対極にあったといえる。日本は米国のベトナム戦略を最大限に利用して，重化学工業部門を中心に省力化・大型化に向けた設備投資に取り組み，生産能力の飛躍的向上を達成した。対ドル固定相場を利用し，戦時下のベトナムやベトナム周辺諸国，米国への輸出を持続的に拡大した結果，貿易収支の黒字基調への転換（1965年）を成し遂げ，その後は黒字幅の拡大を実現し，貿易大国を標榜するまでに成長していく。

> 第二次全国総合開発計画による大規模プロジェクト構想

重化学工業資本の国際競争力強化＝対アジア・対米輸出貿易の拡大政策は、四大工業地帯および四大工業地帯と地方工業地帯とを結ぶ鉄道、道路、海運などの産業基盤の重点投資に導かれ実現していく。

三大都市圏では人口の集中が一層進んだ結果、大気汚染・水質汚濁・騒音・振動・地盤沈下・悪臭や、住宅・学校など生活基盤の絶対的不足、いわゆる「集積の不利益」を生じ、都市住民の生活環境は急速に悪化していった。大都市圏だけでなく地方工業都市でも公害問題や労働災害が深刻さを増していった。

他方、地方圏では農業が、第2章で詳述したとおり、1970年に閣議決定した「総合農政」のもとで大規模経営化を推し進められていく。その結果、小規模な生産農家の離農が相次ぎ、農山村から県内都市部へ、さらに大都市圏への労働力の流出要因となった。

世論は、大都市偏重の重化学工業化と経済成長の矛盾を厳しく問うようになり、過疎問題と過密問題、住民福祉の遅れ、公害問題、自然破壊を糾弾し、労働運動の活発化や革新自治体の誕生と躍進を強く後押した。こうして開発国家から福祉国家へ、官僚政治から市民政治へ、大都市圏偏重から地方圏重視へと世論の関心は向かい、政治の潮流をつくるようになる。

1969年制定の**第二次全国総合開発計画**（二全総と略す）は、世論の変化を巧みに取り込みつつ、地域格差の是正に向けて地方圏での大規模開発を掲げ、開発可能性を全国土へと広げていく。既成工業地帯では、輸送機器等の集中豪雨型輸出を支え、経済大国化を追求する一方で、大都市圏では福祉サービスやコミュニティの充実といった**社会開発**も重視し、地方圏での高速鉄道・工業団地・生活基盤など公共投資の充実と企業・工場の再配置促進を計画化していったのである。

二全総の構想では，まず全国を中央地帯（三大都市圏と瀬戸内地区を結ぶ一帯），北東地帯，南西地帯の三地区に区分し，中央地帯には中枢管理機能や文化機能が集積した巨大都市地帯を整備する。北東地帯と南西地帯には大規模工業基地（むつ小川原，苫小牧東，周防灘，志布志），巨大農業基地，巨大観光基地を配置する計画を描いた。そのうえで，各地帯間を新幹線・高速道路・航空路・データ通信網など交通通信ネットワークで結びあわせ，地域間分業関係を構築強化しながら全国を一日で回ることのできる「一日行動圏」として開発をめざしていく。「ネットワーク型開発構想」と呼ばれる地域開発方式が，二全総の特徴といえよう。

　この全国ネットワーク型開発構想による**大規模プロジェクト構想**の推進と地域格差の是正は，その背景に田中角栄を幹事長とする自民党の都市政策大綱の国土計画方針が大きく影響していたといえる。田中角栄は 1968 年制定の自民党・都市政策大綱で二全総が掲げる国土の課題や地域開発方式を描き，二全総に投影させた。

　さらに二全総を強力に後押しする地域開発指針として，首相となった田中角栄は 1972 年「**日本列島改造論**」を発表する。しかし，開発よりも環境や福祉を求める世論は，田中内閣の日本列島改造論による全国土の大規模開発プロジェクト志向を許さず，日本列島の改造・開発は，地価高騰ブームを生んだ後，見直されていく。

　その結果，1972 年，高度成長指向を貫く二全総は見直し作業（フォローアップ作業）を受けることになる。

　1977 年までに自然環境の保全・巨大都市・工業基地・農林水産業・地方都市・土地管理・国土管理など 8 項目にわたる総点検も行われ，73 年秋の第一次オイルショックの影響もあって，最新鋭の大規模重化学工業化と全国ネットの産業基盤整備に重点を置いた高度成長指向の地域開発政策は，根本的な見直しをせざるをえない状況を迎えていく。

④ 第三次全国総合開発計画の時代

オイルショックと地方の時代

1973年と79年のオイルショックによる石油製品の価格急騰と，73年固定相場制から変動相場制への移行，その結果としての円高ドル安による石油関連素材の需要減のもとで，鉄鋼・化学・アルミ・石油精製など重化学工業は輸出量を激減させ，稼働率の大幅低下を生み，過剰生産体制の見直しを迫られることになる。

この事態に，政府の総需要抑制政策が加わり，重化学工業は構造不況業種として扱われ，1960年代のリーディング・インダストリーの地位を失っていく。この結果，素材供給型重化学工業の東南アジアへの移転が加速する。

政府自身も，1981年を財政再建元年として第二次臨時行政調査会を発足させ，「増税なき財政再建と行政改革」，財政支出の大幅削減と民間活力の活用を掲げ，「政府に比べ財政的余力のある」地方自治体を事業主体とした地域開発政策の展開を求め，「地方の時代」を演出するようになる。

三全総の定住構想

1977年策定の**第三次全国総合開発計画**（三全総と略す）の特徴は，全総の拠点開発構想や二全総の大規模プロジェクト構想では重視されてこなかった「地方における定住環境の総合的整備」を基本目標に掲げた点にある。

三全総の開発方式は**定住構想**と呼ばれ，雇用の場である生産環境のみでなく，豊かな自然環境と質の高い生活環境をともに備えた総合的居住条件を地方圏に整備し，若年層を中心に人口の地方定住を促して，過密過疎の解消，地方生活圏の活性化をめざそうとした。

定住圏とは，主要河川の流域に点在する都市と農山漁村を一体的にとらえた流域生活圏と位置づけられ，全国に200～300の定住圏

を配置することが計画で謳われた。

　この定住構想を推進するため，1979年7月国土庁「モデル定住圏計画策定要綱」にもとづき，同年8月に全国28圏域，9月には12圏域，その後さらに4圏域が追加され，合計44圏域が**モデル定住圏**に指定されていく。

　しかし，定住構想は，構想の具体化の過程で各省庁が従来独自に策定してきた構想を強引に反映させようと権限争いを演じたことから当初の目標を逸脱するようになる。すなわち，「地方自治体が住民の意向を受けて定住圏を整備」し，総合的な居住条件の改善に繋げていく方針が形骸化していくことになる。逆に，各省庁主導の縦割り行政の枠にはめ込まれた計画策定が地方自治体に求められていくようになる。

　また，定住構想発表当初の1980年から82年の間に指定を受けた定住圏では，着手された公共事業の多くが，企業誘致のための受け皿づくりを優先した。工業団地の造成，道路整備など高率補助が適用され補助金額が大きい大型土木事業に集中し，地方圏にとって重要な定住環境が，依然として企業誘致のためのインフラ整備であることも明らかとなった。

　そのため，全総や二全総のように具体的な大規模工場の分散戦略をもたない三全総に対し，企業誘致を切望する地方自治体からは不満の声が上がるようになる。定住構想では，雇用の増加や産業構造の高度化に貢献しない。東京圏では物価上昇と失業のもとで雇用吸収力を失い，地方圏からの人口流出が減り，地方圏では若者世代に雇用と定住を促す地域産業政策が強く求められるようになっていたのである。通産省（当時）主導のテクノポリス構想は，地方自治体の不満を解消する絶好の機会となっていく。

> テクノポリス構想の理想と現実

テクノポリス構想は，政府の「技術立国構想」の一貫をなすものとして，1980年3月の通産省産業構造審議会（当時）の答申「80年代の通産政策ビジョン」で初めて提唱された。同ビジョンは，テクノポリスを「産」（先端技術産業）「学」（工科系大学・試験研究機関）「住」（潤いのある快適な生活環境）が調和した都市とし，産業構造の知識集約化と高付加価値化の目標（創造的技術立国）および21世紀に向けた地域開発の目標（定住構想）とを同時に達成することをめざしていた。

通産省（当時）は，当初全国で1カ所程度を想定し，技術立国日本のシンボル的な都市プロジェクトとしてテクノポリス構想を描いていた。しかし，1970年代から先端技術産業の保護政策を推進し，重化学工業にかわる輸出型産業に育ててきた通産省の省益優先の論理と，2度のオイルショックを背景に広がる地方圏の雇用不安，大都市圏との所得格差の是正を求めたリーディング産業の地方誘致を熱望する地方政財界の論理とが相乗作用し，新産業都市地域の誘致合戦以来のテクノフィーバーを巻き起こすことになる。

このため，テクノポリスは1983年4月高度技術工業集積地域開発促進法（テクノポリス法）として法制化され，そのもとで全国26地域がテクノポリス地域として指定を受けた。ただ，指定に際しては，折からの国家財政の危機を理由に，拠点開発方式でとられたような公共投資の補助率かさ上げ措置や地方債の特例措置など政府による財政特例措置が適用されることはなかった。そのため，地域を構成する複数の市町村が地元工学系大学やエレクトロニクス・メカトロニクス関連企業等との連携のもとで，自発的にテクノポリス計画地域の整備を推進しなければならなかった。

この過程で，テクノポリスは「技術立国日本のシンボル事業」とのうたい文句からトーンダウンし，「地域主導のローカル事業」と

して地域整備に着手していったのである。

しかし，1985年のプラザ合意による円高ドル安のもと，先端技術部材の輸出環境が厳しさを増したことに加え，エレクトロニクス・メカトロニクスなど高度技術機械産業，バイオ（医薬等），新素材産業などは，ハイテク工場を国内地方都市より立地条件など比較優位に立つ東南アジア諸国の諸都市に進出させていく。

その結果，首都圏から遠隔なテクノポリス地域では新規企業立地が進まず，先端技術型田園都市をめざした地方政財界の期待は裏切られていく。結局，テクノフィーバーのなかで華々しく登場したテクノポリス構想は，1998年12月，テクノポリス法の廃止によって終了する。定住構想は，「地方に定住する環境」整備の面とともに「地域経済を活性化する環境」整備の面からも，行き詰まりを見せていくことになる。

5 第四次全国総合開発計画の時代

「西側諸国の秩序回復」と日本

1970年代の2度に及ぶオイルショック以降，米国を中心とする西側先進国は，一様に景気の後退を招き，インフレの加速，失業の増大によって国内不安を高めた。他方，アジアNIEs（四頭の竜といわれる香港，台湾地域，韓国，シンガポール）から西側先進国へ経済的圧迫を強める動きも加速していく。

1981年に誕生した米国のレーガン政権は，「強い米国の再生」をめざして，(1)社会福祉削減を含む政府支出削減（軍事以外），(2)大幅企業減税による生産力向上・設備投資の促進および高額所得層を中心とする所得税減税による投資促進，(3)規制緩和による政府コストの削減と民間企業の活性化，(4)通貨供給量の管理などによるインフレ克服，などを柱とするレーガノミックスを展開し，経済力の回復を図る。

しかし，貿易と財政の「双子の赤字」は一向に収まることなく逆に拡大し，ドル不安を世界中に呼び起こすことになった。

こうした米国経済の窮状を救済するには，西側諸国が米国依存の貿易構造を改め，自国の規制緩和と民間活力の強化によって国内需要（内需）の喚起と市場開放を図ることが最優先課題とされた。

1987年の**第四次全国総合開発計画**（四全総と略す）は，規制緩和と民間活力の導入による内需拡大型経済構造の形成をめざして登場した。

交流ネットワークと多極分散型国土形成

四全総は，大規模な規制緩和を前提とする地域主導（地方自治体と大手民間資本が主体）型地域開発政策を特徴とする。そのもとで，地方圏相互の交通・情報・通信体系の整備を進め，交流人口を拡大し（**交流ネットワーク構想**），東京一極集中を是正し**多極分散型国土**を展望する開発構想であった。そのための戦略的重点的な地域開発政策として位置づけられたのが，民活主導での大都市圏における大規模再開発プロジェクトと未開発のままであった地方農山漁村地域の大規模リゾート開発である。

大都市圏，とりわけ首都圏の再開発は，国内の経済的・行政的・文化的中枢管理機能と世界金融情報の東京一極集中，それにともなう人口の集中を，一層広い大都市圏の形成によって受けとめることをめざしていた。

図3-3によれば，再開発の主たる空間は都心部と周辺都市部からなる。都心部では港区・中央区・千代田区を新たな高次業務空間とし，その周辺部では神奈川・多摩・埼玉・千葉・茨城南部の主な都市を「業務核都市」と位置づけ，民活主導による再開発を構想する。政府と民間の中枢管理機能の一部も移転させ，東京大都市圏の確立をめざす「**首都改造計画**」といいかえることができる。

他方，地方圏では，地方都市圏の背後地として地域開発が着手さ

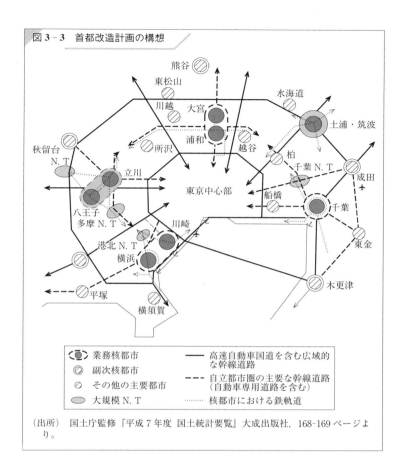

図3-3 首都改造計画の構想

(出所) 国土庁監修『平成7年度 国土統計要覧』大成出版社, 168-169ページより。

れていなかった農山漁村地域を舞台に, リゾート開発を進める構想が掲げられた。1987年6月に施行された総合保養地域整備促進法(リゾート法)にもとづき, (1)ゆとりある国民生活の実現, (2)第三次産業を中心とした地域の活性化, (3)民間活力導入による内需拡大, がリゾート開発の戦略目標とされた。

しかし, 首都圏の再開発では, 中枢管理機能が集中する一方で,

異常なまでの地価高騰とそれによる都心住民の郊外流出・職住分離，都市型商工業の転廃業，さらに円高も手伝い海外への都市型生産工場の大規模移転を加速し，本来複合的な構造をもつ大都市経済の単一機能化させていった。また，地方農山漁村地域では，新産業都市やテクノポリスの指定以来3度目の指定競争＝リゾートフィーバーを生み出していく。農山漁村地域ではリゾート法による重点整備地区の指定を受けたことで，市町村を巻き込んだ第三セクターが立ち上げられ，リゾート関連資本が建設するゴルフ場，スキー場，リゾートマンションなど3点セットと呼ばれる開発が着手された。

リゾート関連施設は個人および法人会員の名義による不動産資産として売り出され，個人投資家や機関投資家による投資を呼び寄せ，全国の経済的条件不利地域に建設されていった。しかし，1991年のバブル経済崩壊後，不動産の資産価値が失われると，首都圏を中心とする大都市圏のみならず，地方圏でも過大な再開発やリゾート開発計画は中止や見直しを余儀なくされていく。

特に2002年6月，国土交通省から都道府県に対するリゾート計画の総点検・見直し実施の通知が出され，2003年12月総務省から都道府県に対する三セク事業の見直し・廃止・民間譲渡・完全民営化の検討指示が出されるようになる。それを受け，不動産関連資本の乱脈経営と金融機関の放漫融資，自治体の無責任経営の象徴とまでいわれた三セク型リゾート事業は次々と中止に向かった。

6 新しい全国総合開発計画の時代

アジア通貨危機後の経済停滞

1997年夏，タイの通貨バーツの暴落にはじまるアジア通貨危機は，日本経済に深刻な打撃を与えた。80年代半ば以降本格的なグローバル化時代を迎えた日本では，85年のプラザ合意後の円高ドル安下で製造業の東アジア直接投資が急増しはじめた。また，

90年代半ばにはアジア向け輸出が全輸出の44％を占めるなど，アジア新興国の外需にも依存する貿易構造を確立していった。

アジア通貨危機は，アジア依存を強める日本経済に重大な混乱をもたらした。積極的に直接投資を行ってきた日本の製造業は，進出国や周辺諸国の消費市場や取引市場の収縮によって受注・売上・利益を大幅に減らし，倒産や撤退を余儀なくされる企業も生まれた。その影響が大きく及んだのは，大企業に連動して工場の海外進出をはたしてきた中小製造業である。

1997年第3四半期から製造業・非製造業とも減収減益に転じていく。銀行による貸し渋りが中小企業の運転資金の調達を困難にし，経営難に直面する中小企業を急増させた。こうして全企業倒産件数は98年1万9171件，負債総額は戦後最大の14兆3812億円に達したのである。

破綻は，地方自治体が設置したさまざまな第三セクター事業にも及んだ。既述のように四全総下の地域開発事業体として誕生した三セクは，設立及び運営資金を供給する市町村が赤字補填を続け経営を維持してきた。しかし，次第に不良資産となって自治体財政を圧迫するようになった。

総合建設会社（ゼネコン）では，巨額の借入金に依拠した海外投資，国内不動産への過剰投資，開発事業の失敗から，規模の大小に関係なく経営難や破綻企業を続出させた。ゼネコンの経営難は，金融機関に対する債権放棄の要求，さらに不良債権となって金融機関自体の破綻再編にも及んでいったのである。

1997年11月の北海道拓殖銀行，98年10月の日本長期信用銀行，同年12月の日本債券信用銀行等の破綻は，グローバル化とバブル経済を背景とした金融機関の放漫経営のツケともいわれた。

政府は，こうした事態を重く見て，預金者保護の名目で同年総額60兆円に及ぶ公的資金を投入し，銀行救済に向かうことになる。

ところが，公的資金の投入額はその後も増大し続け，2000年には70兆円と1年間の国家予算規模にまで膨張していった。

21世紀の国土のグランドデザイン

アジア通貨危機と1997年4月の消費税率引き上げ（3%→5%）を背景にした日本国内の消費低迷が相乗し，大企業から中小企業および個人事業所にいたる大小さまざまな企業の倒産が相次いだ。電機・情報関連企業によるアジア等新興国への海外生産の移転と国内生産の減少が顕在化するなかで，特に太平洋ベルト地帯上の大都市圏を除く地方経済圏での雇用環境は戦後最悪の事態に向かった。四全総に代わる「**新たな全国総合開発計画**」（新全総と略す）は，こうしたバブル崩壊後の深刻な経済停滞期に登場した。

新全総「21世紀の国土のグランドデザイン」は，1998年3月31日に閣議決定された。新全総は，従来の全総が太平洋ベルト地帯への一軸集中，特に首都東京を中心に東京圏への経済力の一極集中と，それにともなう地方との経済力の格差是正を改善できなかったことを踏まえたうえで，新たに4つの新国土軸の整備を提示した。その基本目標が「**多軸型国土の形成**」である。

多軸型国土では，(1)自然との共生，北方圏との交流を重視した北東国土軸，(2)歴史と伝統の連携，環日本海交流を重視した日本海国土軸，(3)森林と河川と沿岸域の連携，アジア太平洋交流を重視した太平洋国土軸，(4)都市の居住環境の再生を重視した西日本国土軸，など4本の国土軸が開発整備エリアとして構想された。

4本の国土軸は，各々独自の開発戦略を掲げながら国土の形成をめざした。第1は，孤立する農山村を大都市・中枢都市・中核都市・地方都市と結びつけ広域産業生活圏の形成をめざした「多自然居住地域の創造」である。第2は，防災と居住条件の改善をめざした再開発の推進および大都市リノベーション事業の推進である。第3は，市町村が自主的に都道府県境を越えて広域連携を進めるため

の地域連携軸の整備である。第4は，地方が東京を経由せずに直接海外へアクセス可能な広域国際交流圏を形成できるよう空港・港湾・道路網を重点整備する戦略，などである。

この多軸型国土という新国土デザインを具現化するための重点的集中的な地域開発プロジェクトとして掲げられたのが，以下の大型公共事業である。すなわち，世界の大都市と新国土軸を結ぶ国際空港，国内大都市圏と新国土軸上の地方圏を結ぶ地方空港，太平洋国土軸上の各大都市圏を結ぶ新規高速道路網，大都市圏内の都市を結び広域経済圏を形成する環状道路網，遠隔の地域連携を縦横に進めるための縦貫道路網および横断道路網，湾口地域や海峡地域を連絡し広域経済交流圏を形成するための大型橋梁，防災と利水を目的とした大型ダム・河口堰，農業生産目的の干拓，高度成長下の二全総が描いた南西地帯の「**むつ小川原**」や東北地帯の「**苫小牧東部**」など臨海工業地帯の再生利用計画，などである。

以上の地域開発プロジェクトは，長期不況下からの脱出のテコ，あるいは民間投資の呼び水にも位置づけられ，多軸型国土形成に向けた民活事業として民間資金や民間経営手法を積極的に導入し推進された。1997年11月，橋本内閣が財政構造改革を遂行するために導入を表明した **PFI**（Private Finance Initiative）も，その一例として活用された。

PFIは，1999年7月「民間資金等の活用による公共施設等の整備等の促進に関する法律」として法制化された。その第1号となった地域開発プロジェクトが2005年開港の中部新国際空港計画（愛知県常滑市）である。

しかしながら，小泉内閣による「特殊法人，許可法人の整理合理化計画」によって特殊法人の改廃が断行され，プロジェクトの事業主体と予算が失われるとともに大型公共事業着手の目途が立たない事業をめぐる評価も行われ，国民監視下で中止決定も下されていく。

新全総が謳う多軸型国土の骨格をなす大型公共事業の一部には，こうして見直しを余儀なくされる事業計画も含まれていた。

7 国土形成計画の時代

国土形成計画法の誕生　2005年7月，過去の国土計画の根拠法を為してきた国土総合開発法が見直され，新たに**国土形成計画法**が誕生した（施行日は2005年12月22日）。国土づくりの根拠法を見直した背景には，従来の「開発」を基調とした国土計画自体が実効性を失っていたことがあげられる。

過密都市から過疎地域へ産業再配置と公共投資を通じ地域間の経済格差を見直すことをめざした「開発」基調の国土政策は，多国籍化する企業の投資戦略からも，また公共事業削減の潮流からも，見直しが不可欠な状況にあったといえる。

従来の全国総合開発計画の根拠法である国土総合開発法は，それが制定された1950年当時の社会経済情勢を背景に，産業再配置と公共投資，優遇税制を軸に「開発」を基調とした量的拡大志向の地域開発を保障してきた。

ところが，1985年のプラザ合意以後に本格化するグローバル化のなかで，企業の投資戦略は海外へと外延的に膨張し，製造業では現地生産・現地販売および第三国輸出といった「現地生産主義」に軸足を置きながら，国内生産の規模を縮小する傾向に向かっていた。

生産が国際分業体制を迎えた時代に，企業立地を国内地方へと誘導し，少子化のもと労働力の足りない地域で地域振興に貢献することを求める旧来の国土政策が実効性を失うのは当然のこととともいえる。

それとともに1990年代に地方分権改革が本格的に進展し，かつ2000年以降市町村数を半減させた平成の市町村合併が断行されるなかで，地方都市や農山漁村地域の再生を，地域の住民やNPO，

産業や行政が主体的に連携し，取り組むことが急務となっていたこともあげることができる。

こうした背景のもと，国土形成計画法への見直しは以下の3点を中心に行われた。①量的拡大を図る「開発」を基調としたこれまでの国土計画から，国土の質的向上を図るため，計画対象事項を見直し，国土の利用，整備および保全に関する施策を総合的に推進する国土計画に改変。②国土計画の策定プロセスにおける多様な主体の参画を図るため，地方自治体からの計画提案制度や国民の意見を反映させる仕組みを設置。③全国計画のほかに，ブロック単位ごとに，国と都府県等が適切な役割分担のもと，広域地方計画を創設し，地域の自律性の尊重および国と地方自治体の連携を図る，などである。

同法にもとづき，2008年7月，福田康夫内閣で閣議決定された戦後6番目の国土計画が**国土形成計画（全国計画）**である。同計画は，本格的な人口減少社会の到来，急速な高齢化の進展，さらに東アジア諸国の経済発展とグローバル化等を背景に，一極一軸型国土構造を見直し，「新たな公共」との協働にもとづく地域の自立的発展を求めている。

同計画は2018年度までの10年間を計画期間としていた。だが，2008年のリーマンショック，2011年3月の東日本大震災等による国内経済の停滞，被災地域の復興と国土強靱化を新たな課題とする緊急性のなかで，国土計画は再び見直されていくことになる。

> 対流促進型国土の形成と戦略

2008年のリーマンショック後も中国の高度経済成長は続き，2010年には日本を抜いて米国に次ぐ世界2位のGDP経済大国となる。2013年中国のGDPは日本の約2倍となり，ASEAN諸国，インド，ロシアの経済成長も続き，日本経済の存在感が低下していく時代を迎えていた。

円高ドル安の外為基調も影響し，2011年には日本の貿易収支が

赤字となる。他方，海外直接投資で大企業の内部留保は膨らみ，利潤の国内還元で所得収支は大幅な黒字を続け，日本の国際収支は海外進出企業の利益に支えられる構造を強めていく。

人口の減少にともなう地方圏での市街地の低・未利用地，荒廃農地，放置林対策，地域コミュニティの脆弱化，共助社会づくりにおける多様な主体の役割の拡大等も，2011年3月の東日本大震災を契機に強靱な国土形成とともに喫緊の政策課題に位置づけられていく。

2014年7月の「国土のグランドデザイン2050」を踏まえ，①本格的な人口減少社会に初めて正面から取り組む国土計画，②地域の個性を重視し，地方創生を実現する国土計画，③イノベーションを起こし，経済成長を支える国土計画，を3本柱とした新たな国土計画への見直しがはじまっていく。

こうして2015年8月，戦後7番目の国土計画となる「**新たな国土形成計画（全国計画）**」が閣議決定された。同計画が開発方式として採用したのが「**対流促進型国土**」の形成である。計画期間とされた2015年から2025年までの10年は，2020年の東京オリンピック・パラリンピック大会を挟んだ「日本の運命を決する10年」とまで表現され，成長を続けてきたアジア諸国の直接投資を取り込み，観光収支の大幅黒字でアベノミクスを国土の隅々へと浸透させる戦略を含んだ国土計画でもある。

第一次安倍内閣が掲げた経済政策（＝旧「3本の矢」）は「大胆な金融政策」「機動的な財政政策」「投資を喚起する成長戦略」である。このうち日本経団連など日本の主要産業界が最も期待をしたのが3本目の矢の成長戦略であった。2012年12月発足の第二次安倍内閣下で，株価は2倍超，大企業だけは業績も過去最高水準に回復し，賃上げを通して成長戦略に道を拓こうとしたものの，中国経済の減速，新興国の需要減，米国の金利引き上げによる円高基調のなかで

アベノミクスは暗礁に乗り上げていった。

　この危機を克服すべく，2015年10月内閣改造を経て「アベノミクスの第2ステージ」が宣言され，「一億総活躍社会」の実現を目的とする「希望を生み出す強い経済（GDP600兆円）」，「夢をつむぐ子育て支援（出生率1.8）」，「安心につながる社会保障（介護離職ゼロ）」の「新3本の矢」が発表された。

　新3本の矢は，経済界が求める成長戦略そのものであったが，その実現に向けて日本の大都市圏から地方圏の集落にいたる全国土を総動員したのが，2015年の新たな国土形成計画（全国計画）と2016年3月策定の8つの広域ブロック単位で策定された広域地方計画である。

　従来の国土計画のうち第三次までの国土計画は，既述の通り，主要産業の垂直的分業構造を利用した分工場の国内再配置政策を開発戦略の要に据えてきた。この戦略開発のために大型公共投資や税制上の優遇措置が中央・地方一体のもとで導入され，大都市圏以外の地方圏の経済成長を通して「国土の均衡」を展望した。

　だが，第四次，第五次の国土計画では従来の呼び水は影を潜め，徹底した規制緩和と余剰資金を抱える民間資本の投資誘導をテコに地方圏の開発を促進する開発戦略へと切り替えられていく。開発戦略の中身を政府主導から民間主導へと切り替えながら国土発展の可能性を全国土へと追求した国土計画でもあった。

　しかし，今回の国土形成計画（全国計画および広域地方計画）は，これまでの国土均衡主義にたつ国土計画とは大きく異なり，国民経済のグローバル化・経済成長を最優先するものであった。あるいは，すべての地方自治体が策定を義務化された「地方創生事業」（まち・ひと・しごと創生総合戦略＝ローカルアベノミクス），さらに新3本の矢を掲げた第二次アベノミクスという一連の経済政策と一体となり，具体的事業を国土計画に描きながら政府・都道府県・市町村お

Column ⑥　リニア中央新幹線

　リニア中央新幹線（リニアと略す）計画が，2027年に東京―名古屋間の開業をめざし，東海旅客鉄道株式会社（JR東海）によって進められている。2045年には東京―大阪間が開業する予定である。

　リニアは東京都から山梨県甲府市付近，赤石山脈（南アルプス）中南部，名古屋付近，奈良市付近を経由し大阪までの約438 kmを，超電導によって時速500 kmという小型旅客機なみの速度で走行し，約1時間で結ぶ高速鉄道である。

　2011年5月，全国新幹線鉄道整備法にもとづく整備計画が決定され，JR東海に対して建設の指示が出され，建設に向けた手続きが進められることになった。第1期工事に当たる東京―名古屋間には，神奈川，山梨，長野，岐阜の4県に駅が設置される。駅付近以外の大部分は地下を走行するが，そのための工事で大量の排出残土が発生し，地上部での残土処理をどのように行うかが重大な課題となっている。

　残土処理は，場所によって異なるものの約10年の歳月を要する。そのため，残土処理ルートを計画中の市町村では，日常交通，観光，地場産業，自然環境などさまざまな分野への影響が懸念されている。

　長野県下諏訪郡阿智村では，2015年5月「社会環境アセスメント委員会」を立ち上げ，JR東海が予定する発生土運搬方法が，村道および国道を利用する住民，観光客および観光事業者に対し，いかなる影響を及ぼすかを定量的および定性的に調査し，影響の有無や程度を予測することを目的に設置された。

　同委員会による調査は，リニアの工事ルート上では初の試みであると同時に，住民，事業者および行政が協働で取り組む調査として全国的に注目を集めてきた。調査の結果，阿智村および村議会に対し，次の諸対策を強く求める報告を行っている。(1)発生土運搬に関わる諸課題を最小化するために発生土運搬車輌自体の大幅な削減，(2)交通渋滞の大きな要因となるイベント時の運搬事業の中止，(3)国道や村道を通行する場合は安全施設や信号機を設置要求，(4)昼神温泉をはじめ村にとって大切な観光資源を保全するため協定締結，(5)自然環境，居住環境，地域経済等への悪影響を避けるための代替案の協議，(6)騒音，震動など生活環境保全

のための協定締結,(7)村内の各自治会等が策定した地区計画や地域振興計画の内容の尊重,(8)高齢者,子どもを交通事故から守る交通規制など安全対策,(9)I,Uターン者が移り住む定住政策への阻害要因防止,(10)観光客が事故や渋滞に巻き込まれないようにする対策,(11)土曜日や祝祭日および18時までの工事車両の通行についての再検討,などが指摘された。

　阿智村をはじめ中山間地域に位置する市町村では,地域資源を活かした地域づくりやIUJターン者の移住定住が成功し,徐々に若者たちが新たな生活に挑戦する姿を目にする。内発的で,多様性や総合性に富み,独自の住民自治組織を設立して地域づくりに展望を抱く地域が多い。こうした地域づくりの蓄積がリニア工事によって壊されることがあってはならない。リニアは,政府の大型インフラ輸出の対象にもあげられている。国内における住民間での協議や対策をリニア計画に反映させることが喫緊の課題ともなっている。

よび経済界が連携して取り組む「戦後初の中央集権型国土経済計画」ともいえる国土計画である。

　さらに,具体的事業には震災復興関連事業や消滅可能性回避のための共助社会づくり,集落再生のための「小さな経済」事業も巻き込み,地縁型住民組織やNPOなどを「新たな公共」の担い手として総動員した戦後初の国土計画と言い換えることもできる。2016年度はそれが本格始動した年でもある。

2　水資源と地域開発政策

1　水資源開発の変遷

ここで水資源開発という場合はダム開発を指している。戦後の地

域開発政策としてまず注目したいのは、このダム開発である。当初ダム計画は、米国の TVA をモデルとする河川流域の総合的事業の一環として、流域住民の期待と不安のなかで歩みはじめた。

しかし、高度経済成長が終わり、1980年代にかけて地域産業構造と人々の生活様式が大きく変貌を遂げ、水需要の増加が見込めなくなるなかで、政府主導のダム開発という巨大公共事業の根拠（必要性論）自体が著しく揺らぎはじめる。つまり、巨大ゼネコンと政官の利権構造（公共事業複合体）をつくり上げてきた地域開発政策が見直しを迫られるようになる。本節では、その実態を検証していく。

開発目的の変遷　戦後の地域開発政策が本格化するのは、1950年に**国土総合開発法**が策定され、米国の対日政策によって電源開発体制が整えられて以降である。

同法による最初の地域開発政策は、前節で言及した**特定地域総合開発計画**である。同計画は、国内の既成工業地帯を除く後進地域の「河川総合開発」をめざし、多目的ダムを建設して水害防除、電力供給、食糧増産を図り、日本の経済的自立と政治的安定を図ることを目的としていた。

したがって、同計画下における水資源は、大都市部と既成工業地帯にとっては重化学工業生産を促す電力と工業用水の供給源として、他方、後進地域の河川流域の農村部にとっては水害防止や灌漑用水の整備による食糧増産源として、さらに政府にとっては経済の復興と政治の安定を見通すものとして位置づけられてきたのである。

ところが、朝鮮戦争とその後の電源開発体制の整備によって、同計画の目標は大きく姿を変え、電源開発のみが突出するようになり、米国の技術および資金援助、政府の優遇措置等を受けて、大規模な水力発電所の建設が進められることになった。

1960年代は、東京、大阪、名古屋など大都市圏へ地方から人口が集中し、臨海部では重化学工業地帯がフル稼働を始めた時期であ

る。また地方圏では，新産業都市地域や工業整備特別地域などにおいて石油化学コンビナートや銑鋼一貫型工業地帯が建設され稼働を始める時期でもある。水資源は水道用水として都市生活者の生活基盤を満たし，工業用水として繊維産業など軽工業の生産増強と最新鋭重化学工業の生産強化を支える産業基盤として重要な位置づけを得るようになる。

さらに1970年代に入ると，電力供給機能は臨海部に立地を始めた巨大火力発電所へと移り，80年代以降は，水資源開発政策の目的がダム開発による電力供給から都市用水（上水道用水と工業用水）と農業用水の供給へ，さらに河川流域の洪水調節＝治水機能へと名目を移していく。

2 ダム開発の歴史

発電用ダムの立地

第二次世界大戦後の1950年代から60年代前半は，巨大な発電用ダムの建設ラッシュが始まる時期である。戦時体制下，発電と送電を一括管理してきた日本発送電が，1951年5月GHQ指令によって解体された。だが，朝鮮特需下で電力需要が増すなか，日本発送電にかわって9電力会社が全国市場の分割支配＝地域独占体制を確立する。戦前の電力における国家独占資本主義体制が再編継承されることになった。

1952年の**電源開発促進法**にもとづき，9電力会社と政府の共同出資によって電源開発株式会社が設立され，政府の電力5カ年計画にもとづき大規模電源開発へと着手するようになる。

1950年代後半には大型貯水池も続々と完成し，10万kW以上の発電能力をもつダムが次々と誕生した。地域的に見ると，ダムは本州中部水系に集中し，東海・北陸地域に中核的水力発電地帯を確立した。さらに，紀伊半島・南四国・南九州・山陰・山陽の各水系にも大型発電ダムが次々と建設され，本州中部に次ぐ水力発電地帯を

形成していった。

1950年代から60年代前半までのほぼ15年間は、日本の水力発電所の出力が急増した時期であり、国が直轄事業として建設した大型発電専用ダムが稼働を始めた時期でもある。

多目的ダムの立地　日本のダムは、発電を目的とするダム建設に重点が置かれてきたが、敗戦時から1954年までの間は、有効貯水量で見た場合、多目的ダムの建設量が発電専用ダムの建設量を上回るようになる。ただし、この間に竣工した15基の多目的ダムのうち14基までが発電機能を含んでおり、電源開発が国家の重要な水資源開発の柱であったことはいうまでもない。

この時期は、国土総合開発法の特定地域総合開発計画にもとづき、「洪水調節・発電・農業用水」または「洪水調節・発電」という組合せの多目的ダムが9基を占め、その地域的展開は東北地方に集中した。

1965年以降は、先に述べたように発電専用の大型ダムが中部地方の中核的水力発電地帯へと集中的に建設されたため、発電目的をもった多目的ダムの建設は東北地方、中核地帯周辺の関東地域、東海地域、近畿、山陽、山陰、北九州、四国へと分散立地していくようになった。

こうして水力発電にとって条件の劣悪な水系上流を含めた日本の主要な河川のほとんどが、ダム建設という地域開発政策を通して電力資本の地域独占支配に組み込まれていった。

1960年代には、第二次都市化・重化学工業化の段階を迎え、東京、大阪、名古屋など大都市圏に資本と人口の集積集中を生むようになる。それにともなって工業用水と、水道用水を供給する都市用水関連の多目的ダムの建設が進められていく。

表3-2によれば、第二期までにダム建設に有利な地点の大部分

が，発電専用ダムに占められていく。そのため，発電効率が悪く発電量の低いダムが残るようになる。その効率の悪いダムが，電力だけでなく治水や農業用の灌漑用水機能なども含めた多目的ダムとして建設が進められるようになった。

多目的ダムは，関東，東海，近畿など太平洋ベルト地帯や北九州の建設条件の悪い水系に集中的に建設された。

地域別に見たダム開発　次に，1960年代までのダム開発事業を，地域別に総括してみよう。

まず東北地方では，戦後の特定地域総合開発計画の影響もあって，太平洋側を中心に農業関連の多目的ダムや治水ダムが多数建設された。関東地方では，都市用水需要がきわめて高く，中部の中核的水力発電地帯の外縁部に位置していたため水力発電にすぐれた立地条件も多く，発電専用ダムとともに都市用水と水力発電の両機能を備えた大型の多目的ダムが多く建設された。

紀伊半島・南四国・南九州など南海地方は，中核的水力発電地帯に次ぐ発電ダムの集中立地地帯であるが，中核地帯以上に多目的ダムが集中した地域でもあった。

東海・北陸地方からなる中部地方は，日本で最も大型発電専用ダムが集中する中核的水力発電地帯を形成した。このうち北陸は発電専用の大型ダムが圧倒的な比重で集中立地した地域である。東海地方は発電専用ダムが有効貯水量の点で他の種類のダムを上回るものの，都市用水関連の多目的ダムも多く建設されている。また，愛知用水や豊川用水など大規模農業用水事業が行われたことと関連し，農業専用ダムも多く建設されている。さらに治水ダムも東北地方に次いで多い。つまり，都市化・工業化・農業用など多様な需要に対応するため幾種類ものダムが東海地方の水系には建設されていったのである。

表3-2 ダムの種類別・貯水量

年次	ダムの種類	利水専用ダム		
		農業専用	発電専用	都市用水専用
戦前	1945年まで	242,779 〈1,028〉	495,974 〈129〉	69,950 〈37〉
第一期	1946年〜1954年	103,938 〈114〉	177,098 〈37〉	4,811 〈6〉
第二期	1955年〜1964年	215,311 〈110〉	3,151,246 〈116〉	21,342 〈10〉
第三期	1965年〜1980年	320,995 〈142〉	555,067 〈64〉	87,574 〈42〉
戦前からの総計		883,023 〈1,384〉	4,379,385 〈346〉	183,677 〈95〉

(出所) 森滝健一郎『現代日本の水資源問題』汐文社, 1982年.

③ 水需要の動向と水資源開発

水需要予測と実績

既述の通り、1960年代までの水資源をめぐる地域開発政策は、中部地方の優良水系における発電用大型ダムの建設が中心をなす。しかし、電力供給源が水力から火力へ移るにしたがい、ダム開発の目的は工業化や都市化にともない需要の多い都市用水関連の多目的ダム建設に重心を移していく。

さらに1973年の第一次オイルショック後、産業構造が重厚長大から軽薄短小の先端技術産業へ転換するとともに、工業用水のリサイクル技術が発展し、さらに農地の宅地転換も進むにしたがい、右肩上がりの都市用水需要に変化が生まれ、需要予測と実績との間に大きな乖離を生じるようになる。この乖離が拡大するにつれて、多

(単位：貯水量の単位 1,000 m³，〈 〉内はダム数)

治水ダム	多目的ダム		
	・発電含む ・都市用水含まない	・発電含む ・都市用水含む	・発電含まない ・都市用水含む
660 〈2〉	2,425 〈2〉	8,415 〈3〉	0 〈0〉
5,320 〈5〉	391,125 〈11〉	122,473 〈3〉	7,200 〈1〉
57,958 〈29〉	1,072,125 〈44〉	467,902 〈13〉	62,884 〈9〉
185,495 〈97〉	1,179,224 〈30〉	2,143,247 〈44〉	578,371 〈60〉
249,433 〈133〉	2,644,899 〈87〉	2,742,037 〈63〉	648,455 〈70〉

53ページより。

目的ダム開発の矛盾（過大需要）は膨らみ，莫大な建設費と維持費をともないながら生態系を破壊すると批判されたダム事業の見直しが本格的に問われるようになる。

次に，ダム建設の是非の根拠となる水需要予測と実態の乖離状況を概観しておこう。

図3-4は工業用水の水需要予測と実績を比較したものである。図中には水需要予測が示された各計画が記されている。全国的な水需要予測は，1960年の国民所得倍増計画で初めて発表された。この計画年次は70年であった。以後，図3-4にあるような水需要計画が発表されていく。すなわち，68年建設省（当時）の広域利水第一次計画中間報告，71年同省の同計画最終報告，73年同省の広域利水第二次計画，78年同省の長期水需給計画，などである。

この工業用水予測が，その実績との間に大きな乖離を生むことに

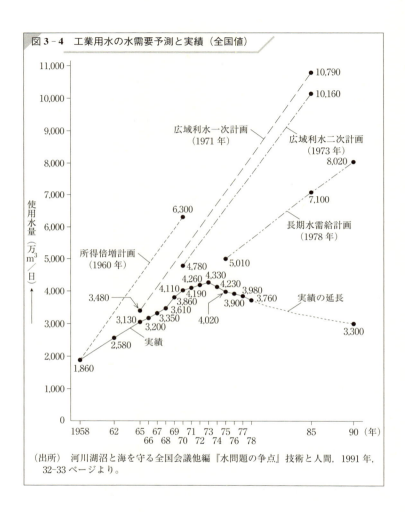

図3-4 工業用水の水需要予測と実績（全国値）

（出所）河川湖沼と海を守る全国会議他編『水問題の争点』技術と人間，1991年，32-33ページより。

なる。工業用水の利用実績は，所得倍増計画，広域利水第一次および第二次の計画が示す需要予測値を大きく下回って推移した。それでも1972年，73年までは一定の速度で増加してきたが，第一次オイルショック以降は，逆に水需要を減らす傾向に向かっている。そ

の結果，長期水需給計画とは全く逆方向に推移していることがわかる。1990年の予測値は8020万 m^3/日であったが，実績値は3300万 m^3/日，約41％を利用したにすぎない。

工業用水の需要予測と利用実績の間に，これほどの大きな乖離が生じた背景には，主に3つほどの理由がある。すなわち，(1)需要予測値を定める際，工業用水を用いて製造した製品の出荷額（工業製品出荷額）を，将来も際限なく増えつづけると設定したこと，(2)そのため淡水取水量を右肩上がりに設定したため，用水原単位（淡水取水量/出荷額）がさらに上昇傾向を描くことになったこと，(3)工場の浪費的水利用を見過ごし，浪費分が是正される前提で実際の水需要を再計算していなかったこと，などの需要予測の設計を大きく見誤ったことが原因としてあげられている。

水道用水の予測と実績

水道用水の需要予測と実績の関係についてはどうか。建設省（当時）の同様の需要計画等を検証すると，1960年代までは工業用水ほどの乖離は見られない。しかし，72年頃から水道用水の伸びは大幅に鈍化していく。長期水需給計画は78年に策定されたものである。したがって，伸び率が鈍化した実績にもとづいて，水道用水の将来予測を行うべきであったが，同計画はそれを無視し，広域利水計画とほぼ同じ伸び率で将来の水道用水を定めている。

このため，1975年以降，実績は予測値から大きく乖離していくことになる。では，水道用水の需要予測と実績が大きく乖離し，予測値の過大な見積もりが顕著になったのはなぜか。東京都の水道用水を事例に見ると，家庭用水については，(1)世帯細分化による世帯数増加，トイレの水洗化，家庭風呂の普及といった家庭用水の水需要増加要因が次第に頭打ち傾向に向かうなかで，水道料金値上げによる節水が進み，1人当たり家庭用水の需要速度が緩やかになったこと，(2)それにもかかわらず，1人当たりの家庭用水の需要が今後

も際限なく増えつづけると設定したこと,等が,1人当たり家庭用水の需要予測と実績とを大きく乖離させた要因として指摘することができる。

建設省(当時)の長期水需給計画では,都市用水の増加以外に水資源開発を必要とする要因として,(1)農業用水の増加,(2)地盤沈下対策としての地下水揚水の削減,(3)河川不安定取水の解消,が掲げられている。

しかし,これら副次的要因も,水資源開発を新たに必要とする構造的要因とはいい難い。むしろ,同計画と前計画である広域利水計画との需要予測値の差を埋めるための政治的行政的理由にすぎないと判断できる。

現在も全国の各水系で予定されている多目的ダム建設計画は,1960年代から70年代初頭にかけて策定された水需要予測値とそれを若干是正した水資源開発計画を根拠にしているともいわれている。だが,長良川河口堰問題をきっかけに,過大な水需要予測に基づくダム建設の是非が本格的に検証されるようになる。

④ 目的を失った水資源開発

長良川河口堰の建設

長良川河口堰は,工業用水の安定供給を目的に地元財界の中部経済連合会によって計画された事業である。工業用水の需要増大を予測させたのは,中京工業地帯の重化学工業化計画である。貿易の自由化を控え,国際競争力のある重化学工業の育成をめざしていた中部経済連合会は,中京工業地帯の重化学工業化が京浜工業地帯や阪神工業地帯に比べて著しく遅れていたことを憂い,四日市には石油化学コンビナートの整備を,名古屋南部(東海市,知多市の臨海部)には銑鋼一貫の最新鋭製鉄所を有した臨海工業地帯の整備を政府や地元自治体に強く働きかけていた。

長良川に河口堰を建設する構想は，将来の内陸部工業地帯の発展につながる伊勢湾臨海部の工業用水多消費型の重化学工業地帯が，低廉な工業用水を大量に安定的に必要とするという需要予測に基づき策定されたのである。

　ところが，1970年代に入ると，伊勢湾沿岸の三重県四日市市の石油化学コンビナート群，名古屋市南部に林立する鉄鋼関連工業群ともに，工業用水の需要を急速に減らしていくようになる。全国有数の工業製品出荷額を誇り，最大の工業用水の需要元企業を抱える愛知県では，その需要が70年策定の第三次地方計画や82年策定の第五次地方計画の需要予測値をいずれも大幅に下回り，予測と需要の間に大きな乖離を生むようになる。

　乖離が生まれる要因として，(1)1973年と79年の2度に及ぶオイルショックを経て，臨海工業地帯や内陸工業地帯の生産計画が拡大から縮小に向けて見直されたこと，(2)生産工程で一度使用した工業用水を何度も使う「循環使用」の技術プラントが，工業用水の大口需要工場に導入されたこと，などをあげることができる。

目的を変える河口堰　こうして河口堰は，利水の根拠を工業用水から水道用水へと移しながら，1988年に着工された。しかし，水道用水の水需要予測においても確かな増加要因は見当たらなかった。

　たとえば，東海3県のなかで最大の需要者となる名古屋市では，1970年代半ば以降の上水道の利用実績は増加どころか，むしろ減少傾向にある。名古屋市の場合，水利権にもとづき日量156万 m^3 の上水道用水を確保しているが，過去最大の給水量を記録した75年の記録でも日量124万 m^3 にすぎず，24％もの供給余力を残している。

　長良川河口堰は，1988年に本体工事を開始し95年3月に完了した。その後は，建設費用の負担が始まっていく。愛知県，三重県，

表3-3 長良川河口堰建設の利水計画

(単位:m³/sec, %)

		水道用水	工業用水	合計
愛知県	計画当時の開発水量(a)	8.32	2.93	11.25
	安定供給可能量	6.27	2.20	8.47
	水利権量(b)	2.86*	0.00	2.86
	(b)/(a)	(34.4%)	(0%)	(25.4%)
三重県	計画当時の開発水量(a)	2.84	6.41	9.25
	安定供給可能量	2.14	4.83	6.97
	水利権量(b)	0.73**	0.00	0.73
	(b)/(a)	(25.8%)	(0%)	(7.9%)
名古屋市	計画当時の開発水量(a)	2.00	‐	2.00
	安定供給可能量	1.51	‐	1.51
	水利権量(b)	0.00	‐	0.00
	(b)/(a)	(0%)	‐	(0%)
合計	計画当時の開発水量(a)	13.16	9.34	22.50
	安定供給可能量	9.92	7.03	16.95
	水利権量(b)	3.59	0.00	3.59
	(b)/(a)	(27.3%)	(0%)	(16.0%)

(注) *と**は河口堰による新規供給先を示す。*印:長良導水(水道)の水利権量であり,知多半島の半田市,常滑市,東海市,知多市,阿久比町,東浦町,南知多町,美浜町,武豊町の水道水として利用。**印:中勢水道の水利権量であり,津市,松坂市の水道水として利用。
(出所) www.pref.aichi.jp/をもとに加工作成。

名古屋市が負担する費用は総額2000億円(金利を含む)と試算され,95年3月の堰完成後は23年をかけて返還する仕組みとなっている。

堰自体の建設費は表3-4で明らかなように1493億円で,そのうち治水機能の建設費が約558億円,利水事業の建設費が約935億円を占めている。さらに治水事業は主に国庫補助金でまかなわれるが,利水事業は国の補助金を除いて受益者負担の原則によって,表3-4のとおり,愛知県,三重県,名古屋市の三者が負担することになっている。

河口堰が供給する水道用水と工業用水を合わせた都市用水は,表

3-3のとおり22.5 m³/secと試算されている。そのうち実際に利用されているのは3.59 m³/sec、つまり16%にすぎないことがわかる。さらに3.59 m³/secの内訳を見ると、愛知県2.86 m³/sec、三重県0.73 m³/sec、名古屋市はゼロとなっている。このように開発水量に対する実際の使用量は、きわめてわずかであることがわかる。

そのため、利水に限定して長良川河口堰建設の目的を検証すると、計画と実績との乖離がさらに大きく、水余り状態と「高価な水」を供給していることがわかる。

利水の費用には、本来は建設費のほかに導水路建設の費用や河口堰の運用費用等も算入する必要があるが、ここではそれらを考慮せずに単純に水の値段／建設費として計算する。すると、当初934億7100万円／22.50 m³/sec、つまり、1 m³/sec当たり41億5427万円であるが、実際は使用量が少ないため、934億7100万円／3.59 m³/sec、つまり、1 m³当たり260億3649万円となる。この結果、1 m³当たり当初に比べ約6.3倍もの高価な水を、受益者負担の原則にもとづき利用していることになる（愛知県「長良川河口堰検証プロジェクトチーム報告書」2012年1月25日）。

高価な水道用水・工業用水を供給する長良川河口堰は、2015年7月で20年目を迎えたが、新たな課題を生み出している。2016年3月末までに総額で約239億円に膨らむ維持管理費の費用負担問題である。河口堰は約1500億円で建設されたが、1995年の運用開始後は維持管理を通して多額の税金を投入してきた事業でもある。

維持管理費約239億円のうち、国を除く愛知、三重、岐阜の3県と名古屋市が全体の77%にあたる183億円を負担している。愛知県、三重県および名古屋市では、過去20年間にわたり河口堰の水道用水や工業用水をほとんど使用していないにもかかわらず174億円を支払い、堰を管理する水資源機構の人件費や設備更新費を賄ってきたのである（中日新聞2015年7月6日）。

表3-4　長良川河口堰建設費と維持管理費の負担額（2010年度現在）

	治　水		利　水			
			水道用水		工業用水	
	建設費	負担額	建設費	負担額	建設費	負担額
愛知県	6,021	6,021	34,563	59,682	12,172	20,065
三重県	6,021	6,021	11,799	20,254	26,629	38,165
名古屋市	—	—	8,308	16,515	—	—
岐阜県	6,021	6,021	—	—	—	—
国	37,780	37,780	—	—	—	—
合　計	55,844	55,844	54,670	96,451	38,801	58,230

（注）　建設費とは，河口堰建設費のみを指す。負担額とは，建設費に利子（利水
　　　円に建設時の利子負担（313億円）を加え，長良川河口堰の建設費は1806億円
（出所）　www.pref.aichi.jp/をもとに加工作成。

　河口堰は，その建設段階だけでなく，その後の維持管理や利活用において莫大な費用を必要とすることが明らかとなった巨大公共事業である。巨額の税や利用料を納税者や利用者に長く求めつづける地域開発プロジェクトだけに，あらゆる段階で納税者や利用者に対し透明性を保障し，事業継続の可否・評価を求めなければならない。

5　注目される水資源開発の再評価

ダム開発の見直し審議会

　長良川河口堰問題が引き金となり，1995年7月，建設省河川局長の通達で「ダム事業評価システム試行」が開始された。評価対象は建設省直轄事業のダム，水資源開発公団のダムおよび堰事業で，特に住民の反対や社会状況の変化により長期間計画が進まなかったダム事業が，この評価対象とされている。

　評価に当たっては「ダム審議委員会」の設置が求められ，委員会の透明性および客観性を確保しつつ，地域の意見を聞き，各ダム事

(単位:100万円, %)

利水合計				建設費合計
建設総額	構成比	負担総額	構成比	
46,735	50.0	79,747	51.6	―
38,428	41.1	58,419	37.8	―
8,308	8.9	16,515	10.7	―
―	―	―	―	―
―	―	―	―	―
93,471	100.0	154,681	100.0	149,315

のみ)を含めた実負担額を指す。なお、建設費は、1493億になる。

業に関して、(1)継続すべきか、(2)計画変更すべきか、(3)中止すべきか、のいずれかを選択し答申することが求められた。

対象となったダム事業は北海道から九州まで日本全土に及んでいる。すなわち、①沙流川総合開発事業（北海道）、②小川原湖総合開発事業（青森）、③成瀬ダム事業（秋田）、④宇奈月ダム事業（富山）、⑤足羽川ダム事業（福井）、⑥渡良瀬遊水池総合開発（栃木）、⑦矢作川河口堰事業（愛知）、⑧徳山ダム事業（岐阜）、⑨苫田ダム事業（岡山）、⑩高梁川総合開発事業（岡山）、⑪吉野川第十堰事業（徳島）、⑫細川内ダム事業（徳島）、⑬川辺川ダム事業（熊本）、など全国13のダム事業である。

これら13ダム事業のうち、⑫細川内ダム事業を除く12の事業に対してダム審議委員会が設置され評価が行われてきた。

審議委員会は、設置条件をめぐり、当初から「透明性」や「客観性」に疑義がもたれることとなった。特に問題となったのが、事業①や事業⑬が司法の判断を受けているにもかかわらず継続の可否を

答申した点である。そのため、この制度自体に多くの課題を残すこととなった。

ダム審議委員会は、大規模公共事業の事業者自らが事業継続の見直しを行った「日本で初めての試み」となった。この点は評価を得たものの、ほぼ代替案もないなかで「中止」の結論に至る事業がなく、そのためダム事業の基本計画策定までの手続きにすぎないとの批判を生むことにもなった。

しかし、審査対象ダムを含め事業は転機を迎えていく。細川内ダム予定地の徳島県木頭村では、1994年12月「ダム建設阻止条例」と「ふるさとの緑と清流を守る環境基本条例」を制定し、ダムに頼らない村づくりを宣言し、脱ダムの時代潮流を生んだ。政府の直轄ダムでも97年度から徐々に中止事業が生まれ、その数は2011年度までに28事業に及んでいる。また、同時期には建設費に国庫補助を受ける地方自治体管理のダムでも83事業が中止されることになった。

2009年誕生の民主党（当時）政権は、「コンクリートから人へ」の掛け声を掲げ、大型公共事業の見直しを始めたことはよく知られている。そのひとつが全国84カ所のダム事業である。

国の「今後の治水対策のあり方に関する有識者会議」が定めた基準（2009年9月27日）にもとづき、国や都道府県等の事業主体が関係地方自治体などの意見を「検討の場」で集約し、方針を決定したうえで、有識者会議での再検討を経て最終的に国土交通大臣が事業の継続か中止かを判断するという手順で検証が行われることになった。

検証の結果、2011年度から15年度までに72事業に判断が下されることになった。このうち継続決定が48事業、中止が24事業で、12事業のみ検証中として結論が出されていない。

検証速度を年度ペースで見ると、2011年度は「継続17、中止7」、

12年度も「継続19,中止11」というように評価が下されている。ところが,2013年度には「継続8,中止2」,14年度は「継続3,中止1」,15年度も「継続1,中止3」というように検証数は大幅に減少していく。この背景には,2012年度から再び政権に就いた自民・公明連立政権下での判断の遅れがある。

　検証対象のうち,特に規模の大きな政府直轄のダム事業などを見ると,事業中止が集中する関東を除き,大部分の直轄ダム事業が継続もしくは継続審議扱いとされている。

　事業計画が策定された高度成長期と比べ,産業構造,生活様式,環境意識(地球環境問題への意識と共通)などダム開発をとりまく状況は大きく変化している。そのなかで,ダム事業を経済的に不利な山間地域の巨大産業として建設運用する地域開発政策は,根本的な見直しが不可欠な時代を迎えているといわざるをえない。それは,ダム開発に依存しない農山村地域づくりへの必要性を意味する。この原則や方法は第4章で詳しく検討する。

3 重化学工業と地域開発政策

1 重化学工業化政策としての地域開発

　戦後の地域開発政策を政府の産業政策を視野に置いて見た場合,その出発点は1960年代に入って本格化する重化学工業化政策に求めることができる。戦後重化学工業化に向けた地域開発政策は,大都市臨海部への産業基盤投資(道路,工業用水,鉄道,港湾,電力等)の充実と工場誘致政策によって始まる。この重化学工業化政策は62年の全国総合開発計画を境に,既成工業地帯から地方へと外延的に拡張していく。

その意義と限界を，主として新産業都市地域に指定された拠点開発地域を事例に取り上げ，検証する。

> 拠点開発方式による全国的な重化学工業化の始動

　日本経済は，米国のアジア戦略と日本政府・財界の経済自立化要求のもとで1955年以降高度成長を成し遂げ，いわゆる「経済大国」への足がかりを築いていく。この高度成長を主導したのは，第二次大戦前に独占資本を形成した重化学工業資本である。具体的には鉄鋼，石油化学などの大規模装置型産業と機械・電気・自動車などの大規模組立型産業である。これら重化学工業は，図3-5に示した「原料→中間財→最終製品」という流れから見て，次のような特性（再生産構造）を有していた。

　第一に，鉄鋼，石油のいずれの系列も原料を全面的に海外資源に依存している点である。第二に，鉄鋼，石油化学製品の消費市場を見た場合，鉄鋼では産業基盤中心の公共投資，内部循環および各種機械部門において形成され，各種機械部門に含まれる自動車・家庭電器・造船などは海外市場で，石油化学の場合は電力・民間消費・運輸・化学品など国内の大消費地と海外市場で形成されている点である。第三に，生産能力が太平洋ベルト地帯へ著しく集中している点である。

　このような重化学工業の再生産構造を公共投資と優遇税制を手段に確立していったのが，政府と地方政財界が一体となって推進した地域開発政策である。

　政府は，重化学工業資本が円滑に原料を輸入し，輸入地点で中間財を生産し，最終製品の輸出や移出を行えるように，臨海部に専用港湾，貨物鉄道，産業道路，工業占有地，工業用水，電力など，ワンセットの産業基盤を公共投資によって先行的・集中的に整備していった。これが石油化学コンビナートや臨海工業地帯の建設事業である。さらに，前節で指摘したとおり，多数の発電用ダムを建設し，

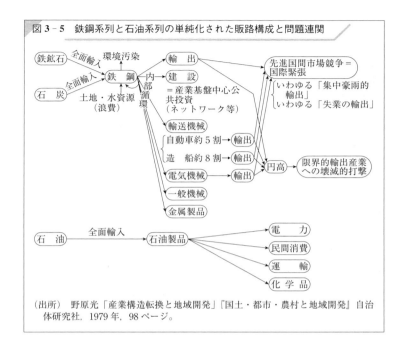

図3-5 鉄鋼系列と石油系列の単純化された販路構成と問題連関

(出所) 野原光「産業構造転換と地域開発」『国土・都市・農村と地域開発』自治体研究社，1979年，98ページ。

産業専用道路，高速道路および各種国道を整備するなど，大型公共事業をともなう重化学工業化政策は，建設業・製造業を中心に巨大な労働市場を供給していくことにも貢献した。

　高度成長期，拠点開発方式の地域開発政策が，重化学工業資本の強力な消費市場指向から1950年代は東京，大阪など大都市圏臨海部を中心に展開され，60年代から70年代初頭には，「(1)大都市部の産業基盤不足，都市問題の深刻化など生産の隘路を打開する目的で，さらに，(2)工業の地方分散によって地域格差の是正を求める地方政財界の意向」を反映した全国総合開発計画，第二次全国総合開発計画のもとで，交通・通信網で結ばれた地方工業都市へと展開されていった。

2 地域開発の論理と現実

>新産業都市等の指定合戦と企業誘致運動

拠点開発方式による政府の地域開発政策が全国総合開発計画の開発戦略として地方都市圏でも行われることになった1962年，重化学工業の立地を求める地方政財界は激烈な指定合戦を演じ，そのなかで地方産業構造の高度化による地域経済の発展を強く訴えた。

拠点都市は**新産業都市地域，工業整備特別地域**と呼ばれ，激しい指定競争の結果，図3-6の通り，全国に15の新産業都市地域と，既成工業地帯に隣接した臨海部に6つの工業整備特別地域が誕生した。

新産業都市地域などの指定をめぐり激しい指定競争が繰り広げられた背景には，地方の側に，図3-1で紹介したように「産業基盤の公共投資集中→素材供給型重化学工業の工場誘致→関連産業の発展→都市化・食生活など生活様式の変化→周辺農村の農漁業改善→地域全体の財産価値・所得水準の上昇→自治体財政収入の増大→生活基盤への公共投資・社会政策による住民福祉の向上→過密・過疎問題の解決」といった期待＝地域開発の社会目標が描かれたことによる。

新産業都市地域などの指定を受けた市町村では，法人住民税や固定資産税・都市計画税の3年間減免措置をはじめ，国庫補助率引き上げ・地方債特例・地方交付税特例など財政特例措置を支援材料に，格安な工場用地・工業用水・電力の提供，産業専用道路や社宅の整備など先行投資の約束を明記した企業誘致条例を制定して，中央と地方の政財界および行政が三つ巴となって工場誘致運動を展開していった。

>誘致運動の成果

激しい工場誘致運動の成果はどうであったか。新産業都市地域などへ立地を期待され

図 3-6 新産業都市地域・工業整備特別地域指定状況図

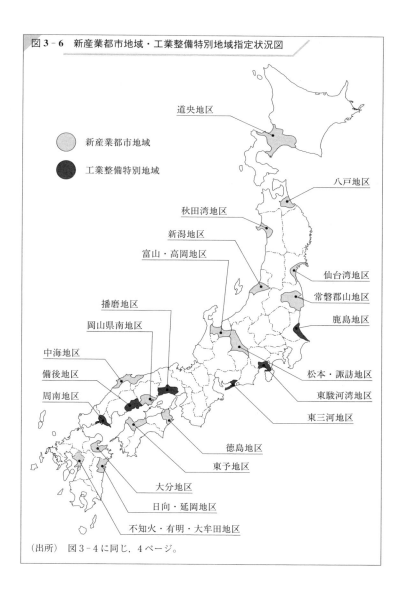

(出所) 図 3-4 に同じ, 4 ページ。

表3-5 新産業都市・工業整備特別地域の工業出荷額等の推移

	1960年		1975	
	金額	構成比	金額（計画）	金額（実績）
新産業都市				
道　央	1,820	14.7	10,760	15,387
八　戸	220	1.8	2,000	2,727
仙台湾	643	5.2	4,190	8,263
常磐郡山	548	4.4	5,250	6,637
新　潟	883	7.1	4,650	6,605
松本・諏訪	815	6.6	3,320	7,348
富山・高岡	1,389	11.2	5,520	11,038
岡山県南	1,892	15.3	13,650	28,119
徳　島	470	3.8	4,500	4,821
東　予	1,166	9.4	5,080	10,165
大　分	420	3.4	5,250	6,450
日向・延岡	310	2.5	2,500	2,105
不知火・有明・大牟田	1,070	8.6	6,300	8,175
秋田湾	322	2.6	2,510	2,279
中　海	412	3.3	2,180	3,108
合　計	12,380	100.0	77,660	123,227
工特地域				
鹿　島	36	0.4		9,214
東駿河湾	2,305	24.4		18,378
東三河	911	9.6		8,751
播　磨	3,139	33.2		29,598
備　後	1,269	13.4		17,068
周　南	1,788	18.9		10,867
合　計	9,448	100.0		93,876
新産・工特合計	21,828	13.9		217,103
全国合計	157,480			1,258,409

（注）　本表のうち，新産・工特合計の構成比とは全国合計に占める割合を示す。
（原資料）　経済企画庁編「新産業都市建設基本計画」1960年，同庁総合開発備特別市域要覧」1965年。
（出所）　藤家保「新産業都市等の現状と課題」『第一経大論集』（22巻4号，

(単位：億円，%)

年		1990年		
対計画伸び率	構成比	金額	対75年伸び率	構成比
43.0	12.5	28,394	84.5	10.0
36.4	2.2	7,165	162.7	2.5
97.2	6.7	22,150	168.1	7.8
26.4	5.4	21,782	228.2	7.7
42.0	5.4	13,060	97.7	4.6
121.3	6.0	23,256	216.5	8.2
100.0	9.0	27,714	151.1	9.8
106.0	22.8	52,502	86.7	18.5
7.1	3.9	11,648	141.6	4.1
100.1	8.2	20,552	102.2	7.2
22.9	5.2	17,127	165.5	6.0
－15.8	1.7	4,342	106.3	1.5
29.8	6.6	20,894	155.6	7.4
－9.2	1.8	4,130	81.2	1.5
42.6	2.5	9,503	205.8	3.3
58.7	100.0	284,219	130.6	100.0
25,494.4	9.8	18,986	106.1	8.1
697.3	19.6	55,341	201.1	23.5
860.6	9.3	35,891	310.1	15.3
842.9	31.5	67,989	129.7	28.9
1,245.0	18.2	31,058	82.0	13.2
507.8	11.6	25,733	136.8	11.0
893.6	100.0	234,998	150.3	100.0
894.6	17.3	519,216	139.2	16.1
699.1		3,233,726	157.0	

局「新産業都市の現状」1972年，自治大臣官房企画室「新産業都市・工業整1993年，45ページ）を加工作成。

第3章　戦後日本の国土計画・地域開発政策

た重化学工業資本は,立地条件として,主に(1)工場用地,工業用水,電力,港湾,道路,鉄道など産業インフラが十分に整っていること,(2)豊富な労働力を得られること,(3)地方自治体の誘致が積極的で,環境対策・漁業補償など地元調整の協力が得られること,(4)製品の需要地・消費地が近いこと,(5)関連企業の隣接進出などでコンビナート形成など将来展望が描けること,を重視していた。

そのため,重化学工業資本の立地戦略を満たせた太平洋ベルト地帯に位置する一部の新産業都市地域や工業整備特別地域では,比較的早い段階で企業誘致による工場再配置に成功した指定地域があらわれている。

しかし,立地戦略を満たしえなかった新産業都市地域を抱える県・市では,計画倒れに終わるところも生まれるなど,事業所数,雇用者数,出荷額など波及効果の面で指定地域間に著しい格差を生み広げる要因ともなった。

表3-5は,新産業都市地域などの生産状況を,指定前の1960年と計画年度の75年,産業構造が転換していく90年で比較検証したものである。指定前と比較して計画年度の70年に出荷額を大きく増やし相対的に工業化を成し遂げた新産都市地域は岡山県南や大分,工業整備特別地域では鹿島をはじめ大部分の地域であることがわかる。その後,90年度を見ると常磐郡山,松本・諏訪,中海で出荷額を著しく伸ばしている。ただ,相対的には岡山県南の工業化が著しい。工特地域では播磨,東駿河湾,備後,鹿島で著しいことがわかる。

その結果,表3-6の通り,上記の地域では工業製品出荷額の県内に占める割合を50%以上にまで高めるなど一定の成果を生んだことがわかる。しかし,その他の地域では出荷額および県内割合は低い状態を続けるなど,同じ指定地域間でも結果に大きな違いを生むこととなったのである。

表 3-6 新産業都市・工業整備特別地域の出荷額の県内割合の推移

(単位:%)

	1971年	1980年		1990年	
	県内割合	県内割合	対70年伸び率	県内割合	対80年伸び率
新産業都市					
道　央	45.9	49.6	8.1	47.8	-3.6
八　戸	59.0	59.1	0.2	56.3	-4.7
仙台湾	70.6	65.8	-6.8	59.3	-9.9
常磐郡山	48.7	47.2	-3.1	45.2	-4.2
新　潟	29.5	33.2	12.5	27.0	-18.7
松本・諏訪	43.4	37.5	-13.6	35.5	-5.3
富山・高岡	74.8	75.5	0.9	73.9	-2.1
岡山県南	85.7	86.8	1.3	76.4	-12.0
徳　島	83.9	81.8	-2.5	80.0	-2.2
東　予	63.5	63.0	-0.8	62.1	-1.4
大　分	63.4	76.2	20.2	66.2	-13.1
日向・延岡	56.1	47.2	-15.9	33.9	-28.2
不知火・有明・大牟田	16.0	19.4	21.3	20.9	7.7
秋田湾	37.7	38.7	2.7	27.5	-28.9
中　海	47.4	47.9	1.1	48.0	0.2
新産県内割合平均	55.0	55.3	1.7	50.7	-8.4
工特地域					
鹿　島	15.0	27.3	82.0	17.6	-35.5
東駿河湾	38.3	32.9	-14.1	34.0	3.3
東三河	6.9	8.2	18.8	9.8	19.5
播　磨	36.8	43.7	18.8	44.1	0.9
備　後	21.0	18.5	-11.9	19.7	6.5
周　南	48.6	46.3	-4.7	51.9	12.1
工特県内割合平均	27.8	29.5	6.2	29.5	0.1
新産・工特県内割合平均	41.4	42.4	2.3	40.1	-5.4
対全国	15.3	17.5		16.1	

(原資料) 経済企画庁編「新産業都市建設基本計画」1960年, 同庁総合開発局「新産業都市の現状」1972年, 自治大臣官房企画室「新産業都市・工業整備特別市域要覧」1965年。
(出所) 藤家保「新産業都市等の現状と課題」『第一経大論集』(22巻4号, 1993年, 46ページ) を加工作成。

そこで，次に，新産業都市地域のなかでも企業進出が進み，工業製品出荷額を大きく伸ばした地域のうち，「新産業都市の優等生」とも呼ばれた大分市のケースをもとに，拠点開発の現実の一端を検証しておこう。

大分新産業都市の現実　大分新産業都市は，九州石油の製油所，昭和電工の石油化学コンビナート，富士製鉄（現在の新日本製鐵）の銑鋼一貫型製鉄所の誘致に成功したことから，「新産業都市の優等生」と呼ばれてきた。

 1965年に大分県が公表した「大分地区の新産業都市建設基本計画」（75年を目処）では，(1)石油精製，石油化学，銑鋼一貫工場を基軸として，(2)化学工業，窯業土石，鉄鋼二次加工メーカーの立地を図り，(3)総事業所の99％，従業員の76％を占める中小企業について経営の改善，技術の向上，設備の近代化，労働力確保の育成振興を行う，という目標が立てられ，目標達成に向け積極的な工場誘致運動が展開された。

 その結果，(1)は順調に進み，製油精製工場（製油所）と石油化学工場（エチレンプラント）など複数の企業をパイプラインで結ぶ石油化学コンビナート，および世界最大級とも称される炉をもつ製鉄所からなる「大分コンビナート」を完成させている。県全体に占める新産業都市地域の企業約800社の工業製品出荷額の割合は60％を超え，さらに大分コンビナート企業協議会を構成する大手12社が占める割合で見ても県全体の48％にも及んでいる。

 ところが，(2)(3)はともに実績が計画値を下回り，当初期待されていた地域経済への波及効果の点では期待通りの成果を生むことはできなかった。たとえば，石油化学コンビナート工業およびそれ以外の工業における県内生産・所得・雇用に関する直接・間接の波及効果の試算結果によれば，(1)石油化学コンビナート工業の県内産業への生産波及効果では，コンビナート内部については大きいけれど

も,コンビナート外部の他企業への波及は極端に小さい。(2)付加価値波及効果という点でも,コンビナート工業は自ら付加価値を生み出す力が弱く,さらに他部門との連関性も脆弱なため他部門への波及力もきわめて弱い。(3)雇用波及効果という点では,たとえば食品工業であれば1億円の生産増加が45人の新たな雇用機会を創出するのに対し,コンビナート工業では同じ1億円の生産増加でも,わずか6人の雇用機会しか生まれない。そのため,石油化学コンビナートは,生産規模は大きいものの,「装置型産業であること」「素材供給が主であるため低い加工段階にとどまる産業が多いこと」「コンビナート外の他産業との結びつきが非常に弱いこと」などから,コンビナート外の県内生産への波及効果や雇用形成と所得効果はきわめて弱いことも判明した。

石油化学コンビナートの基本的性格は,1976年に策定され,その後81年と86年に改定された「二期計画」においても変わらなかった。大分新産業都市は,「1970年代の後半に入って(テクノポリス政策の影響で)ハイテク産業の立地が進んだものの,大型機械工業の誘致は果たせぬまま,素材供給型中心の産業構造をもつ弱点を克服しえないまま今日に至って」おり,64年から85年までの期間限定的な評価ではあるが,この間に総額1兆4000億円の公共投資が注ぎ込まれたものの,初期の目標であった地域の地場産業の育成や農業の振興等に結びつくような具体的成果は認められていないと評価されている(気賀沢,1990)。

> 富山・高岡新産業都市の現実

太平洋ベルト地帯以外では数少ない成功例のひとつにあげられている富山・高岡新産業都市の場合も,大分新産業都市とほぼ同様の評価である。富山・高岡地区でも,1964年から85年までに総額1兆7000億円もの公共投資が注ぎ込まれ,アルミ精錬,アルミ加工,火力発電所を核とした臨海工業地帯が建設されている。

表3-7 臨海工業地帯造成の財政バランスシート

(単位:100万円)

	国	県	市	計
新港関連基盤整備投資額 (A)	28,889	64,971	1,871	95,731
新港立地企業による税増収額 (B)	6,271	7,803	7,743	21,817
工業用地売却, 港湾使用料など資金回収額 (C)		24,989		24,989
(B+C)－A	△22,618	△32,179	5,872	△48,925

(注) 上欄で市とあるのは, 新湊, 高岡両市のことで数字は合計したもの。税増収の国欄は, 国税（法人税）で, 新湊, 高岡両市民税から各年度の税率をもとに逆算。各工場の均等割分も含めて計算しているため, 実際よりは高めに出る。資金回収額は, 県土地対策課と港湾課の調べに, 企業局調べをもとにあん分計算したものの合計。最下欄△印はマイナス。1980年度までの累計。
(出所) 北日本新聞社編集局編『幻の繁栄 新産都市20年の決算——富山・高岡の場合』勁草書房, 1984年, 211ページより。

しかし, その成果に関する評価は厳しい。表3-7は富山新港の臨海工業地帯造成に関するバランスシートである。これによれば, 1980年までに富山新港へ立地した企業からの国税・県税・市税の増収額と工業用地売却・港湾使用料などの資金回収額は総額468億円にのぼる。それに対して先行投資分でもある富山新港関連の基盤整備投資額はそれを大幅に上回る957億3000万円に達し, 前者から後者を差し引くと, 総額489億円もの赤字となっていることがわかる。

さらに, 投資効果を見ると, 雇用量, 製造品出荷額, 付加価値額とも, 富山県内の工場に占める割合はそれぞれ2.5％, 5.7％, 2.9％にすぎず, 県税収入にいたっては2.2％ときわめて寄与率が低い。その一方で, 工業用水使用料は12.3％, 電力使用量は23.1％をも占め, さらに硫黄酸化物・窒素酸化物の寄与率は30％前後にもい

たっていることが明らかとなっている（北日本新聞社，1984）。

③ 大気汚染公害と新たな地域づくりへの始動

1950年代から60年代にかけ，いち早く重化学工業化を成し遂げた工業都市では深刻な公害問題が発生していた。企業の排出物と被害との因果関係が曖昧にされ救済や発生源対策が進まない状況下，公害被害者は裁判に訴え公害対策を強く国や企業に訴える行動に出た。67年の新潟水俣病裁判を皮切りに四大公害裁判の訴えが始まり，71年から73年にかけて被害者原告勝利の判決が出されている。

特に「四日市ぜんそく」と呼ばれる深刻な大気汚染公害の責任を求めた四日市公害裁判の判決（1972年）は，公害対策費用を地域社会に転嫁し公害防止投資を怠ってきた産業界や，監視・監督を怠ってきた国の責任を厳しく問うた裁判でもあった。

その影響は，大気汚染公害に苦しむ被害者を公害裁判へと導き，被害者・原告側に和解勝利の判決をもたらしている。同時に，行政責任を厳しく問われた国では，環境庁（当時）が主導し，1974年汚染物質を排出する企業が資金を出し合い公害被害者を救済する「**公害健康被害補償法**」を制定し，救済に乗り出した。

しかし，環境庁が主導する国の環境行政は，集中豪雨型輸出で貿易黒字を支える産業界の圧力と行革のなかで後退に向かっていく。大気汚染物質の二酸化窒素の環境基準は2倍から3倍も緩和され，旧基準では全国の90％が環境基準を超える大気汚染地域であったにもかかわらず，新基準では逆に全国90％以上が非汚染地域に変えられるという信じがたい事態を生み出していたのである。

その結果，1987年には公害健康被害補償法の大気汚染公害指定地域が解除され，公害患者は新規に認定されなくなった。しかし，実際には大気汚染公害の被害は発生源を工場から自動車へと変えながら増加の一途を辿っていたのである。その証左として，96年東

表3-8 水島工業地帯が岡山県等に占める割合

		1980年	1990年	2000年	2010年	2014年
事業所数	全県実数	7,066	7,125	5,435	3,695	3,466
	指数（1980年＝100）	100	101	77	52	49
	水島工業地帯実数	301	318	291	252	245
	指数（1980年＝100）	100	106	97	84	81
	対全県比（％）	4.3	4.5	5.4	6.8	7.1
従業者数	全県実数（人）	197,931	204,192	165,262	144,288	139,843
	指数（1980年＝100）	100	103	83	73	71
	水島工業地帯実数（人）	34,952	29,304	22,479	23,818	22,994
	指数（1980年＝100）	100	84	64	68	66
	対全県比（％）	17.7	14.4	13.6	16.5	16.4
製造品出荷額等	全県実数（100万円）	5,715,429	6,867,190	6,369,501	7,700,595	8,247,450
	指数（1980年＝100）	100	120	111	135	144
	水島工業地帯実数(100万円)	3,345,409	2,920,573	2,673,523	4,007,584	4,356,298
	指数（1980年＝100）	100	87	80	120	130
	対全県比（％）	58.5	42.5	42.0	52.0	52.8

（注）　従業員4人以上の事業所を対象とする。
（出所）　岡山県産業労働部「水島工業地帯の現状」2016年2月より作成。

京都では自動車産業界の責任を追及する裁判も起こされた。

　この裁判の結果，ディーゼル車を規制する自動車NO_X・PM法が制定され，自動車排ガスが原因でぜん息患者が増加していた川崎市や東京都では，時限措置など不十分な内容ではありながらも，独自の医療救済制度を創設し，ぜん息患者の治療支援を続けてきた（独立行政法人環境再生保全機構のホームページ参照）。

　大分や富山・高岡と同様に「新産業都市の優等生」と呼ばれた岡山県南新産業都市地域は，新産業都市のなかで最も多くの企業が集積し，県全体に及ぼす影響が大きな都市として有名である。表3-8は，岡山県南新産業都市の臨海地域を形成する「水島工業地帯」の事業所数，従業者数，製造品出荷額等の推移である。特に新産指定以後，水島工業地帯の製造品出荷額等がピークに達する1980年を起点に2010年まで10年ごとの推移と直近の14年の岡山県に占

表 3-9 水島工業地帯の全国に占める割合

(単位：億円)

	2008年の製造品出荷額等			2014年の製造品出荷額等		
	全国合計	水島工業地帯	割合(%)	全国合計	水島工業地帯	割合(%)
全業種	2,844,183	31,276	1.1	3,034,188	43,563	1.4
1) 化学工業	241,493	6,242	2.6	281,793	9,332	3.3
2) 石油製品・石炭製品製造業	104,754	10,255	9.8	183,919	16,723	9.1
3) 鉄鋼業	141,423	6,901	4.9	191,993	9,907	5.2
4) 輸送用機械器具製造業	506,995	5,796	1.1	599,343	4,878	0.8

(出所) 岡山県産業労働部「水島工業地帯の現状」2014年2月より。

める割合を見ておこう。

水島工業地帯には石油化学，石油製品・石炭製品製造業，鉄鋼業，輸送用機械器具製造業が多数進出し，工業地帯を形成してきたことがわかる。しかし，1990年をピークに事業所数および従業員数は大幅に減る傾向にあり雇用吸収力を下げる傾向にある。その一方で，工業製品出荷額等は大幅に伸び，従業者1人当たりの出荷額を示す労働生産性を著しく高めてきた。その結果，工業地帯の製造品出荷額等が岡山県全体に占める割合は2000年以降上昇し，14年には約53%にまで達している。表3-9で全国に占める割合を見ると，化学工業や鉄鋼業の割合も高めているが，特に石油製品・石炭製品製造業の割合を著しく高めていることが明らかとなろう。

ところが，重化学工業資本の工場群が多数進出し，臨海工業地帯・コンビナートの形成に寄与することは，同時に集積不利益としての深刻な公害問題や環境破壊，労働災害を引き起こす要因ともなった。

四大公害裁判のうち「四日市ぜんそく」を引き起こした四日市石

油化学コンビナート立地企業6社に対する原告・被害者の勝訴が確定すると，同様に大気汚染による公害病患者が生まれつつあった各都市地域の大気汚染訴訟に影響し，公害病とコンビナート企業との関係が裁判で争われるようになる。

裁判の結果，公害病認定患者等の和解・勝訴となり，政府・自治体の重化学工業再配置政策による工業都市化・重化学工業化政策は，環境再生の観点から厳しい対策の実施と企業には公害防止投資が求められていくようになる。

さらに，解決金の一部を活用した住民・自治体・企業の環境監視活動をはじめ，環境再生支援センターの設立と公害被害の教訓継承・公害学習の支援，先の川崎市や東京都のように自治体独自の公害患者医療支援制度の創設等も着手されるようになった。水島工業地帯を抱える岡山県倉敷市でも，大気汚染公害の患者が中心となり弁護団や労働団体の支援を得て環境再生センターが設立され，環境再生のまちづくりが着手されている。

4 新産業都市および工業整備特別地域の評価

新産業都市建設促進法（1962年），工業整備特別地域整備促進法（64年）下での重化学工業化政策は，90年代以降大きな転機を迎える。バブル崩壊後の重厚長大産業の内需低迷，重化学工業資本の海外直接投資拡大，M&A下での海外生産比率の加速によって，道県が策定する新産都市等の整備に関する基本計画の方針や目標は見直しを喫緊の課題とするようになっていた。

すでに国土審議会では，1996年度から2000年度までの第六次基本計画承認に先立ち「地方振興政策における産業のあり方について検討を行い，第六次基本計画終了後の新産・工特のあり方に反映させる」ことを提言している。この提言を踏まえ国土庁（当時）では新産・工特事業の廃止を含めた検討を続け，その結果，2000年度

末，新産・工特地域の整備支援制度は廃止された。

廃止を前に，国土審議会地方産業開発特別委員会は，「新産業都市の建設及び工業整備特別地域の整備の今後の在り方について」（最終答申）を2000年12月14日付でまとめ，新産・工特事業の評価を「国土の均衡ある開発発展及び国民経済の発達」の観点から行い公表している。政策権限を統括する国の立場から行われた新産・工特の評価を検証しておこう。

重化学工業再配置のための基盤施設整備に関しては，新産・工特制度創設間もない1968年から98年までの30年間で見ると，①港湾貨物取扱量は三大都市部で2.1倍の伸びに対し，新産・工特地区では3.0倍と三大都市部を大幅に上回っている。②市町村道舗装率は三大都市部の6.7倍に対し，新産・工特地区では10.7倍となり，三大都市部の伸びを上回っている。③公共下水道の整備状況では，三大都市部が2.5倍（普及率は28.3％から71.8％へ）であるのに対し，新産・工特地区では4.1倍（普及率は13.2％から54.3％）へと，普及率は依然低いものの大きな伸びを達成している。つまり，30年間で産業基盤や生活基盤の施設整備は，他の地方都市に比べ著しい進展を見せたと評価している。

次に，産業の発展状況や県民所得，人口動態の状況を同期間の三大都市部と比較した評価によれば，①工業出荷額では三大都市部が7.4倍の伸びなのに対し，新産・工特地区では10.8倍と三大都市部を大きく上回っている。②新産・工特地区の工業集積度（1.0が全国平均）を見ると，指定直後の1968年が0.68と全国平均以下であったのに対し，98年は1.25と全国平均を上回っている。③1人当たりの県民所得では，指定直後の68年段階で，全国平均を1とした場合，三大都市部が1.23倍に対し，新産・工特地区指定道県は0.89と下回るが，その差は徐々に縮小し，制度創設時に比べ所得格差は目立たなくなっている。④人口動態では60年から95年までを見る

と，三大都市部で 1.65 倍の伸びなのに対し，新産・工特地区では 1.38 倍にとどまっている。しかし，同期間の地方圏が 1.12 倍にとどまったことから，三大都市部との人口格差の是正は進まなかったものの，新産・工特指定県と地方圏とを比較すると，新産・工特指定県の伸びが地方圏の伸びを上回っている。つまり新産・工特制度が地方圏全体の人口底上げには寄与したと評価を下している。

以上の通り高い評価を加えながらも，今後の新産・工特制度の存廃に関しては，重厚長大から軽薄短小へと産業構造が転換をしたことを受け，第 6 次基本計画の終期である 2000 年度末をもって廃止すべきであると結論づけている。

では，廃止後の新産・工特地域はどうあるべきなのか。この点は，これまでの拠点開発政策とは全く異なる地域産業振興策を求めていく。すなわち，①従来のように工場を誘致するだけでなく，地域資源（人材，技術，自然，文化，知的基盤等）を活用しながら地域産業の競争力強化や新事業の創出を推進し，地域経済の自立的発展を図る。②そのために地方自治体が中心となって，地方の特性，資源，産業集積，住民ニーズ等を踏まえた内発的な産業集積に重点を移す方が有効である。③新産・工特制度廃止後の地方産業振興は，各地方が独自性を発揮しつつ競い合うようにすべきであり，原則として地方自治体の判断と責任において行うべきである。④IT，バイオ，医療・福祉，環境などの分野を，新産・工特制度廃止後の地方産業振興の方向性とする，ことが指摘されている。たとえば，新産・工特地区の企業が有する公害防止技術の蓄積を環境ビジネスに応用すること，農商工連携や IT を活用した地場食品産業の全国展開の推進，などの有効性が紹介されている。

さらに，拠点開発方式を外来型資本の誘致策として批判し，今後は内発的発展論こそが，新産・工特地域の地域産業政策の基本理念であるべきことが指摘されているのである。

こうして新産・工特制度は，2000年度末をもって廃止された。その後の整備主体は国から立地道県および市町村へ引き継がれていく。しかし，既存の産業集積への新たな集積誘導と連関は，新興国による最新鋭の精油・石油化学施設の新増設，円安・資源安，内需低迷等の外部リスクの高まりを受け難しい。そうしたなかで取り組まれている新産・工特地域の産業政策では，先の内発的発展論が具体化されることは少なく，むしろメガソーラー集積地開発，災害に備えたサプライチェーン工場等の誘致など，再び外来型の誘致企業に依存した地域づくりが志向されつつある。

4 先端技術産業と地域開発政策

1 産業構造の転換とテクノポリス構想

　1970年代の2度のオイルショックは，高度成長をリードしてきた素材供給型の重化学工業と関連企業に依存した自治体経営に対し，失業，廃業，物価上昇，財政赤字，福祉サービスの引き下げなど深刻な影響を及ぼしてきた。

　その一方で，マイクロエレクトロニクスの発達と製品革新の進展，メカトロニクス，INS構想など情報ネットワーク社会の構築が本格的に歩みだそうとするなかで，先端技術産業は飛躍的な成長を遂げ，素材供給型重化学工業に代わる新たなリーディング産業として，特に地方自治体や地方政財界から注目を集めることになる。

　地方への定住構想を掲げながら，雇用機会や所得向上を図るための具体的な企業立地・産業再配置政策をもたないままの三全総は，この躍進著しい先端技術産業の地方分散を通して地域開発を推進していく。その成果と限界を検証する。

テクノポリスの誕生

米国における先端技術産業の集積地域の代名詞ともなった「シリコンバレー」は，サンフランシスコの南約70km，サンタクララ・カウンティに広がるサンタクララ・バレー一帯を指す。この地域には約140万人の人々が住み，スタンフォード大学を核に，先端技術関連企業，特に中小規模の半導体企業の研究機関，量産工場，関連サービス企業約2600社（従業員は約25万人）が集まり，米国半導体産業の発展基盤を形成したこと，さらに今なお先端技術産業の激しい生き残り競争が演じられていることで有名である。

この半導体を中心とする先端技術産業の最先端研究開発地域をモデルにしたとされているのが，日本の**テクノポリス構想**である。

同構想が最初に提唱されたのは，1980年3月の通産省産業構造審議会「80年代の通商産業政策のあり方に関する答申」においてである。そのなかでテクノポリスは，電子・機械などの技術先端部門，大学・研究所などの学術研究部門，優れた地方定住環境などの居住部門といった3部門を同一地域内で有機的に結合する「技術集積都市」と訳され，都市づくりを通した地域産業の振興と地域文化の創造が期待されていた。

通産省の先端技術産業政策

通産省（現経済産業省）が1980年代のリーディング・インダストリーとして先端技術産業をもちだした背景には，70年代を通して通産省が強力に展開してきた先端技術産業育成政策があったことを忘れてはならない。

通産省は，2度のオイルショックをはさんで，もはや1970年代には高度な設備投資による経済成長は期待できないとの判断のもとで，エネルギー多消費型の素材供給型重化学工業に主導された産業構造から知識集約型の産業構造へと転換する道を選択する。そのなかの中核産業とみなされていたのがIC関連産業・コンピュータ産

業である。

　通産省は，資本の原則自由化に備え，「情報処理振興事業協会等に関する法律」(1970年3月)，「特定電子工業及び特定機械工業振興臨時措置法」(71年3月)，コンピュータの輸入制限の弾力的運用措置(71年から75年)，資本自由化の延期措置(74年8月から75年12月)等を通じ，IC等輸入先端技術の国産化・応用化を積極的に支援し，電卓・カラーテレビ・VTRなど民生用電器製品へのIC導入による電気機械製品の高性能・高付加価値化(省資源・省エネルギーなど減量経営の実現)を推進してきた。

　さらに，1980年代には総合電気通信メーカーが，ME技術革新によって新高付加価値製品の開発と輸出市場を見込んだ量産体制を確立し，電気機械製品(家電品・コンピュータ機器)の世界市場独占をはじめ，自動車産業への応用・性能向上・輸出拡大を加速していった。

2 テクノポリス政策の特徴

テクノフィーバーの発生

　テクノポリス構想は，先のビジョン(詳細は「80年代の通商産業政策のあり方に関する答申」)が示されるや否や，不況が続く地方自治体の間に先端技術産業誘致熱を生み，38道府県の間にテクノポリスの指定を求める「テクノポリス・フィーバー」を巻き起こした。1983年4月，建設省(当時)，農林水産省，国土庁(当時)等の協議にもとづき「**高度技術産業集積地域開発促進法**(通称・テクノポリス法)」が制定され。翌84年3月，新潟県長岡市，富山県，静岡県浜松市，広島県，山口県，熊本県，大分県，宮崎県，鹿児島県の9地域が開発計画の承認を受けた。

　その後，図3-7にあるように，1985年までに20地域が承認を受け，87年には岩手県北上川地域，山形県など6地域(後発地域)

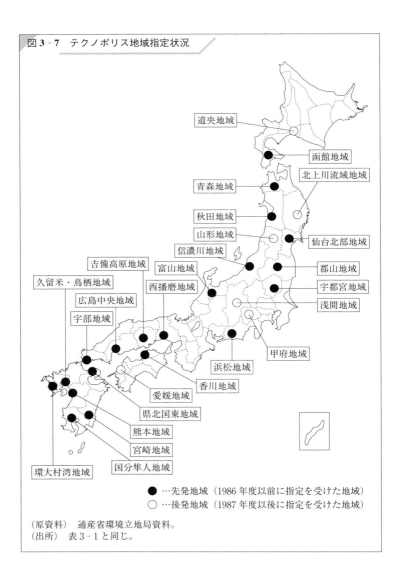

図 3-7 テクノポリス地域指定状況

● …先発地域（1986年度以前に指定を受けた地域）
○ …後発地域（1987年度以後に指定を受けた地域）

（原資料） 通産省環境立地局資料。
（出所） 表 3-1 と同じ。

が追加され，最終的には26地域の開発計画が承認され，テクノポリス地域の指定を受けた。

テクノポリス計画は3期まで計画化され，第1期計画は目標年次を1990年（後発地域は1995年）とし，その後，92年5月までに第2期計画，98年6月までに第3期計画が承認されている（日本立地センター）。

はたして，テクノポリス政策とは，どのような特徴をもった地域産業政策なのだろうか。全総において展開された新産業都市・工業整備特別地域や，二全総において展開された地方の巨大臨海工業地帯開発と比較しながら，いくつかの特徴をまとめておこう。

> 従来の企業誘致とどこが違うか

第一には，新産業都市地域等への進出企業が，地元企業との産業連関よりも，臨海コンビナート内における進出企業間の強化をめざしていたのに対して，テクノポリスでは半導体関連の先端技術産業の誘致と地域産業への先端技術の移転・新製品開発・地域企業の自立化をめざしていたことをあげることができる。

第二には，新産業都市地域等のインフラ整備が港湾，工業用地，工業用水，産業道路，鉄道などハード面中心であったのに対し，テクノポリスの場合はハード面よりも既存の研究開発機能（大学）や人材活用などソフト面の整備に重点を置いていた。

第三には，新産業都市地域等が「海陸一体型」の産業基盤整備をめざして臨海部の開発を進めたのに対して，テクノポリスでは「空陸新（＝新幹線）選択型」の高速輸送インフラ整備をめざして空港周辺，高速道路インターチェンジ周辺，新幹線停車駅周辺などのなかから選択的に内陸部の開発を求めていた点をあげることができる。

第四には，新産業都市地域等が国や地方の財政優遇措置を受け，公共部門主導による大規模な先行投資と企業誘致をもとに進められてきたのに対して，テクノポリスでは，国の優遇措置はなく，地方

自治体独自の財政支援措置と民間資金の活用による第三セクター「テクノポリス開発機構」設置にもとづき，公私混合型で地域産業の技術高度化・研究開発・研究開発助成・情報提供など諸事業を進めてきた点が大きく異なる。

　第五には，新産業都市地域等の場合は拠点都市自治体が事業を推進してきたが，テクノポリスでは広域行政による事業の推進が重視されてきた。テクノポリスの計画策定にあたっては，各地域の広域市町村圏の協議会が広域的な総合計画作成の役割から，テクノポリス開発の総合計画を策定し，推進役を果たしてきたのである。

　1983年以降，全国の26地域の市町村では，こうした特徴・差異性を強調しつつ，「地方の時代」の新たな地域産業政策としてテクノポリスを位置づけ，先端技術産業の誘致運動を展開した。

　しかし，指定から10年を経て，研究開発機能の東京一極集中や組立型量産工場のアジア進出（海外移転）等，先端技術産業の立地戦略に大きな変化が生まれる状況下で，テクノポリス政策は大きな岐路に立たされることになる。

3　テクノポリスの課題

> 先端技術産業の立地は進んだか

　1985年以降，テクノポリス地域では全国26地域に176カ所もの工業団地が誕生した。その結果，5387件もの工場が同団地に立地している。これは同時期の日本国内の総工場立地件数の13.9%を占めている。

　そのなかには，浜松市の「都田テクノポリス」や熊本県の「テクノリサーチパーク」の成果で認められるように，先端技術産業の立地集積が進んだ地域がある一方で，売れ残った工業団地を抱える自治体や，工業立地は進んだものの当初めざしていた先端技術産業の立地集積は期待通りに進まないケースも生まれている。

そこで，以下では「テクノポリス政策10年後」を取り上げ，指定地域に認められたテクノポリスが地域経済に与えた諸課題を整理しておきたい。

　テクノポリス構想に関する初期の評価では，この構想が先端技術産業の誘致優先の構想であるため，生活基盤をはじめ総合的なまちづくりの視点を欠いたものであることが指摘されてきた。

　では，最も力を入れたはずの先端技術産業の誘致結果はどうであったか。図3-8は，テクノポリス地域の新規工場立地の動向を見たものである。全工場の立地は，1980年代後半から90年代初頭にかけて大変積極的であったことがわかる。ところが，テクノポリス地域が最も力を入れたはずの先端技術産業自体の工場立地は，既述の通り，決して期待通りに進んだわけではない。

　テクノポリス地域の指定後1993年までの期間における先端技術産業の立地状況は，先発20地域全体で384件を数えるが，1地域当たりに直すと年平均2件程度にすぎない。また，地域別に見た場合は，東京圏とその周辺では年間4件弱の立地があるものの，北海道，北東北，中国，四国，九州など東京から遠隔地のテクノポリスでは年平均1～2件ないし1件未満というように低迷している。さらに，93年には全く新規立地が見られない地域が先発20地域のうち10地域にまで及んでいたのである。

> なぜ立地が進まないのか

　先端技術産業が，地方圏のテクノポリスに工場立地を選択しなかった背景には，先端技術産業の立地戦略がある。

　第一には，労働指向型の量産型IC製造工場などを除き，コンピュータ，エレクトロニクス，産業用ロボット，NC工作機械など主要な先端技術産業は市場競争に勝つため，大都市の豊富なソフトインフラ（人材，情報，研究機関，高度試作工場）を必要とした。ソフトインフラの活用を通じ早期に量産体制を確立することが市場競争で

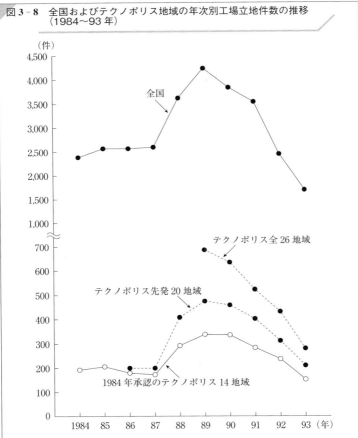

図 3-8　全国およびテクノポリス地域の年次別工場立地件数の推移
　　　　（1984～93 年）

(注)　1．テクノポリスの指定は，1984年3月24日における9地域のテクノポリス開発計画の承認（地域指定）以来，26地域に及んでいる。最後の道央地域（北海道）の指定は89年2月14日である。
　　　2．テクノポリス先発20地域とは，1984年から86年までの期間にテクノポリス開発計画の承認（地域指定）を受けた地域である。
(出所)　伊東維年ほか『検証・日本のテクノポリス』日本評論社，1995 年，218ページより。

は至上命題であった。

　第二には，1985年プラザ合意以降の円高ドル安下での輸出環境悪化に加え，アジア諸国内のハードおよびソフトインフラの加速度的充実により，本来国内の地方展開が可能な量産型工場が，労働コストも安価なアジア諸国へと移転できるようになった。しかも，産業構造の高度化を進め巨大なME市場として期待も高まる東アジア諸国へ投資戦略のかじを切ることが成長の条件であった。

> 地域産業振興への貢献度はどうか

　また，テクノポリス構想では，地域における企業の技術力の向上，ベンチャー型企業の育成，先端技術産業の育成なども，先端技術産業の誘致とともに重視されてきた。各指定地域では第三セクターによる「テクノポリス開発機構」が誕生し，地域産業振興に多くの期待が寄せられていた。

　しかし，この機能も既述の通り，大部分のテクノポリスで成果に結びつくことはなかったといえる。その理由としては，各県内の「テクノポリス開発機構」が三セクゆえに財政基盤が脆弱であること，専門人材の確保や主体的な研究開発機能をはじめ，情報収集や発信機能が十分に備わっていないことなどがある。

　その結果，先端技術産業が工場を立地させたテクノポリスであっても，その技術力を利用し指定地域の中小企業の技術向上・起業化支援・新製品開発に結びつけるマッチング効果を発揮するにはいたらなかったといえる。たとえば，宮崎テクノポリスのように，県工業試験場でシラス（南九州地域特有の土壌資源。鹿児島県は大半がシラスの台地からなり，シラス量は東京ドームの約28万杯分＝3500億m^3）の革新的な研究成果を生み出しても，その製品生産技術を地場企業に移転できず，地域独自の技術開発や高付加価値製品開発へと誘導できなかったケースもある。

　こうした技術移転に関する問題を解決するため，通産省（当時）

は「地域産業活性化事業」をおこし，(1)テクノポリスに蓄積された技術を地域中小企業の起業化に活用する地域技術起業化推進事業，(2)製品市場販路開拓などを支援する地域産業活性化事業，を推進し，技術移転を円滑に行うことを試みている。しかし，先の機構の場合と同様の理由から，中小企業への技術移転や製品開発にいたることができず，地域産業構造の転換や新たな雇用形成にいたることはなかった。

テクノポリス指定地域の大部分の地域中小企業にとって，「テクノポリスは依然として遠い存在」(伊東ほか，1995)と称されるのは，優れた知識・着想・技術・市場が生まれつつあっても，時間をかけ地域中小企業に移転し製品化するまでのサポートが，テクノポリス体制に欠落していたためでもある。

結局，1998年にテクノポリス法は廃止され，同年12月の「新事業創出促進法(地域プラットフォーム法)」に移行し，2005年4月「中小企業新事業活動促進法」に再び移行するにいたっている。

4 テクノポリスの展望

　　草の根技術を活かす坂城町

テクノポリス指定地域では，地元市町村と中小企業が協働し能動的にテクノポリス開発機構を活用し，中小企業振興政策に取り組む地方自治体もある。小規模農村地域から「坂城(さかき)ドリーム」と称される機械工業化政策を，地域の中小零細事業者と行政の協働で取り組んできた長野県坂城町の事例である。

坂城町は，「草の根技術が開く21世紀ハイランドテクノポリス」をテーマとする浅間テクノポリスを構成する人口1万5960人(2011年9月13日現在)の自治体である。同町は，1957年の工場誘致条例制定以降，地元の既存企業の工場新増設・技術革新・人材育成などを強力に押し進め，高い工業集積と技術革新を達成し，多品種少量

の柔軟な生産体制を育む「産業地区(industrial district)」を形成してきた農村工業都市である。

坂城町の製造業の特徴は,(1)個々の中小企業が保有する加工機能の個性的展開と,そのもとでの自立型集積を形成してきたこと,(2)地域工業のリーディング・カンパニーの位置を,大企業ではなく地域アイデンティティの強い製品開発型の地元中堅企業が占め,下請系列下ではなく受注・発注等の取引をはじめ共同生産等をめぐる自立化水準が極めて高い点などをあげることができる。

坂城町では,浅間テクノポリスの指定を契機に,地域内から坂城工業のシンボルとして「テクノセンター」建設の声があがり,1993年に「財団法人坂城テクノセンター」を竣工させた。同センターでは,主に地元中小企業製造業のために,(1)新技術の研究開発支援,(2)技術課題解決への支援,(3)専門知識習得のための研修事業の推進,(4)個々の企業間または産学官の交流事業の推進,(5)計測技術研修および試験・測定の支援,(6)専門情報の提供や相談などを行うとともに,後継者育成を目指す,(7)地元企業の技術者による地元中高生への技術産業教育の実施と「テクノスクール」の開設,等を主な業務としてきた。

1992年には,地域の個別中小企業が異業種交流事業を基礎にして123社の参加による「テクノハート協同組合」を設立し,共同で技術者の育成や確保,市場調査や交渉・共同受注に取り組むなど域内の経済循環構造の能動的形成を図ってきた。大都市に本社を置く先端技術企業の系列に入り,技術供与や部材生産を行うといった垂直統合型の他テクノポリスと異なり,親企業の生産方針に翻弄される影響を最小限にし,資本・人材・技術の水平連携による再生産と平準化・共同化によって地域内産業連関構造の構築を図るなど,自立的な地域経済構造をめざしてきたのが坂城町の強みといえる。

坂城町では,このテクノセンターとテクノハートを地域産業政策

の戦略拠点に据えて，(1)地域内中小企業のレベル合わせ（技術力の高度平準化）を基本に，弾力的な技術・情報・人的ネットワークを進め，高度な機械工業集積地域を形成し，集積メリットの具体化を図る，(2)域外の地域や海外との交流・取引も強め，先端的機械加工の国際的中枢地域としての「地域ブランド（＝坂城ブランド）」を高める，(3)メカニクス等の総合的生産力の基礎上にエレクトロニクスなどを複合させ，部材の加工生産に留まらず最終製品の開発型中小企業のインキュベータ地域へと自己変革していく内発力の形成に挑戦する，等を地域産業政策の戦略目標に掲げ実践してきた（吉田，1996）。

政府のテクノポリス政策が終焉したいま，テクノポリスの成果を自治体の地域産業政策として捉え直し，いかに位置づけていくかが新たな課題のひとつとなっている。

テクノポリスに可能性を探るとすれば，ひとつは坂城町の地域産業政策を検証するなかで明らかとなった政策条件の組み直しがヒントとなる。「テクノ」をハイテクに限定せず，ポスト系列型・自立型中小資本の集積と製品サービスのブランド化，観光ブランドや伝統文化ブランドなどとの融合＝**地域ブランディング**によって地域全体の価値を高める方向性を追求することである。

すなわち，(1)内発性を重視し，地域中小企業間，地域中小企業と行政間の協働を強化すること，(2)多様化・総合化を重視する観点から，企業業績の最大化に留まることなく，地域の資源を活かした新たな業種・業態での起業支援，女性やI，U，Jターン者の起業支援など地域産業の幅を広げブランド化をめざすこと，(3)革新性を重視し，地域が生んだ資本が生産・雇用・所得・消費・納税・行政を通じ循環しながらまちづくりに繋がる新たな仕組みをつくること，などの原則をもって，テクノポリスを組み込んだ地域経済・まちづくり政策を展開し直すことも検討に値しよう。

1999年の改正中小企業基本法の施行により，中小製造業が集積する地域では，市町村や都道府県が中心となって**中小企業振興基本条例**を制定し，産業振興会議の設置，産業振興ビジョンと計画の策定，地域の産業界・研究機関・地域金融機関・市町村などが連携し計画の実現に向けた取り組みを繰り広げている。

　テクノポリスの成果を継承しながら地域独自の中小企業振興基本条例・地域経済振興基本条例を制定し，地域産業がまちをつくる，まちを自治するよう地域産業政策を組み立て直すことが重要となっている。

5　リゾートと地域開発政策

1　リゾートビジネスの構図

　1980年代に入ると，民間資本が事実上の意思決定権をもつ地域開発政策が誕生する。そのひとつが**リゾート開発**である。1982年5月，第二次臨時行政調査会の答申「公有地の有効活用による民間活力」と，翌83年のJAPIC（日本プロジェクト産業協議会）による「公共事業分野への民間活力導入方策に関する提言」が契機となって「アーバンルネサンス」と称する民活型都市再開発が東京湾を中心にはじまった。

　さらに1987年，四全総と総合保養地域整備促進法（以下，リゾート法）が制定されるや，民活型地域開発の波が東京から地方へと押し寄せていく。それがリゾート開発である。リゾート開発は，85年のプラザ合意と翌86年の前川リポートによる内需主導型経済構造への転換をめざす政府の経済政策を，規制緩和と民間資金導入をテコに国土へと展開していく需要創造型開発政策の典型である。以

下，その成果と限界を検証しておこう。

余暇関連市場の動向

1985年9月のプラザ合意を契機とする急激な円高ドル安下で，重厚長大産業の不況脱出と対米貿易摩擦の解消をめざして，内需主導型経済構造への抜本的転換を経済政策として掲げたのが86年の前川リポートである。そのポイントは前章で詳しく見た通りであるが，注目すべき点は，テクノポリスやその後の頭脳立地法等の制定によって地方進出が期待された先端技術産業と，70年代の田中内閣で列島改造ブームを巻き起こし注目された余暇関連産業の2つが，内需主導型経済構造への転換を導く主要産業として高く位置づけられたことである。

このうち余暇関連産業の市場拡大論は，これまでの日本の就業構造に大転換を迫ることを予測させた。1987年の新前川リポートでは，85年から2000年にかけて農林水産業の就業者を168万人減，製造業のそれを118万人減，逆にサービス業のそれは675万人増という予測値を示したからである。

リポートの示す方向は，農林水産業や中小製造業を基幹産業に置く地方経済に，新たな就業機会を緊急に用意することを迫るものであり，新たな就業機会の場として余暇関連産業が位置づけられたのである。それとともに，1960年代の新産業都市地域，80年代初期のテクノポリス地域と同様，余暇関連産業の地方進出に，地域経済へのさまざまな波及効果が期待をもって語られるようになった。

リゾート・フィーバーの発生

1987年の**リゾート法**は，大都市圏から地方へ余暇関連産業としてのリゾート産業が投資戦略を展開するための根拠法として制定された。そのためリゾート産業に対してさまざまな恩典が与えられ，地方へのリゾート展開を強力に後押しするシステムが用意された。その結果，同法が制定されるや，新産業都市地域，テクノポリス地域の指定競争を彷彿させる「リゾート・フィーバー」が「地域の活

性化」に夢を託す地方自治体の間から巻き起こることになる。

　同法にもとづく総合保養地域の指定は，都道府県が基本方針にもとづき作成した基本構想が，主務大臣（総務大臣，農林水産大臣，経済産業大臣及び国土交通大臣）の承認を得る必要がある。その結果，1988年度から97年度までに，41道府県の42地域が総合保養地域の指定を得た。図3-9は，2011年現在の指定状況をあらわしている。

　リゾート法が，リゾート企業に与えた優遇措置には金融措置・財政措置・税制措置・その他の措置（規制緩和）がある。このうちリゾート企業が最も歓迎したのがその他の措置，すなわち規制緩和である。この規制緩和によって，リゾート企業は，国立公園や国定公園に指定され開発行為が許可されにくかった地域において，堂々と大規模なリゾート開発計画を立てることができるようになったのである。

　リゾート法は，リゾート地域の整備を円滑に推進するため，進出するリゾート関連企業に対し，主として同法第14条，15条において大胆な開発規制の緩和措置をとり，重点整備地区における開発推進組織（多くは指定地域を抱える県・市町村が主体の第三セクター），資金調達，開発手続き，用地買収，基盤整備，進出企業交渉等の実施体制整備を現地に促していった。

規制緩和によるリゾート市場の創出

　主な**規制緩和**の内容は，以下の通りである。まず第14条は，リゾート関連施設の重点整備地区内において民間企業の投資を促すため，農地法等の許可が必要な場合に「適切な配慮」をすると定めている。さらに第15条でも，国有林野の活用について「適切な配慮」をすることを定め，港湾法でも港湾区域内の水域で民間企業の投資が行えるよう「適切な配慮」をすることが定められている。

　このわずか2条の規定によって，リゾート開発のための規制改正

図3-9 リゾート構想分布図（2011年）

① 国際リゾート「三重サンベルトゾーン」構想
② 宮崎・日南海岸リゾート構想
③ 会津フレッシュリゾート構想
④ 総合保養地域の整備に関する基本構想
⑤ 日光・那須リゾートライン構想
⑥ 雪と緑のふるさとマイ・ライフリゾート新潟構想
⑦ ぐんまリフレッシュ高原リゾート構想
⑧ 秩父リゾート地域整備構想（2006年構想廃止）
⑨ 北緯40°シーズナルリゾートあきた構想
⑩ さんりく・リアス・リゾート構想（2006年構想廃止）
⑪ 房総リゾート地域整備構想
⑫ ナガサキ・エキゾティック・リゾート構想
⑬ 北海道富良野・大雪リゾート地域整備構想
⑭ 瀬戸内中央リゾート構想（2008年構想廃止）
⑮ 玄海レク・リゾート構想
⑯ 別府くじゅうリゾート構想
⑰ 丹後リゾート構想
⑱ "フレッシュエア信州" 千曲川高原リゾート構想
⑲ 栗駒・船形リフレッシュリゾート－オアシス21構想
⑳ 石川県南加賀・白山麓総合保養地域整備構想
㉑ 奥越高原リゾート構想
㉒ 天草海洋リゾート基地建設構想
㉓ 津軽・岩木リゾート構想（2009年構想廃止）
㉔ えひめ瀬戸内リゾート開発構想（2006年構想廃止）
㉕ 琵琶湖リゾートネックレス構想（2010年構想廃止）
㉖ 瀬戸内・サンリゾート構想（2007年構想廃止）
㉗ "燦" 黒潮リゾート構想
㉘ 三河湾地域リゾート整備構想
㉙ 山梨ハーベストリゾート構想
㉚ 島根中央地域リゾート構想（2007年構想廃止）
㉛ 沖縄トロピカルリゾート構想（2008年構想廃止）
㉜ ふるさと大山ふれあいリゾート構想
㉝ 歴史と自然のパノラマさがリゾート構想
㉞ 蔵王・月山地域リゾート構想
㉟ 土佐浜街道リゾート構想（2006年構想廃止）
㊱ 茨城・きらめき・リゾート構想（2009年構想廃止）
㊲ 鹿児島サン・オーシャン・リゾート構想
㊳ にっぽんリゾート・ふじの国構想
㊴ サザンセト・サンシャインリゾート構想
㊵ 蒜山美作リゾート構想
㊶ ヒューマン・リゾートとくしまの海と森構想（2010年構想廃止）
㊷ 北海道ニセコ・羊蹄・洞爺周辺リゾート地域整備構想

（出所）　表3-1と同じ。

や運用基準の緩和が多数行われていった。

その主な改正・緩和措置として，以下の措置がなされている。すなわち，(1)自然公園法の緩和措置→自然公園内での大規模開発を可能とした。(2)森林法の緩和措置→1989年「森林の保健機能の増進に関する特別措置法」が定められ，保健保安林が開発規制の解除手続なしに開発できることとなった。(3)農地法の緩和措置→88年農地のゴルフ場への転用規制が大幅に緩和され，90年には農地法上の基準を満たせば対象がすべて農地であっても転用が可能となった。(4)国有林野に関する法規の緩和→87年の通達「ヒューマングリーンプランについて」によって第三セクターによるゴルフ場・スキー場開発のために国有林を積極的に利用していくことが示された。(5)港湾法の緩和措置→港湾内にボートやヨットのための民間マリーナを積極的に建設していく方針が示された，等である。

規制緩和の結果，リゾート法の指定を受けた41道府県内の農山村や海浜地域では，多くはリゾート関連開発企業と市町村が共同出資により株式会社形態の第三セクターを設立し，重点整備地区内の基盤整備が着手されていく。主な施設は大型のリゾートホテルやマンション，ゴルフ場やスキー場，ヨットハーバー等が次々と重点整備地区内の風光明媚な地域に建設されていったのである。

リゾート関連企業には，大都市圏に本社をもつ不動産企業，都市銀行や地方銀行など金融機関，大手ゼネコン等が名前を連ねるが，同じ大企業がいくつもの総合保養地域のリゾート開発計画に登場することが普通の光景にもなっていった。その背景には，新たなリゾートビジネスには，(1)消費市場で少なく見積もっても2兆円にのぼる市場があること，(2)自社事業の経営多角化，企業体質の改善，多様な人材確保の機会獲得につながること，(3)民間余剰資金（多くは法人資金）の投下による資産形成や資産の収益的有効利用の機会になること，(4)自社が培ってきた人材・技術・経営事業など経営資源

を活用して関連産業の拡大を図れる可能性が大きいこと，などが期待をもって描き合うことができたことがあげられている。

こうした市場の可能性や余剰化する経営資源の有効活用の道が開けたことで，著名な大企業群が総合保養地域の指定を得た地方の市町村に押し寄せていくことになった。

② リゾート開発の地域経済効果の予測と現実

> バブルとともに膨らんだ地域経済効果

重点整備地区を抱える市町村では，リゾート開発に対して，(1)地元の主要産業への波及効果，(2)地元への建設効果，(3)道路や上下水道など社会資本の充実，(4)自治体財政収入の増加，(5)リゾート企業による地元雇用機会の増加，といった地域波及効果の発生を期待し，リゾート法の指定競争を演じてきた。

リゾート法の第一号指定を受けた三重県でも，「三重サンベルトゾーン」の開発によって，次のような地域効果の発生に期待を寄せていた。すなわち，(1)10年間に及ぶリゾート施設の建設段階では，投資額が8561億円に対し，リゾートゾーンの生産誘発効果は投資額の1.85倍にあたる1兆5801億円で，雇用創出効果として8万7115人の雇用が新たに創出される，(2)さらに運用段階では，5年目の1992年におけるリゾート消費額1174億円に対する生産誘発効果は消費額の1.87倍にあたる2197億円，雇用創出者は1万1734人にのぼる，等の試算結果が公表されている。

さらに，10年目の1997年のリゾート消費額1810億円に対する生産誘発額は消費額の1.87倍にあたる3377億円で，雇用創出者数は1万8039人に及ぶ，というものである。

> バブル崩壊によって始まった事業見直し

この試算にもとづいて，全国の41道府県の42地域で重点整備地区が設けられ，リゾート開発事業が着手された。

ところが，その直後，バブル経済の崩壊とその後の不況に直面し，重点整備地区内のプロジェクトの多くは，全体構想の見直しを図ったり，運用段階までいって破産状態に陥ったりするなど，当初の地域効果予測では描かれなかった深刻な事態に直面することになった。以下，三重サンベルト構想に関して検証してみよう。

東海地方では有数の観光都市である鳥羽市において進められてきた「小浜半島開発」では，近畿日本鉄道，日本鋼管，清水建設など民間7社と鳥羽市の間で第三セクターを設立し，総投資額640億円で鳥羽の新たな観光スポットとなる複合型リゾート計画の実現をめざしていた。

しかし，同じ重点整備地区内で第三セクター方式のテーマパーク「志摩スペイン村」の経営を重視する近鉄が参加規模を徐々に縮小したことなどが影響し，1992年3月「小浜半島開発」は事業の凍結を余儀なくされている。

さらに，三重県南端の熊野・御浜地区では，民間資本が重点整備地区の計画に進出することを断念し，第三セクターは経営破綻をしている。1988年7月にオープンした第三セクター「パーク七里御浜株式会社」は開店当初を除き計画通り事業を進展させることができず，89年2月最初の経営改善計画を町に提出し，町当局が損失補塡を実施する事態を迎えている。だが，問題はそれで終わらず，90年には公認会計士を入れた経営診断とそれにもとづく2回目の経営改善計画を策定した結果，地場産業センターの閉鎖，社員の大幅解雇を実施している。それでも経営改善が進まず，町当局が増資によって経営を支える事態が続けられた。

この間，御浜町が経営破綻した第三セクターの経営維持に用いた金額は，会社設立時の出資を除いて13億1000万円（1994年度同町歳出額の30%に相当）にのぼっている。年間100万人の誘客を描いた当初の構想は，民間資本の参画が得られないという最悪の事態に

直面し，住民生活と自治体財政への負担転嫁をともないながら抜本的な見直しを迫られていった。

リゾート開発の総決算

三重サンベルト構想は，1995年度末で13億円もの累積赤字を抱える志摩スペイン村をはじめ，当初の集客力や事業計画を裏切るプロジェクトが多く，結局，当初試算された地域経済効果が達成されることはなかった。その結果，県では，全体規模と環境への配慮等の観点から構想の大幅な見直しに着手している。

実は，三重県が経験した事例は全国のリゾート開発地域に共通する現象である。1990年代半ば以降，第三セクター方式のリゾート開発事業で破綻が相次ぐようになった。98年9社，99年13社の三セク・リゾート事業が負債を背負って破綻した。

さらに，2000年15社，2001年には巨大な造波プールを中心とする宮崎県のリゾート施設「シーガイア」が経営破綻した。シーガイアを経営してきた宮崎県と宮崎市が出資してきた第三セクター「フェニックスリゾート」が3260億円もの負債を抱えて倒産したためである。第三セクター方式によるリゾート開発は，リゾート法施行以来，全国で52社が破綻し，負債総額は4000億円超，さらに200社以上が破綻の危機に直面しているともいわれている（2001年現在）。

その結果，自治体の多くが三セクの運転資金として財政支援を強いられたうえに，破綻による巨額の負債を余儀なくされている。2006年6月20日には，産炭地域から観光リゾート地域への転換をめざしたにもかかわらず，リゾート計画が破綻し，一般会計に匹敵する104億円の負担を強いられた北海道**夕張市**が，財政再建団体の申請を表明したことは周知の通りである。

以上の結果，リゾート開発については，次のような総括がなされている。第一は，リゾート開発の建設投資による波及効果は一時的なものでしかなく，建設終了後は直ちに収束する開発である。した

がって,地域への長期的波及効果の有無は,運営段階の入込客数や消費支出額に左右される。ところが,入込客数や消費支出額の大小は,景気の波,利用者の嗜好,施設の個性,交通アクセスの善し悪しにも大きく左右される。そのため,施設ごとの需要の見直しをはじめ,施設の内容や規模の見直しを機動的に行える事業経営ができなければ,収益は生まれず,経営は悪化の一途を辿ることになる。

　第二は,施設建設段階で用地取得費,地元説明費,人件費の一部などが確実に地元に落ちたとしても,工事受注金額の多くは大都市に本社を置く総合建設会社(ゼネコン)に吸収される事業である。もちろん施設運営段階でも,従業員が地元から採用されれば人件費が地元に落ちる。利用客に提供する食材が地元から安定的に調達できれば,地元の生産者に資金は還元する。しかし,この間のリゾート開発では,事業を通じ地元に「お金」が還元され,地域の生産者・加工販売業者などへと循環していくことはなかった。

　第三に,たとえリゾート開発により所得効果や雇用効果が生まれたとしても,地域固有の自然環境や歴史文化環境が破壊されるケースが多く,住民間に賛成反対をめぐる感情的しこりを残し,長期にわたって絶対的・社会的損失を地域にもたらすことになる。

③ リゾート計画の見直し

政府も始めたリゾート開発の見直し

　リゾート開発の問題点が明らかになるにつれ,政府はリゾート法下で進められてきたリゾート関連資本主導のリゾート開発に対し,一定の反省を前提に見直し作業を行っている。1992年8月に発表された総合保養地域整備研究会(国土庁所管)の見直し作業(中間報告)で確認しておこう。

　同研究会は,従来のリゾート計画を検証したうえで,リゾート開発の問題点を5点にまとめている。すなわち,(1)自然環境や景観な

どを著しく破壊してきたこと，(2)地域振興への寄与が不十分であったこと，(3)高い料金のため国民の保養促進には適さなかったこと，(4)どの重点整備地区も同じような施設を建設し，地域固有の資源を活かした施設やサービスを欠いていたこと，(5)経済環境の悪化（バブル崩壊）を理由に開発事業者が撤退し，当初計画が進んでいない重点整備地区が増えていること，などである。

中核的省庁である国土庁が，自ら進めてきたリゾート計画を厳しく総括している点は一定程度評価することができよう。しかし，リゾート指定を受けた道府県下の市町村では，バブル崩壊を受け，引き潮のように撤退するリゾート関連資本を直視し，基本構想を見直すか凍結すべきかの選択を迫られる厳しい事態を迎えていた。

事実，リゾート計画は凍結状態を迎えるか，進捗のないまま基本構想のみ掲げたものが急増していたのである。他方，新たな見直しも着手され，2001年度，国土交通省の施策評価として総合保養地域の整備に関する政策評価が行われている。

同省は，「総合保養地域に関する懇談会」（総務省，農林水産省，経済産業省，国土交通省が共同開催）の見解を踏まえ，政策評価書「総合保養地域の整備—リゾート法の今日的考察—」を発表し，2003年3月27日，省議決定によりリゾート事業のあり方の見直しに着手した。

評価では，リゾート法そのもの，同法にもとづく基本方針および基本構想，各指定地域における事業を対象とし，総合保養地域に関する政策のあり方を国の責任のもと，総合的に検証することを謳っている。リゾート計画の実態は，それほど深刻な事態に陥っていたのである。

国土交通省では，この検証結果を踏まえ，総合保養地域の整備に関する政策を，次の諸点を踏まえ見直すとした。

第一は，評価結果を真摯に受け止め，地に足の着いた総合保養地

域の整備を求めるというものである．具体的な改善点とは，①基本構想の抜本的見直し（基本方針，基本構想の見直し）．すなわち，ニーズを踏まえ，特定施設・重点整備地区・基本構想自体の廃止や削除を再検討する．②チェック機能の強化（この点に関する基本方針，基本構想の見直し）．すなわち，政策評価を定期的に実施する．③時間管理概念の導入と徹底（この点に関する基本方針，基本構想の見直し）．すなわち，整備のための厳格な行程表を策定する，などである．

　第二は，来訪者の立場に立ったサービスを提供できるよう，総合保養地域の機能の充実（ソフト面の充実），地域間交流の促進を図る．すなわち，①地域独自の魅力の追求，情報流通の円滑化，運営・経営上の工夫や人材の育成，②行政，NPO，地域住民，民間事業者の連携強化，③重点整備地区内外の地域間交流促進，④連続休暇を取得しやすい環境づくり，などである．

　国交省では，以上の政策評価結果に基づき，2004年2月25日，総合保養地域整備法の基本方針の全面的変更を行い，今後のリゾート施策の抜本的見直しの方向を宣言した．その要点とは，①実現性の乏しいリゾート計画は廃止すること，②需要を把握し経営の視点を重視したリゾート経営に取り組むこと，③数値目標を取り入れ評価結果を公表すること，④特定地域を構成する多様な主体が協働し，リゾート事業だけでなく，多様な地域課題に取り組み，地域づくりとして取り組むように政策方法を見直すこと，⑤リゾート地を訪れる都市市民との多様な交流の機会を作ること，などである．

　この要点にもとづき，道府県は，重点整備地区を抱える市町村など開発主体との協議を踏まえ，リゾート計画の抜本的見直しを現在も行っている．そのなかには計画を廃止した道府県もある．2006年1月には愛媛県・高知県，07年11月には島根県・香川県，08年3月には広島県・沖縄県，09年3月には青森県・茨城県，10年1月には滋賀県・徳島県が，リゾート計画の実現性が乏しいことを主

な理由に基本構想を廃止している。

この結果，1987年の総合保養地域整備促進法にもとづく基本構想および特定地域は，42地域・基本構想から，2011年4月現在30地域・29道府県へと激減するにいたっている。特に四国4県からはリゾート計画がすべて姿を消した。また，基本構想の見直し事業で見ると，ゴルフ場，スキー場整備計画が削除または規模縮小され，リゾートホテルも規模縮小，体験学習施設やコテージ等は削除されるなど，身の丈にあった地域づくりとしてのリゾート計画への見直しが模索されている。

6 国土計画，地域開発政策の未来

本章では，日本の地域開発政策を，第二次世界大戦後から2015年まで7次にわたって策定されてきた国土計画との関係のもとで検証し，その特性や課題を明らかにした。国土総合開発法下での地域開発政策は，巨大公共投資や民間活力の導入を通じ，地域に社会資本，工場，ビル，マンション等を建造し，物理的変容を地域に求めてきた。国土の隅々にまで国民経済がミニ化されたような地域経済を築くことによって，地域格差の是正と均一的な物理的環境を整備し，地域の発展を求めてきた。

その結果，都市地域や農山漁村地域は，地域開発を通じて類似の都市構造や産業構造に向かい，時代を象徴する大企業の立地に期待をかけ，地域社会の発展を社会目標としてきたといえる。だが，それは，自然や文化を保全再生しながら土地に根ざした住民の暮らし，高齢者が集落の自治で成り立たせてきた高品質な農林水産業，高度な技術やオンリーワン製品で世界の先端企業から注目を集めてきた都市中小企業などの立地を困難にし，事業承継を阻んできた。

こうした潮流に反省が求められ，新たに誕生した国土形成計画では，都市・農山漁村・研究教育・海外など多様な主体が各々の個性と連携によって，個性豊かな国土を形成することに期待を寄せ，地域づくりを推進しようとしている。だが，こうした社会目標は地域の側が実践してきたことであり，国土ビジョンを描き，政府が展望を示すことではないのではなかろうか。

　全国土を俯瞰しながら産業を再配置し社会資本を整備するのであれば，国土のめざすべき将来像を描くことに合理性は存在する。しかし，近隣社会や集落，市区町村，都道府県など多様な地域を構成する住民，事業者，行政が主体となって取り組んできた地域づくり政策，多様な主体が協働し，地域課題を解決し，生活や産業，自然や文化が共生した集落，市町村を積み上げ，国土の安定と再生を展望していく時代が今後重要であるとした場合，はたして国土計画は存在意義をもつのだろうか。国土形成計画法，国土形成計画ともに，その存続を国民レベルで再検討する必要があろう。

　したがって，国土計画を拠り所に社会資本整備や産業再配置を行い，垂直的な産業分業構造を全国土に描くことをめざした地域開発政策も，グローバル分業化時代の今日，同様に存在意義が問われているといわなくてはならない。

　地域の個性を尊重し，地域間の連携を通じて産業を興し，環境の再生や防災にも繋がる産業や経済を実現するためには，地域を統治し均一化する国土計画や地域開発政策は，今後不要となるであろう。むしろ，地域の多様性・総合性と共生する産業を興し，住民・産業・行政が協働し，責任ある投資と経済循環を生み出す地域経済構造を構築することが求められる。そのための実践的な研究や挑戦が，日本の各地で始まっていることに注目したい。詳しくは第4章で見ることにしよう。

第4章　地域づくりをどう進めるか

米軍普天間飛行場（沖縄県宜野湾市）の移設先の名護市辺野古の工事現場（2015年2月）　写真提供＝時事

なぜ地域づくりなのか　　前章で明らかにされたように、戦後の地域政策の主流は、国策に沿った外来型の開発であった。旧全総の時代に進められた新産業都市、二全総時代の大規模プロジェクト、三全総時代のテクノポリス、四全総時代のリゾート開発や「民活」型開発などがその典型例である。これらはいずれも、国の構想に自治体が乗り、補助金を得るなどして、莫大な財政資金を主として産業基盤造成に費やし、税制上の優遇措置を使って外部の工場・資本等を誘致することにより地域振興を図ろうとした点は共通していた。その推進者たちの主観的意図は、これを手が

かりにして雇用を増やし，自治体の税収を増やすことによって，自分たちの暮らしの場をよくすること，つまり彼らなりの地域づくりを行うことにあった。しかし，多くの場合，外部の事情に振り回されて，こうした期待通りの効果をもたらさなかった。

　工場等の誘致に失敗した自治体は，莫大な公共投資にともなう巨額の負債に苦しんでいる。工場誘致に成功した場合も，地域経済への寄与はそれほどでもなかった。その典型例のひとつが大阪の堺・泉北コンビナートであった。同コンビナートは，大阪府が産業構造の重化学工業化を進めるため造成したものである。しかしこのコンビナートは地域の資源を大量に消費し，汚染物を大量に排出する一方で，出荷額や税収などの経済効果はきわめてわずかでしかないことが明らかになったのである（宮本編，1977）。加えて，第2章で述べられたような，産業構造転換や経済のグローバル化のなかで，こうした素材供給型重化学工業は構造不況に陥り，減量経営，ひいては撤退する事例も生じた。また，バブル経済期に「民活」型開発の一環として，第三セクターなどといわれる官民共同出資による会社が多く設立されたが，少なくない事業が行き詰まりを見せ，北海道夕張市のように自治体の財政運営に深刻な影響を及ぼす事例も生じた。そして，2011年3月11日に発生した福島第一原子力発電所の過酷事故は，原子力発電所の誘致による地域振興は，ふるさとを完全に失いかねないという巨大なリスクと背中合わせであることを明らかにした。

　こうして，今や外来型の開発の行き詰まりは明らかとなり，外来型開発に地域の将来をかけても望ましい結果が得られそうもないことは多くの人の共通認識となっている。そして過疎や高齢化に悩む農村地域はもとより，都市地域においても内発的な地域づくりへの取り組みが全国各地で進められている。とりわけ，福島原発事故以降は，再生可能エネルギーを利用した地域づくりが注目を浴びるよ

うになった（藻谷・NHK広島取材班，2013など）。

　他方，福島原発の事故にもかかわらず，原子力発電所が立地している自治体のほとんどは，原発に依存しない地域づくりへと舵を切るにいたっていない。それどころか，川内原発や高浜原発などの再稼働は，立地自治体の同意を得て進められている。こうした事実は，すでに破綻した外来型開発とは違う方向に進めるよう地域で多数派を形成するためには，地域住民の多くが共感するような地域づくり構想が必要であることを私たちに示している。

　この点で特筆すべきは沖縄県内の民意の変化である。普天間飛行場撤去の条件としての新基地建設予定地を抱えている名護市の市長選挙では，基地を同市辺野古に新設するという中央政府の方針を基本的に受け入れ，中央政府から財政資金を得て経済振興を図ることを進めようとした候補者が，1998年，2002年，06年と3回連続当選した。しかし2010年，14年の市長選挙では新基地建設を拒否することを公約した候補者が当選した。また14年の県知事選挙においても，県内での新基地建設を明確に否定する立場の候補者が当選した。特に2014年の知事選挙では，「基地は経済発展の阻害要因である」というスローガンが広く共感を集めたことが注目に値する。

　さて，いうまでもなく地域づくり政策の多くは地方自治体が実施主体となる。また，住民が内発的な地域づくりを進める際にも，地方自治体との関係が重要となる。そこで本章はまず，現代日本で内発的な地域づくりを進めることを困難にしている諸条件を，主に地方行財政制度に着目して考察することとする。次いで，戦前来の日本における内発的な地域づくりの取り組みを検証することとしたい。

1 地方自治と地域づくり

① 戦後地方自治制度の意義

戦前の地方自治制度

　蜷川虎三元京都府知事は，地方自治体を「くらしの組織」と述べたことが示すように，地域づくりを進める際に，最も密接にかかわるのが地方自治体である。ここでは，日本の地方自治制度が，どのような性格を有し，私たちが地域づくりを進める際に，どのような役割を果たすのかについて述べる。

　日本の近代地方自治制度は，1888年の市制・町村制および90年の府県制・郡制によって確立した。程なく郡制は廃止されたが，基礎自治体が市町村，広域自治体が府県という地方制度は，1世紀以上を経た今日も継続している。しかしその性格は，第二次世界大戦前と後とでは180度異なるのである。

　明治憲法下での市町村は，法人格をもつ自治体と位置づけられ，市町村議会と市町村長の公選制も曲がりなりにも実施された。しかし，公選制とはいえ，公民権の資格は厳しく制限され，市長は市会の推薦した候補者から内務大臣が天皇の裁可を経て選任した。町村長は町村議会で選ぶが，府県知事の認可を得なければならなかった。市町村の仕事は，国の委任事務が多くを占めていた。また，府県や郡は自治体ではなく，特に知事は内務大臣の任命制であった。要するに，戦前の地方団体は，天皇を頂点とする中央政府の下請け機関にすぎなかった。こうした地方制度をつくるうえで中心的な役割をはたした**山縣有朋**が「地方自治は，兵役，納税とならぶ国民の義務のひとつである」と述べたことが，戦前の地方自治制度の性格を端

的に表しているといえよう（むろん，19世紀末に地方自治制度が確立されたことの意義は決して過小評価されるべきではない。のちに述べる関一らの活躍は，この地方自治制度を舞台にしてのことであるから）。

日本国憲法と地方自治

日本国憲法が，新たに地方自治の章を設けたことは，こうした戦前の地方制度の性格を180度転換させることとなった。よく知られているように，日本国憲法と明治憲法の章構成はほとんど同じである。明治憲法にはなく，日本国憲法にのみ存在するのが，戦争放棄を定めた第2章第9条と地方自治を定めた第8章第92条から第95条である。これによって，戦前の義務としての地方自治から，国民の民主主義的諸権利のひとつとしての地方自治へと転換したのである。

現在の地方自治制度の根幹をなし，市町村はもとより都道府県にも法人格を認めたのが**地方自治法**であるが，その成立は憲法第92条「地方公共団体の組織及び運営に関する事項は，地方自治の本旨に基づいて，法律でこれを定める」を根拠としている。そして第93条では地方議会の設置，首長，議員などの公選制を，第94条では，地方自治体の権能および条例制定権を，第95条では，ひとつの地方公共団体のみに適用される特別法は，その地方の住民投票で過半数以上の同意がなければ成立しないことを，規定しているのである。

権利としての地方自治

朝鮮戦争前後からの占領政策の見直しによるいわゆる「逆コース」によって，教育委員の公選制の廃止，自治体警察の廃止，国と地方自治体が財政にかかわる諸問題を対等の立場で議論し，決することができる**地方財政委員会**の廃止などが強行され，戦後改革のさまざまな成果は，大きな後退を余儀なくされた。しかし，憲法の地方自治に関する規定には手をつけられなかったのである。この規定がある限り，中央政府がどんなに横暴なことを押しつけようとしても，われわれは権利と

しての地方自治を活用してそれを規制する手がかりを得ることができるのである。

　地域づくりに住民がかかわるうえで，現在の地方自治制度において最も重要な手がかりは住民の直接参加の道が用意されていることである。すなわち，一定数以上の有権者の有効な署名を集めれば，首長や議員の解職，条例の制定などを求めることができるのである。1980年代に展開された神奈川県**逗子市**における米軍住宅の建設に反対し池子の森を守る運動，96年8月4日に新潟県**巻町**で行われた原子力発電所の立地に関する住民投票，2000年1月23日に**徳島市**で行われた吉野川可動堰建設の是非を問う住民投票，01年7月29日に埼玉県**上尾市**で行われた自治体合併をめぐる住民投票の成功は，住民投票条例制定を求める直接請求，住民投票に消極的な町長への解職請求など，この**直接請求制度**を十二分に活用した成果であった。逗子市，巻町，徳島市，上尾市などのように国の政策に真っ向から異議を唱えることなど，戦前では絶対にありえないことであった。このことからして，現憲法で地方自治が権利として保障されていることが，私たちが地域づくりを進めるうえでいかに重要であるかがわかるであろう。

２　住民参加を困難にしている要因

　形式的な住民参加制度　　しかしながら，現実には自治体の政策に住民の意向を反映させることは，きわめて困難な場合が多い。その最大の要因のひとつが，地域の将来に重大な影響を及ぼす政策の決定における住民投票制度など，実質的な**住民参加**制度の欠如である。自治体の施策に住民の意見を反映させることを目的として，しばしば公聴会というものが開かれるが，そのほとんどはすでに事実上決定した内容について，住民が意見を述べる場を提供するだけで，それを受けて政策を変更するということはめ

ったにない。特に事業主体が国である場合には、困難さがいっそう増す。建設の根拠を失い、環境に重大な悪影響を及ぼすことが明白な**長良川河口堰**の建設・運用の強行、諫早湾の干拓工事の強行などがその一例といってよい。

　また、現行の直接請求制度にも重大な欠陥がある。1970年代半ば、京都市において路面電車存続を求める運動が高まりを見せ、有権者の4分の1ほどの署名を集めて直接請求された。また、神戸市において98年に取り組まれた**神戸空港**の建設の是非を問う住民投票を求める署名数が有権者の4分の1、さらに静岡県において2001年に取り組まれた**静岡空港**の建設の是非を問う署名数も有権者の1割ほどに達した。政令指定都市や県という、行政区域が広く、人口が100万人を超える自治単位でこれだけの有効な署名を集めることは、並大抵のことではない。しかし議会は、十分な審議をしないでいとも簡単に否決したのである。そして京都市の路面電車は、ほどなく全面撤去された。神戸市は空港建設に着手し、2006年2月に開港した。一時停止していた静岡空港の建設工事も再開され、反対地権者の所有地を強制収用までして、2009年6月に開港された。

　こうしたことが合法的にまかり通るのは、現行の条例などの制定を求める直接請求の最終的な決定が議会にゆだねられているからである。住民の求めに議会が応じようとしない場合、逗子市や巻町で行われたようにリコール運動に訴えるしかないが、大規模自治体でリコールに必要な有権者の3分の1以上の署名を集めることはきわめて困難である。

　さらに、1997年末に沖縄県**名護市**で行われた米軍**普天間飛行場**撤去の条件としての新基地建設の是非を問う住民投票では、中央政府のなりふり構わない介入をはねのけて、反対が多数を占めた。この問題は、その後紆余曲折を経たが、2010年の名護市長選挙で基地新設に反対する候補が当選して以降は、新基地建設の是非が争点と

なった沖縄県内で行われた国政選挙，知事選挙などでは，反対を公約した候補者が当選した。にもかかわらず，国は新基地建設の方針を変えようとはしない。このことは，安全保障政策の基本的枠組みの決定は国の専管事項とはいえ，基地の立地の是非については地方自治が機能しないのかどうかという，重要な課題を提起している。

機関委任事務による統制

自治体の施策決定への住民参加を困難にしてきた今ひとつの大きな要因は，いわゆる**機関委任事務**による中央政府の画一的な統制である。すでに述べたように，新憲法によって権利としての地方自治が認められたことで，中央政府と都道府県，市町村の関係は，戦前のような上下関係ではなく，対等平等な関係になるはずであった。少なくとも建て前のうえではそのはずである。その建て前を実のあるもにするためには，国と自治体間での事務配分と財源配分が合理的行われることが不可欠の条件である。このうち，財源配分についてはC. S.シャウプを団長とする使節団の『シャウプ使節団日本税制報告書』（シャウプ勧告）にもとづいて一定の改革が行われた。しかし，事務配分の改革は，シャウプ勧告に相当する報告書（地方行政調査委員会議行政事務再配分に関する勧告＝**神戸勧告**）が出されたにもかかわらず，まったく手がつけられなかったのである。その結果，明治地方自治制成立以来中央統制の最大の武器であった機関委任事務がそのまま温存されることとなった。

機関委任事務とは，法令により知事，市町村長その他地方自治体の機関に委任された事務で，その執行にあたって知事，市町村長等は，国の執行機関としての地位を併せもつこととなり，国の包括的な指揮監督を受けるのである。もし知事や市町村長が機関委任事務の執行を怠った場合には，中央政府の主務大臣はその実施を勧告し，命ずることができた。そしてこの命令に従わないときには，主務大臣は高等裁判所に職務執行命令訴訟をおこすことができ，それでも

なお従わないときには主務大臣に代執行が認められていた。実際,1995年に大田昌秀沖縄県知事が,米軍用地の強制使用手続きに関する代理署名を拒否したことに対し,国は代理署名は機関委任事務に当たるとして職務執行命令訴訟をおこしたのである。要するに,機関委任事務に関して自治体は国の単なる下請け執行機関にすぎないということである。驚くべきことに,市町村では4～5割が,都道府県については7～8割が機関委任事務であるといわれていたのである。

都市計画に見る機関委任事務の実態

この機関委任事務の実状について,まちづくりの基本的内容を規定している**都市計画**を例にとってみるとしよう。

悪夢のような**阪神・淡路大震災**からわずか2カ月後の1995年3月16日,震災復興事業が兵庫県都市計画審議会に諮られ,傍聴を求める住民を排斥して怒号のなかで強行決定され,翌17日市長・知事が都市計画決定をした。被災住民の意見はもとより,議会にもまったくかけられずに,まちの将来を左右する重大な施策がこのように決められたことについて,多くの人は都市計画決定の手続きのあり方に非常な疑問をもつこととなった。しかし,当時の都市計画法に関する事務は市町村への団体委任事務と知事への機関委任事務によって構成されており,この**震災復興事業**はまったく「合法的」に決定されたのである。

周知のごとく,今全国どこの町を訪れても,その町の個性的な景観に出くわすことはきわめて希であるが,それはこの中央集権的な都市計画行政による画一的な施策によるものである。それゆえ,自治体が各地域の固有の事情に応じて都市計画法など国の法律を上回る規制策を実施することは,きわめて困難であった。たとえば,リゾートブームによる開発ラッシュを防止し,新しいまちづくりをめざした,神奈川県**真鶴町**「美の条例」の作成過程で,国の「機関」

としての神奈川県がすべての条文にクレームをつけ、条例の制定それ自体にも異議を述べたことは、都市計画行政の中央集権性を端的に示すものといえよう。

　また、中央集権的であるゆえに、その決定過程における住民参加もきわめて不十分になりがちである。上述の震災復興事業は、たまたま未曾有の災害に対する復興事業の決定ということで、社会的に大きな注目を浴びた。しかし多くの都市計画決定は、ほとんどの住民がその存在についてすら知らないところで決まっているのではないだろうか。たとえば、1992年の都市計画法の大幅改正を受けて、94年から95年にかけて全国各地で用途地域の見直し作業が進められた。筆者の居住地のS市の場合、ある日突然用途地域図案が配られ（非常に見にくく、自分の居住地がどの用途区分に該当するのかきわめてわかりにくい）、広報の片隅に説明会の開催が掲示されているだけであった。そして数カ月後、平日の昼間というほとんどの住民が参加困難な時間帯に公聴会を開き、決定してしまったのである。

　また、阪神・淡路大震災で倒壊したマンションの再建に際して、倒壊前のマンションが当該地域の容積率制限（**容積率**とは、敷地面積に対してどれだけの床面積の建築物を建てることができるかを定めたもの。たとえば、容積率100％であれば敷地面積と同じ床面積の建築物を建てることができる）をオーバーしている、いわゆる既存不適格建築物であったために、再建しようにも既存の床面積すらも確保できず、再建が困難となっている事例が少なからずあった。これは、容積率の決定の際にいかに住民にその趣旨を周知していなかったかの典型例といえよう。

| 地方分権一括法の成立 |

　地方分権を求める世論の高まりを受けて1995年に成立した地方分権推進法にもとづいて地方分権推進委員会が設けられ、五次にわたる勧告を受けて、475もの法律の改正を盛り込んだ**地方分権一括法**が制定され、2000

年4月から施行された。その結果，機関委任事務は廃止された。国と地方自治体との関係は，「上下」から「対等」の関係へと改められ，機関委任事務に代わり「**法定受託事務**」が創設された。

機関委任事務はあくまで委任する国の事務であったのに対し，法定受託事務は国から権限を移譲された地方自治体が行う事務である。また，国と地方自治体の立場が異なる場合に調整する仕組みとして地方自治法第250条の7において，国の自治体に対する関与を第三者的に調整する国地方係争処理委員会の規定が新設された。長年続いた集権的関係が一朝一夕に変わるわけではないが，少なくとも法的には国と地方自治体は対等の立場となったことは，大きな意義を有するといえる。その後も，義務づけの緩和など自治体の裁量権の拡大は進められている。

しかしながら，こうした分権の取り組みをないがしろにしかねない事態が生じている。2015年10月，**翁長雄志**沖縄県知事は普天間飛行場撤去の条件としての新基地建設を目的とした名護市辺野古沿岸部の埋立に関して，前知事が行った承認を取り消した。前年の選挙において新基地建設反対を公約して当選した翁長知事は，前知事が行った承認に法的瑕疵がないかどうかについて慎重な検証を行い，瑕疵があると判断して取り消した。これは**公有水面埋立法**が法定受託事務となったことによる権限を行使したものといえる。

ところが国は，一般私人と同様の立場において個人の権利救済制度である行政不服審査制度にもとづき国土交通大臣に執行停止措置の申し立てを行い，国土交通大臣は執行停止の決定を行った。さらに同年11月，国土交通大臣は翁長知事による埋立承認取り消しを撤回する代執行に向けた行政訴訟を提起した。これは法定受託事務においても，国の大臣が知事などに代わって権限を行使する代執行制度が残されたことによる。しかし，いかに安全保障にかかわることとはいえ，米軍基地の提供は，地域の将来にかかわる重大な問題

Column ⑦ 地方分権

　1995年5月に成立した「地方分権推進法」にもとづいてつくられた地方分権推進委員会は，96年3月に中間報告を出した。そこでは，本章で都市計画を例にとって内発的な地域づくり政策を進めるうえで大きな障害のひとつとなっていることを指摘した機関委任事務の廃止など，思い切った提案が盛り込まれた。

　日本において地方分権を求める声が高まりを見せたのは，これが初めてではない。第1回目は，1870年代から80年代にかけての自由民権運動の時期，第2回目は1920年代の大正デモクラシーの時期，第3回目は戦後改革による新憲法・地方自治法の制定からシャウプ勧告にもとづく地方財政改革の時期，第4回目が60年代後半から70年代半ばにかけて，全国に続々と革新自治体が誕生した時期である。これまで4回は，一定の成果を上げたものの，いずれも財政危機と中央政府の巻き返しにより，新たな中央集権的体制の構築に結実することとなった。

　たとえば，なお記憶に新しい第4回目の時期を見ると，国よりも厳しい基準を設定するなどして住民の健康を守ろうとした環境政策，老人医療費の無料化，保育所の拡充などの福祉政策，政策決定過程への住民参加の拡大，法人事業税の超過課税などの課税自主権の強化などにおいて革新自治体を中心に画期的な成果を上げた。そしてこれらの成果は，中央政府をして1970年に「公害国会」を開かせ，73年には福祉元年とまでいわしめるほど，国政にも大きな影響を及ぼした。しかし，第一次オイルショックを契機とした高度経済成長の終焉とともに，地方財政危機が深刻化するなかで，革新自治体に対し，人件費が高すぎる，ばらまき福祉といった批判が，中央政府や財界などから浴びせられることとなった。こうした批判を集約する形で提起されたのが「都市経営論」である。それは，行政の守備範囲論，選択と負担などを掲げて，自治体の財政運営に民間企業と同様の減量経営を求めるものであった。そして革新自治体が後退するなか，この都市経営論は，81年に始まる第二次臨時行政調査会による行政改革，85年の自治省の「地方行革大綱」発表に始まる地方行革に引き継がれていったのである。

　今回の第5回目の地方分権を求める声の高まりは，住宅金融専門会社

の不良債権処理や薬害エイズ問題に見られるような官僚制への批判と相まって，上述したような機関委任事務の廃止に結びついた。そして五次にわたる勧告を受けて，地方分権推進一括法が制定（2000年4月から施行）され，機関委任事務は廃止された。続いて取り組まれた「三位一体改革」といわれた財政改革は，本章で述べたように，税源移譲などに一定の成果をあげたものの，総じて国の財政再建の踏み台にされることとなった。

である。選挙で当選した知事が公約を実行しようとして下した判断を一顧だにしないで基地建設を強行しようとする国の姿勢は，この間進められてきた地方分権の取り組みをないがしろにするのみならず，憲法で保障された地方自治権の侵害というべきである。

　米軍基地の立地は，沖縄だけの問題ではない。というのは，**日米安全保障条約**や**日米地位協定**には，米軍基地を日本のどこに置くかについて明記されていないからである。日米地位協定第25条にもとづいて設けられている日米合同委員会で合意すれば，日本のどこにも米軍基地を置くことが可能なのである（2014年12月に京都府京丹後市にXバンドレーダーが設置された）。これを「全土基地方式」という。したがって，日米安全保障条約にもとづく米軍基地提供を最優先の政策として進める政府の姿勢が変わらない限り，日本のどこでも地域づくりをきわめて困難にする潜在的要因を抱えているといえる。

合併政策によって地域づくりがいっそう困難に

　先に述べた機関委任事務の廃止によって，自治体が仕事を進めるうえでの裁量は拡大したものの，他方では「分権の受け皿をつくる」ことをめざして自治体合併促進政策が進められた。政府は，人口1万人以下の自治体を合併の主な対象として，3000余りの自治体を1000ほどに減らそうとした。表4-1は，自治体数の推移を

表 4-1 市町村数の推移

	1999 年	2006 年	2010 年	2014 年
市	670	777	786	790
町	1,994	846	757	745
村	568	198	184	183
計	3,232	1,821	1,727	1,718

(注)　各年とも3月31日現在。
(出所)　総務省ホームページより。

みたものである。20世紀末には3232市町村あったが、2006年3月末には1821市町村と数年で4割以上も減少し、その後も減少が続き2014年度当初では1718市町村となっている。合併によって市は増加したが、町は1994から745へ、村は568から183へと大幅に減っていることが目につく。合併によって誕生した自治体には、岐阜県**高山市**のように都道府県並みの広さを有する所もある。また、旧自治体の役所は支所になり、人員や予算規模は大幅に削除された。新潟県**上越市**のように、合併特例法にもとづく地域自治区を通じた住民自治を充実させようとする取り組みもあるが、それは決して自治体ではない。いずれにしろ、自治の拠点というべき基礎自治体を広域化することは、地域づくりを進めていくうえで大きな障害となるといえる。

2　地方財政と地域づくり

1　日本の地方財政の特徴

補助金に縛られる都市計画

前節で都市計画を例として述べたような，中央集権的な施策を自治体が受け入れざるをえない背景には財政問題がある。阪神・淡路大震災の被災地で強行決定された復興事業の対象地で自治体が提案した復興策は，いずれも従前の街並みを一変させ，道路を拡張し，高層建築物と大規模公園を配置するという似かよったものばかりであり，被災前の街並みをできるだけ残し，オープンスペースとして数カ所の小規模公園を設けるという住民の願いと全く対立したものであった。自治体がそのような提案をした背景には，国からの補助金等の交付を受けるための基準に縛られていることがある。

3割自治

図4-1は2014年度決算額にもとづいて国と地方の財源配分の状況を見たものである。2014年度の税収総額93兆9000億円のうち，国税が61.6%，地方税が38.4%を占めているのに対し，私たちへのさまざまな公共サービスに使っている経費の歳出純計167兆8000億円の国・地方の配分を見ると，国が41.7%であるのに対し，地方が58.3%となっている。つまり，最終支出ベースで国・地方の比率はおおむね2対3であるのに対し，私たちが負担する租税収入の配分では逆に3対2となっているのである。地方自治体は36兆円の税収しかないのに97兆8000億円もの仕事をしているのである。しばしば日本の地方自治について「**3割自治**」などといわれるが，そのひとつの原因がこうした財源配分にある。そしてこのギャップを埋めるために，

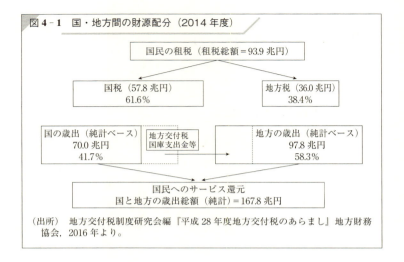

図 4-1 国・地方間の財源配分（2014 年度）

(出所) 地方交付税制度研究会編『平成 28 年度地方交付税のあらまし』地方財務協会，2016 年より。

この図が示すように，国から地方に対し主に**地方交付税**および**国庫支出金**により，財源の再配分が行われているのである。

地方交付税は国税 4 税（所得税，法人税，酒税，消費税）の一定割合と地方法人税を財源として，財政力の弱い自治体に一般財源つまり使途の自由な財源として配分されるものである。配分額は，各自治体ごとに基準財政需要額と基準財政収入額を算定し，後者の前者に対する不足額によって決まる。農山漁村部の自治体では，おしなべて歳入総額に占める割合が地方税を上回っている。国庫支出金は，個別の事業ごとに各省庁から特定財源つまり使途を特定して配分されるものである。ともあれ，国と地方との間でこれだけ大規模な財源の再配分を行っている国は，世界的にもきわめてめずらしく，これが日本の地方財政の最大の特徴といってよい。

2　シャウプ勧告がめざした地方財政改革

> 地方自治を重視

こうした特徴を有する日本地方財政の形成において、最大の画期となったのがすでに述べたシャウプ勧告にもとづいて1950年に実施された財政改革であった。

シャウプ勧告は1949年5月に来日したC. S. シャウプを団長とする7名の使節団によって作成されたものである。その基本的性格は、戦後のインフレ経済を収束することをめざしたドッジ・ラインといわれるデフレ政策の一環として、日本資本主義を復活させるための財政制度の確立にあった。しかし勧告は「日本における問題は、依然として国の支配を減じ、地方団体の独立を増すことである。次の段階は、明らかに、地方自治の形式に実質を加えるために、地方団体に適当な独立財源を与えることである」、「日本またはいかなる国でもその将来における進歩と福祉とは、他の如何なる要素にも劣らず、地方団体の有効な行政の量と質とにかかっている」などと述べて、地方自治強化のために地方財政改革を進めるべきだと主張したのである。

> 地方税制と補助金の改革

勧告の地方財政改革案には、次のような内容が含まれていた。

第一は、自治体の課税自主権の強化である。戦前の租税体系においては、所得税など主要な税源をほとんどすべて国が独占していたので、自治体の独自の税源はきわめて乏しく、地方税はほとんど付加税で構成されていた。勧告では、地方税の独立税化、税源の分離と簡素化を提案し、国税は所得課税、道府県税は付加価値税、市町村税は固定資産税と所得課税を中心とした租税体系とすることを提案したのである。この場合、特に注目すべき点のひとつは、基礎自治体である市町村を中心とした税源の拡充

を考えていたことである。実際，勧告の試算では，1949年度1500億円の地方税収が50年度には1900億円に増加するが，その400億円の増収はすべて市町村税収の増分とすることが構想されていたのである。今ひとつ注目すべき点は，「地方行政単位は，地方選挙民の必要と要求に応じて税率を上下する権限をもたねばならない」と述べ，自治体が住民の行政需要に応じて税率を自己決定する権利を認めていたことである。

　第二は，補助金を大幅に整理縮小するとともに，地方税だけでは十分な行政サービスを確保できない「例外的に貧困な地方」に対し，平衡交付金を一般財源として国から再配分しようとしたことである。

| 地方財政委員会の創設 |

そして第三は，**地方財政委員会**の創設である。この委員会は，知事会会長，市長会会長，町村会会長が各1名ずつ，内閣総理大臣が2名任命する委員で構成されることとなっており，自治体の関係者が5名のうち3名を占めるというものである。その任務は，上述の平衡交付金の総額や配分方法など国と地方自治体間に生起する財政上の諸問題について協議し，決定することにある。すでに述べたように，戦後改革によって国と地方自治体は，建て前のうえでは対等の関係となったのであるが，この地方財政委員会はその対等の立場を財政面から保証するものだったのである。

③　地域づくりを困難にする地方財政構造

| シャウプ勧告は一定の成果をあげたが |

いうまでもなく，あらゆる自治活動を行ううえで，決定的に重要なことは，構成員との合意と協力によって，必要なお金を自分たちで集め，自分たちで使途を決めることができることである。もし不足する財源を他者に依存せざるをえず，しかもその使途を制限されるのであれば，本来意図した方向とかけ離れることになりかね

ないであろう。この点で、自治体の課税自主権の強化、「例外的に貧困な地方」のための平衡交付金の創設と補助金の整理、および中央集権的支配を排する地方財政委員会の設立などによる市町村を中心とした自治体の財政力強化を構想していたこのシャウプ勧告が実現していれば、地方自治体が主体的に地域政策を進めるための重要な財政的基盤が確立するはずであった。そして1950年には地方税法の改正、平衡交付金の創設、地方財政委員会の発足など勧告の構想は一定の実現を見た。しかし、ほどなく発生した全国的な地方財政危機とその財政再建の過程で、その成果は大きな後退を余儀なくされたのである。

> 課税自主権はほとんどない

まず第一に、自治体の**課税自主権**はきわめて限定的にしか認められていない。日本の自治体の課税権は地方税法によって与えられ、その第3条には「地方団体は、その地方税の税目、課税客体、課税標準、税率その他賦課徴収について定をするには、当該地方団体の条例によらなければならない」と規定されており、いわゆる租税条例主義がうたわれ、課税自主権が認められているように見える。しかし実際には、この地方税法のほか、施行令、施行細則、通達などによって全国一律に細かく規定されており、自治体の裁量の余地はほとんどないのである。たとえば、三大地方税のうちの事業税と住民税はいずれも所得課税であり、その基本的な課税の仕組みは国税の所得税・法人税とまったく同じであり、事実上付加税といってよい。国の政策として行われる所得税減税に連動して自治体の税収も減収となるのはこのためである。また、もうひとつの自治体の主要な税目である固定資産税は、国税と税源が競合していない自治体固有の税源であるが、これもまたその課税の仕組みは詳細なところまで全国一律に規定されている。

> 税率までも全国一律

そして日本の地方税において最も特異な現象は、主要な税目の税率が、ほとんどの自治体で同じであるということである。すでに述べたように、シャウプ勧告では「地方選挙民の必要と要求に応じて税率を上下する権限」が自治体に与えられるべきだと述べられた。そして実際、どの税率を採用するかは各自治体が条例で定めることになっているにもかかわらず、1700余の自治体のほとんどが同じ税率で課税しているのは、なぜであろうか。

日本の地方税法には、主要な税目について**標準税率**と**制限税率**を定めている。標準税率とは、自治体が税率を定める場合に通常よるべきものとして地方税法に規定されている税率であるが、あくまでも標準であり、自治体がそれを採用する義務はない。制限税率とは標準税率を超える税率で課税する（**超過課税**）場合の上限税率である。標準税率を採用しない場合には国への届出が必要であった。ともあれ、制限税率が定めてあっても、それを上回らない限りどのような税率を採用しようと、また、制限税率がなければどの税率を採用しようと自由なはずである。さらに1998年度の税制改正では、標準税率を採用しない場合の届出制が廃止されたうえに、個人の市町村民税の制限税率も廃止された。2004年度改正では固定資産税の制限税率も廃止された。

しかし、この権利を行使している自治体は少ない。道府県民税法人税割と市町村民税法人税割などは、かなりの自治体で超過課税を実施しているが、個人が負担する地方税は、ほとんどの自治体が標準税率で課税している。

また標準税率を下回る税率で課税することは事実上不可能となっている。というのは、地方財政法によって標準税率に満たない税率で課税している自治体には起債を制限することが規定されているからである。1991年の東京都知事選挙において、ある新人候補が減

税政策を打ち出したのに対し、元内務官僚の現職候補がそんなことをしたら起債が制限されて財政が破綻すると反論したのは、この地方財政法の規定を念頭に置いてのことだったのである。地方分権一括法の施行にともない、地方債の許可制度が廃止され、協議制に移行することとなった。しかし、この起債制限措置は、地方債についての関与の特例として、標準税率未満の自治体における建設地方債の発行について総務大臣の許可制とする形で残された。

> 法定外普通税の許可制は廃止されたが

日本の地方税制において自治体が地域の実情に応じて裁量を発揮できるもうひとつの余地は**法定外普通税**の創設であった。これも長年、自治大臣の許可が必要であったが、**地方分権一括法**による地方税法の改正により許可制は廃止となり、国の合意を必要とする事前協議制となった。さらに新たに、法定外目的税の創設も可能となった。

これによって、法定外税が急増することとなった。法定外普通税の状況を見ると、道府県税としては核燃料関連税3税目と石油価格調整税が、市町村税として従来から設けられていた砂利採取税と別荘等所有税の2税目に加えて、歴史と文化の環境税（福岡県太宰府市）、使用済核燃料税（鹿児島県薩摩川内市）、狭小住宅集合住宅税（東京都豊島区）、空港連絡橋利用税（大阪府泉佐野市）が施行されている。急増したのは、都道府県の法定外目的税としての産業廃棄物関連税である。三重県が2004年4月に産業廃棄物税を施行したのを皮切りに、15年4月現在で27道府県でこの種の税が施行されている。しかし、全体の税収に占める比重は、ごくわずかでしかない。

> 住民が税制について発言する権利もない

さらに課税自主権の制限のなかでも重大な問題は、条例制定に関する住民の直接請求権の対象から地方税や使用料・手数料が除外されていることである。主権者である住民は、地方税について直

接意見を述べる権利を奪われているのである。

つまり，地方自治体はどんなに財源が必要であっても，あるいは必要でなくても標準税率と制限税率の範囲を超えて税率を設定することはできないのである。また地方税が直接請求の対象外となっているために，増税もしくは減税の必要性について住民も発言する権利を保障されていないのである。

中央集権的な財政調整制度

いうまでもなく，国や自治体とは税を元手にした「サービス産業」である。どういう公共サービスが必要であるか，それに必要な経費をまかなうために主権者にどういう負担を求めるかについて，主権者の同意をどのように得るかという過程にこそ，その経営体としての真髄が問われる。それぞれの自治体がおかれている自然的条件，人口構成，産業構造などが違えば，必要な公共サービスの内容も主権者の負担も異なるはずである。

ところが日本の自治体経営を担う首長，議員，職員にとって，元手である税は所与のもの，つまり国にいわれるがままの方法にもとづいて標準税率で課税するものなのである。地方税の税率をどうするかについては，本来なら歳出の必要性を勘案して議会が決めるはずであるが，日本の地方議会においてこうした問題が議論されていることを，筆者は寡聞にして知らない。片山善博元鳥取県知事によると「ほとんどの自治体において専決処分をしている」というのである（『市民社会と地方自治』）。こうした状況のもとで，自治体経営を担う首長たちは，不足する財源を補うべく中央省庁や関係する議員に説明して地方交付税，国庫支出金，地方債を確保するために，その手腕を発揮することに最も力点をおいている。毎年，予算編成のたびに全国から「東京詣」が繰り返されるのが，その象徴的出来事である。

そして不足する財源を補うための中央政府からの大規模な財源の

再配分も中央集権的に行われている。すでに述べたように**シャウプ勧告**では，国と地方の財政関係をめぐって発生する諸問題を協議決定する機関として**地方財政委員会**を設けることを提案した。そして実際にこの委員会は設けられたのであるが，短期間で廃止となり，委員会が担っていた機能は，新たに発足した自治庁，つまり後の自治省・総務省に移されたのである。これによって，国と地方自治体との財政上の対等性を保障していた仕組みが失われ，中央集権的な財源の再配分構造に再編されたのである。こうして中央政府には，地方交付税，補助金，地方債の許可制を使って財政誘導し，国策に各自治体を動員する重要な手段が残されたのである。

補助金による財政誘導

たとえば，前章で述べられたように，新産業都市の誘致合戦に象徴されるごとく，高度成長期に各自治体は産業基盤強化と地域開発のための公共投資を急増させた。これは，国の補助金がこれらに集中したことによるところが大きい。

表4-2は，1961年度，70年度の普通建設事業費の国庫補助額と地方負担額を見たものである。両年度とも道路整備の国庫補助額の絶対額が圧倒的に大きく，また総事業費に占める国庫補助額の比率も65％と最も大きく，いかにこの時期国が道路整備に力を入れたかを改めて確認できる。次いで，港湾・漁港・空港，農業基盤，造林・林道など産業基盤関係の国庫補助額の比率はいずれも50〜60％で，しかも63年度と比べて70年度の比率がいずれも上昇していることがわかる。他方，生活基盤関連では，住宅対策の国庫補助額の比率は6割程度あるものの，生活環境施設整備は34％，文教施設は4割程度，そして厚生労働施設は38％から52％に上昇しているが，総じて国庫補助の割合が低くなっている。加えて，この表の地方負担額は，国の補助基本額をもとに法令で規定されている国庫負担率で算出したものであることに留意しておく必要がある。と

表4-2 事業別普通建設事業費の国庫補助金と地方負担

(単位:100万円)

	1961年度				1970年度			
	国庫補助額(A)	地方負担額(B)	計(C)	(A)/(C)%	国庫補助額(A)	地方負担額(B)	計(C)	(A)/(C)%
1. 一般公共	150,824	97,863	248,687	61	791,552	440,322	1,231,874	64
治山治水	31,604	22,130	53,734	59	122,885	90,491	213,376	58
道路整備	73,507	39,149	112,656	65	335,743	178,264	514,007	65
港湾・漁港・空港	9,022	7,765	16,787	54	51,222	39,517	90,739	56
住宅対策	15,304	10,266	25,570	60	87,046	63,373	150,409	58
生活環境施設整備	—	—	—	—	10,637	20,772	31,409	34
農業基盤整備	8,548	7,538	16,086	53	118,479	50,228	168,707	70
造林・林道等	7,462	6,613	14,075	53	21,724	15,831	37,555	58
その他	5,377	4,402	9,779	55	43,816	△18,154	25,662	171
2. その他公共	13,617	18,266	31,883	43	87,536	102,585	190,121	46
文教施設	10,170	13,401	23,571	43	50,623	80,519	131,142	39
厚生労働施設	2,847	4,665	7,512	38	10,720	9,830	20,550	52
奄美群島振興事業	600	200	800	75	1,941	677	2,618	74
その他	—	—	—	—	24,252	11,559	35,811	68
合計	164,441	116,129	280,570	59	879,088	542,907	1,421,995	62

(原資料) 自治省編『地方財政のしくみとその運営の実態』。
(出所) 藤田武夫『現代日本地方財政史(中)』日本評論社,1978年,410ページ。

いうのは,道路など産業基盤関係の補助金は,清算払いによって補助金が交付されるのに対し,生活基盤関係の補助金は,算定の基礎となる単価等を国が一方的に定めた基準を用いるため,実際にはこの表で示した以上の額を自治体が負担せざるをえない**超過負担**といわれる事例が多いからである。つまり生産基盤関係は,補助率が高いうえにほぼ実態に見合った補助金が出るのに対し,生活基盤関係は補助率が低いうえに,超過負担も背負わされることとなったのである。

地方単独事業の急増も財政誘導による

1990年代に入り,いわゆるバブル経済が崩壊し,深刻な不況が続くなかで,国策としての景気対策の一環として,多くの自治体が地方単独事業を大幅に増やした。単独事業とは,国の補助金に

図4-2 ふるさとづくり事業の財政措置

地　方　債　75% （後年度の交付税措置 30～55%）	一般財源	
	15% （交付税当該年度）	10%

（注）　財源措置率は，37.5～56.25%。ただし 96 年度以降，交付税当該年度補正分 15% については地方債の財源対策分（15%）に振り替わっている。
（出所）　地方債制度研究会編『平成 13 年度地方債のあらまし』地方財務協会，2001 年，50 ページ。

依存せず，すべて自治体の財源でまかなう公共土木事業を意味する。したがって上述のような補助金を使った財政誘導は作用しないはずである。にもかかわらず，多くの自治体が景気対策に動員されたのは，国が起債許可権を活用して，ある特定の事業を行うと優先的に地方債の発行を認めるようにし，加えてその償還財源を翌年度以降の地方交付税の基準財政需要額に算定するという方法で，財政誘導が行われたからである。

　その典型例のひとつが，**地域総合整備債**（地総債）である。図4-2 は，地総債対象事業のひとつであるふるさとづくり事業の財政支援措置を見たものである。この事業の場合，事業費の 75% に起債が充当され，残り 25% のうち 15% 分は，「**事業費補正**」という方法により当該年度の基準財政需要額に上乗せされる。つまり，自治体はさしあたり事業費の 10% を負担するだけで事業に着手できるのである。さらに，自治体の財政力に応じて後年度の元利償還費の 30～55% がやはり「事業費補正」という方法により基準財政需要額に上乗せされる。このように，償還財源の一部を基準財政需要額に算入することを「**交付税措置**」というが，多くの自治体はこの交付税措置がついた起債を「有利な」地方債とみなして，競って単独事業実施に活用したのである。みなさんが生活している自治体において，1990 年代に当該自治体の財政力からしていささか「分

不相応」と思われる施設が建設された事例があれば、それはおおむねこの地総債を活用した事業であるといってよい。

1985年度の補助金カット策実施以降、自治体財政に占める国庫支出金の比重が低下する過程で、国による財政誘導の主役はこの起債と交付税措置を組み合わせた手段に移りつつある。99年7月に、2005年3月までの時限立法として市町村合併特例法が施行された。その推進のための財政優遇措置においても、起債充当率95%、元利償還金の70%を交付税措置する**合併特例債**が盛り込まれた。そして2005年4月に施行された合併新法においても、起債充当率90%、元利償還金の40%を交付税措置する合併推進債が盛り込まれたのである。

４ 「三位一体改革」の帰結

「三位一体改革」とは　　地方分権一括法が制定され、機関委任事務が廃止されて以降の分権型社会をめざす改革の次の大きな課題は、地方財政改革であった。そのめざすべき将来像は、第一に、日本の自治体財政が典型的に示しているような歳出額と税源配分の著しい乖離を可能な限り縮小すること、第二に、それを実現するために所得税など基幹的税源を大幅に移譲し、自治体の仕事は可能な限り自己の税財源でまかなえるようにしようということである。そのために行われた改革は、基幹的な税源の移譲、国庫補助負担金の削減、地方交付税の改革を一体で進めるという意味で、「**三位一体改革**」と名づけられた。

それは「地方公共団体の自己決定、自己責任の幅を拡大し、自由度を高めて創意工夫に富んだ施策を展開することにより、住民ニーズに対応した多様で個性的な地域づくりを行い、国民が豊かさとゆとりを実感できる生活を実現することができるよう、財政面の自立度を高めるための改革」（全国知事会など地方6団体『国庫補助負担金

等に関する改革案』2004年8月)である。

> 交付税の縮小が先行して進んだ

しかし実際には次のような施策が進められた。

第一に、地方交付税特別会計の債務残高の累積を背景として、その総額の削減が先行して進んだ。地方交付税総額は、2000年度の21.4兆円をピークに4年連続減少した。2005年度は前年度と同じ16.9兆円となったが、06年度は15.9兆円に減少した。特に、2002年度には、小規模自治体において経費が割高とならざるをえない点を配慮して設けられた地方交付税の「段階補正」が見直されたことにより、小規模自治体の交付税が相対的に大きく削減された。それでも、2003年度までは臨時財政対策債でまかなわれている分を交付税に含めると増額が続いていた。ところが、2004年度においては、臨時財政対策債分も含めて前年度比12%減となって以降減少が続き、06年度の臨時財政対策債を含めた交付税総額は前年度比6.5%減の18.8兆円となった。

> 自治体合併が推進された

第二に、このように交付税削減などによって多くの自治体、特に財政力が弱く交付税への依存度が高い小規模自治体を財政的に困難な状況に追い込む一方、先に述べた合併特例法による財政優遇措置をちらつかせて、すでに述べたように、人口1万人以下の自治体を主な合併の対象として3000余の自治体を1000程度に減らすことをめざす合併推進政策が強行された。これは、町と村をこの国から消滅させようとしたともいえる。その際、現在の国と地方自治体との役割分担・税財源の配分などはまったく問題とされない。現行の国と自治体との関係を前提として、交付税など国の移転財源への依存度が高い自治体を一掃し、国にあまり迷惑をかけない「自治体」をつくり出そうとしたといえる。これでは、すでに述べたように明治地方自治制の創設において中心的な役割を果たした**山縣有朋**

が，地方自治を兵役・納税と並ぶ義務のひとつとみなしたこと，つまり国に負担をかけないで国から与えられた仕事をこなすことと定義したのと基本的に変わらない発想であるといえる。

自治体の裁量が拡大しない補助金の削減

　第三に，補助負担金の削減は進められたものの，多くの場合は自治体の裁量を拡大しない単なる歳出カットにすぎなかった。2004〜06年度までの第1期三位一体改革で，3兆円の税源移譲に対して，国庫補助負担金は4.7兆円削減された。税源移譲に結びつく改革額3.1兆円のうち，国の負担率の引き下げにすぎないのが8割近くを占めている。これは全く自治体の裁量の拡大につながらず，地方自治体が禁じ手と主張していたものである。内訳を見ると，最大のものは義務教育費国庫負担金の引き下げ（教員人件費の国庫負担率を2分の1から3分の1への引き下げなど）である。次いで大きいのが，国民健康保険における国庫負担の引き下げと都道府県負担の導入である。これらは，自治体側が求めていなかったものである。また，児童扶養手当などの国庫負担率も引き下げられたが，これは自治体側が強く反対した生活保護費国庫負担率引き下げの代わりに浮上したものである。

　総じて，自治体の裁量の拡大という本来の目的を達成するために補助負担金を見直したのではなく，4兆円という量的目標を達成するための数字合わせに終始したのである。これでは，1980年代に行われた補助金一律カットの焼き直しにすぎない。つまり自治体への財源再配分にかかわる中央省庁の権限は維持したまま，財政再建のために国の負担だけ減らそうとしてきたのである。

自治体財政の縮小と地域経済の疲弊が進んだ

　総じて，分権をめざした財政改革は国から自治体への移転財源の削減額が税源移譲額を大きく上回るなど，国の財政再建を優先することになった。その結果，国の歳出純計に対する地方の歳出純

計の比率は，三位一体改革が始まった2004年度から150を下回り，最近では140前後で推移することとなった。本来なら，分権の主役であるはずの自治体に多くの財源が配分され，自治体の歳出規模は大きくならなければならないはずであるのに，逆の結果となったのである。

　自治体財政の縮小傾向は，職員数にも表れている。国は2006年に国家公務員数を5カ年で5.7%削減することを決め，自治体にも同様の削減を求めた。実際にどれだけ削減するかは，各自治体が決めることであるが，国家予算と連動して作成される地方財政計画には，削減された地方公務員数が反映されるので，各自治体は応じざるをえないのである。図4-3は三位一体改革が始まった2004年度から10年間の地方公務員数の推移を見たものである。地方公務員数は1995年以降減少が続いており，この10年間でも10%の減少を示している。部門別に見ると，警察関係職員と消防関係職員は微増傾向にあるが，一般行政職員は17%減，教育関係職員も11%の減少となっている。日本は経済発展の初期の段階で公務員数の増加を抑制する政策を進めたため，労働力人口に占める一般政府職員の割合が国際的にみて極めて低く，「市民を雇わない国家」(前田，2014)であるという。この10年間も公務員をさらに減らす一方で，地方自治体で働く非正規職員が増加した。総務省の「地方公務員の臨時・非常勤職員に関する実態調査」によると2005年4月時点で約45万6000人であったのが，16年4月時点で64万4725人と，10年間で20万人近くも増加したのである。

　さらに，東京への一極集中と地方経済の疲弊を促進することになった。たとえば，2015年国勢調査によると，外国人を含む日本の総人口は1億2711万人で，10年調査と比べて94万7000人，0.7%減少した。国勢調査で総人口が減ったのは，1920年の開始以来初めてである。一方，東京圏（東京，神奈川，千葉，埼玉）の人口は約

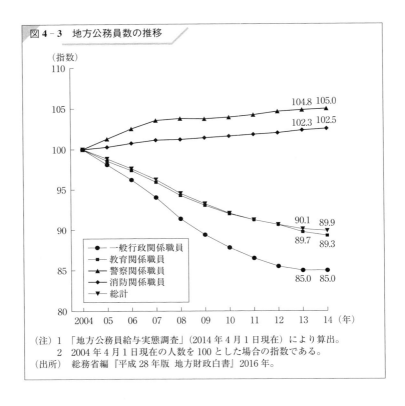

図4-3 地方公務員数の推移

(注) 1 「地方公務員給与実態調査」(2014年4月1日現在)により算出。
2 2004年4月1日現在の人数を100とした場合の指数である。
(出所) 総務省編『平成28年版 地方財政白書』2016年。

3613万人と約51万人増加し,東京一極集中に歯止めがかからないでいる。東京圏以外で人口が増えたのは,愛知県,滋賀県,福岡県,そして沖縄県だけである。その深刻さは,このままでは900近い自治体が「消滅」する可能性があるというレポートが日本創成会議から発表されたりするほどであった。

　皮肉なことに,三位一体改革が終了した2006年の翌年から,表4-3に示したように「頑張る地方応援プログラム」「地方再生対策費」など,毎年のように地方経済を立て直すことをめざす施策が地方交付税の算定に盛り込まれることとなった。また市町村合併は

表4-3 「三位一体改革」後の地域経済立て直し策

開始年度	
2007	頑張る地方応援プログラム
2008	地方再生対策費
2009	地域雇用創出推進費
2010	雇用対策・地域資源活用臨時特例費
2011	地域活性化・雇用対策費
2012	地域経済基盤強化・雇用対策費
2013	地域の元気づくり事業費
2014	地域の元気創造事業費
2015	まち・ひと・しごと創生事業費

（出所）　地方交付税制度研究会編『地方交付税のあらまし』地方財務協会，各年版。

「分権の受け皿づくり」のためだったはずなのに，合併算定替の特例措置に期限切れを控えて，新たな財政優遇措置を講じざるをえなくなった。さらに，離島振興法，過疎地域自立促進特別措置法など条件不利地域自治体への支援政策においても，従来の施設整備に加えてソフト事業にも充当可能な財政措置が盛りこまれることとなった。これらは，国をしてそういう施策を講じざるをえないほど，地方経済の衰退に歯止めがかからないことを示唆している。

　　小さくても輝く自治体　　こうした地方交付税削減などによる「兵糧攻め」をともなった政府の合併推進政策にもかかわらず，少なくない小規模自治体が合併を選択しなかったことを強調しておかなければならない。19世紀末および，第二次世界大戦後の合併政策では，おおむね国の「目標」が達成されたのに対し，今回の場合，国が目標とした1000，特に人口1万人未満の小規模自治体をなくしてしまうという目標は達成できず，2013年度における人口1万人未満の町村は484ある。これは，福島県**矢祭町**など，少なくない自治体が，地域の将来を考えて，財政は苦しく

Column ⑧ 条件不利地域自治体に対する支援政策

　総務省のホームページで「条件不利地域の地域振興」を検索すると,「離島振興法」「奄美群島振興特別措置法」「豪雪地帯対策特別措置法」「山村振興法」「半島振興法」「過疎地域自立促進特別措置法」「特殊土壌地帯災害防除及び振興臨時措置法」の7つの特別法が取り上げられている。これらはいずれも5年ないし10年の時限立法であるが,延長を繰り返して今日なお継続している。これら条件不利地域自治体への特別立法措置の先駆けとなったのが1953年に制定された離島振興法であり,以後6次にわたる改正により延長がなされて今日に至っている。現行法は2012年の改正によるものである。ただし,小笠原諸島については小笠原諸島振興開発特別措置法が,沖縄の離島については沖縄振興特別措置法が適用される。後者は離島のみならず沖縄全県を対象とした施策でもある。

　そして過疎地域に対する特別立法の制定は,1970年の「過疎対策緊急措置法」に始まる。以後,80年に「過疎地域振興特別措置法」,90年に「過疎地域活性化特別措置法」,2000年に「過疎地域自立促進特別措置法」(以下「過疎法」と略記)と10年の期限切れごとに名称を変更して延長を繰り返してきた。この2000年過疎法は,2度の改正を経て,有効期限は2021年3月末日となっている。

　このように延長を繰り返さざるをえないということは,一向に課題が解決していないことを示唆しているといえる。たとえば,過疎法適用自治体数を見ると,市町村合併が本格化する直前の2004年4月現在において1203市町村と全市町村の37.6%を占めていた。合併によってその数は大きく減少するが,2009年4月1日現在の730市町村を底として増加に転じ,14年4月1日現在では797市町村となり,全市町村に占める割合が46.4%に達しているのである。要するに合併が本格化する以前と比べて,過疎自治体の比重が10%も上昇しているのである。ちなみに,797市町村の2010年国勢調査人口は1136万人で全人口に占める割合は8.9%であるが,面積は22万1911 km^{2}で,国土面積の58.7%を占めていることも強調しておきたい。

　過疎法をはじめとする特別立法で講じられている諸施策には,おおむ

ね次のような共通点がある。まず第一に，都道府県や市町村が計画を作成するが，それは国が何らかの方針を示すことが前提となっている。たとえば，離島振興計画は国が定める「離島振興基本方針」にもとづき都道府県が作成する。過疎地域自立促進計画は，都道府県が定める自立促進方針にもとづき市町村が作成するが，都道府県が方針を定めるときには総務大臣，農林水産大臣，国土交通大臣と協議し同意を得なければならない。なお，過疎法に定めるこうした方針や計画の策定に係る義務づけは2010年4月から廃止されたが，財政上の特別措置やその他の特別措置を活用する場合には，なお必要とされている。第二に，計画にもとづく事業に対する国の負担・補助割合の特例である。第三に，地方税の課税免除などの負担軽減措置と国によるその減収補塡措置である。要するに，国が関与して自治体が計画を作成する，公共事業に対する補助率の嵩上げ，地方税減免への補塡措置という，高度経済成長期の全国総合開発計画にもとづく拠点開発以来進められてきた外来型開発を進める施策の枠組みが組み込まれているのである。

　ただし現行法では，施設整備以外にも活用できる新たな財政措置が講じられていることが注目される。たとえば，2012年改正の離島振興法には「離島活性化交付金」が盛り込まれた。実施要綱によると，この交付金は，産業活性化・定住誘因・流通効率化関連施設整備などの定住促進事業，地域情報の発信などの交流促進事業，防災機能強化などの安全安心事業を対象としている。さらに事業実施主体には，都道府県・市町村はもとより，漁業協同組合，農業協同組合，商工会なども加えられている。

　2010年改正過疎法では，過疎対策事業債の対象事業に，施設整備のみならずソフト事業が対象に加えられた。これは地域医療の確保，交通手段の確保，集落の維持および活性化など住民が将来にわたり安全に安心して暮らすことができる地域社会の実現を図るため特別に地方債を財源として行うことが必要と認められる事業であり，基金の積立も可能となっている。総務省ホームページに紹介されている2010，11年度の過疎対策事業債を活用したソフト事業の実例を見ると，診療所開設費用補助などの地域医療の確保，民間バス事業者への補助などの生活交通確保，

集落支援員の設置などの集落の維持および活性化，そしてコミュニティビジネスの起業等の産業振興などに活用されている。

このように，定住促進や産業育成などソフト事業にも使途を拡大するという財政措置は，沖縄振興特別措置法にもとづく沖縄振興特別推進交付金，原子力発電所所在自治体への交付金，一定の基準に該当する特定の基地が所在する自治体を対象とする特定防衛施設周辺整備交付金などにもあまねく見られるようになっている。それは，従来のハード中心の財政措置の限界を示しているといってよい。

とも住民と連帯して自治体を残すことを敢えて選択したことによるものである。こうした自治体が呼びかけて2003年2月に長野県栄村で「**小さくても輝く自治体フォーラム**」が開催された。以後，全国各地で毎年開催されているこのフォーラムは，自治体としての存続を追求する小規模自治体の交流と連帯の場として定着している。このような政府の政策に唯々諾々と従わなかった小規模自治体の交流の場が形成されたことは，分権改革の最も重要な成果といえる。

3　迷惑施設押しつけ政策がもたらす地域のゆがみ

国策に協力すると「得」する財政システム

これまで見てきたように，日本の地方財政制度は，地方税源が乏しく，かつ課税自主権が制限されているなかで，中央集権的な財源再配分システムによって，国策に協力すればするほど「得」をするような構造をつくり出しているといえよう。そしてこうした財政誘導の最もゆがんだ形の現れが原子力発電所を受け入れた自治体に見られる。

第3章で紹介された新産業都市などの企業誘致政策は，自治体が

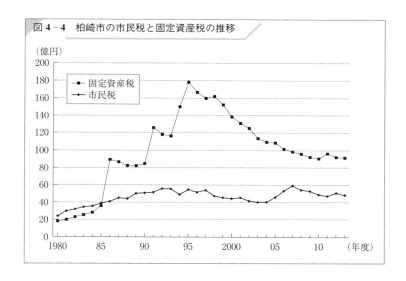

図4-4 柏崎市の市民税と固定資産税の推移

用地造成や基盤整備などに多額の「先行投資」を行ったうえに，必ずしも誘致に成功するわけではないという「リスク」がある。これに対して原子力発電所を誘致する場合は，場所さえ提供すれば，自治体は先行投資しなくても必ず立地をする。加えて，次のような莫大な財政収入が生じる。

図4-4は，出力100万kWを超える原子力発電所が7基立地している新潟県柏崎市の，固定資産税収入の推移を見たものである。原発が稼働するとともに巨額の税収が発生しているが，これは固定資産税のうちの償却資産分によるものである。もっとも，標準的な地方税収入の75％は地方交付税の普通交付税算定に際して基準財政収入額に組み入れられるので，地方交付税の交付団体である限りは，その分普通交付税が減収となる。

原子力発電所を受け入れることによる「得」はこれだけではない。最大の「得」は電源三法による交付金である。**電源三法**とは①電源

開発促進税法，②電源開発促進対策特別会計法（2007年度から石油及びエネルギー需給構造高度化対策特別会計と統合し，エネルギー対策特別会計）③発電用施設周辺地域整備法，の3つの法律のことである。つまり①によって電力会社から租税を徴収し（租税分は電気料金に上乗せされている），それを②の特別会計に繰り入れ，③にもとづいて発電所立地自治体およびその周辺の公共施設の整備に充当する交付金として配分するという仕組みである。原子力発電所立地自治体に豪華な公共施設ができるのは，この交付金によるところが大きいのである。

原発誘致の帰結

政府や電力会社は，過疎地域をねらって原子力発電所の建設を持ちかける際，以上のような経済的利益を強調し，地元の推進派もそれを契機とした地域振興を掲げて受け入れに賛成する。しかし，これまで原子力発電所の立地を受け入れてきた自治体は，いずれもなお過疎地域にとどまっている。否むしろ，原子力発電所への依存から脱却することがきわめて困難になっている。

実際，福島第一原発の事故によって多くの自治体が全住民避難を余儀なくされ，自治体存亡の危機を余儀なくされているにもかかわらず，福島県を除くほとんどの原子力発電所所在自治体は，原子力発電の再稼働を容認している。これは上述の経済的利益が一過性のもので，いったん「分不相応」に膨れ上がった財政を維持するのに，また原発に依存せざるをえない（裏を返すと原発立地を契機とした地域振興が失敗したことを意味する）事情を反映している。なぜ一過性かというと，原発の償却資産に依存した固定資産税収入は，先の図4-4が示すように減価償却が進むとともに着実に減少し，電源三法による交付金は建設開始から運転開始後一定期間で打ち切られることとなっているからである。電源三法交付金の交付期間が限られているのは，その目的が新規立地の獲得にあるからである。

もっとも，電源三法のたびたびの改正によって，施設整備に限られていた使途は拡大し，交付期間も延長された。現在では，施設整備よりは施設の維持費や人件費など運営的経費に多く使われるようになり，また交付期間も運転終了までとなっている（交付額は当初と比べると大きく減少する）。この点に関しては，2003年改正において「運転の円滑化に資する」が目的に加わったことが注目される。つまり，電源三法交付金の目的は，従来の新規立地の獲得に加えて，既存の立地地域に引き続き原発を維持することも加わったのである。とはいえ，原発の新増設が実現する可能性はきわめて乏しく，むしろ既存原発の老朽化にともなう廃炉が進むことは必定である。したがって，好むと好まざるにかかわらず，原発がなくなることを見通した政策が求められる。

基地押しつけ型財政政策

　原子力発電所とならぶ今ひとつの典型的な迷惑施設は，米軍基地である。周知のごとく，**日米安全保障条約**にもとづいて日本政府は，米軍に基地を提供する義務を負っている。ところが，1972年に沖縄が再び日本政府の支配下に入って以降40年以上が経過した今日なお，米軍専用施設の約4分の3が沖縄に集中している。しかもそのほとんどが，沖縄本島の北部と中部に集中している。陸地面積に占める米軍および自衛隊基地面積の割合を見ると，沖縄本島北部が約2割，中部が約4分の1にも達する。「沖縄のなかに基地がある」のではなく，「基地のなかに沖縄がある」などともいわれるのは，こうした事態に由来する。

　こうした沖縄への米軍基地集中政策を維持するために，多様な財政支出が行われているが，基地所在自治体にとって恒常的財源として大きな比重を占めているのが次の3つである。

　第一は，**軍用地料**である。日本政府が米国に基地を提供する際，国有地以外の土地については，日本政府が地権者と賃貸借契約を締

結して使用権原を取得し，提供することとなっている。その際，地権者に支払われる地代を軍用地料という。これが沖縄にとって大きな意味を有するのは，主として米軍が欲するがままに形成された沖縄の米軍基地の所有形態の特異性に由来する。すなわち，2015年3月末現在，沖縄以外の在日米軍基地のほとんどは国有地（87.3％）であるのに対し，沖縄のそれは，国有地は34.6％にすぎず，県有地3.6％，市町村有地29.4％，民有地32.5％となっているのである。

　第二は，**基地交付金**である。これは，米軍等に使用させている国有固定資産や米軍所有の固定資産が非課税となっていること，米軍人や家族は市町村民税が非課税であることなどに対する財源補塡的性格を有している。ひとつは，国が所有する固定資産のうち米軍や自衛隊に使用させる固定資産を対象とする「国有提供施設等所在市町村助成交付金」（助成交付金），もうひとつは，助成交付金の対象とならない米軍所有の固定資産を対象とし，また軍人・軍属やその家族は，さまざまな公共サービスを受けているにもかかわらず，住民税等が非課税となっていることによる減収を補塡するもので，「施設等所在市町村調整交付金」（調整交付金）である。

　第三は，「防衛施設周辺の生活環境の整備等に関する法律」にもとづく公共施設整備のための特別な財政措置としての第8条「民生安定施設の助成」及び第9条「特定防衛施設周辺整備交付金」である。

> 基地収入は原発収入より「優遇」されている

「基地関係収入」には他にもいくつかあるが，自治体の恒常的財源として大きな比重を占めているのが，上記の3つの収入である。表4-4は，2014年度において基地関係収入が比較的大きい自治体の基地関係収入の内訳を見たものである。まず金額で見ると，極東最大の米軍基地である嘉手納飛行場を有する沖縄市，多額の財産運用収入（軍用地料）がある恩納村，金武町が最も多く30億円を

表4-4 主な自治体の基地関係収入（2014年度）

(単位：千円)

	環境整備法	基地交付金	財産運用収入	その他	合計	歳入総額比(%)
那覇市	157,597	289,865	104,620	49,420	601,502	0.4
うるま市	705,674	574,671	332,690	132,642	1,745,677	3.2
宜野湾市	548,708	572,283	127,785	200,278	1,449,054	3.5
浦添市	159,063	481,315	0	949,837	1,590,215	3.5
名護市	189,468	292,914	2,053,360	400	2,536,142	6.5
沖縄市	616,830	1,317,646	1,137,127	203,115	3,274,718	5.4
恩納村	1,940,943	56,913	1,728,570	49,450	3,775,876	42.1
宜野座村	181,608	107,627	1,925,706	379,607	2,594,548	33.5
金武町	495,967	528,862	1,965,610	24,961	3,015,400	27.6
伊江村	321,888	72,124	0	4,538	398,550	6.2
読谷村	685,595	315,850	591,494	38,948	1,631,887	10.7
嘉手納町	552,902	930,597	464,935	25,762	1,974,196	23.7
北谷町	469,816	808,505	245,496	29,475	1,553,292	10.5
合計	7,818,520	6,958,859	10,796,947	2,128,023	27,702,349	3.8

(注) 合計には，この表に示していない基地関係収入がある17市町村分も含む。
(出所) 沖縄県知事公室基地対策課『沖縄の米軍及び自衛隊基地（統計資料集）』2016年，より作成。

上回っている。また，歳入総額に占める割合を見ると，恩納村42.1％，宜野座村33.5％，金武町27.6％，嘉手納町23.7％と，本島北中部の町村が高い比重を示している。

　これら基地関連収入の「優遇」ぶりは，原子力発電所立地自治体への財政措置と比べても，きわだっている。第一に，原子力発電所所在自治体の収入増は時限的であるのに対し，基地関係収入は基地が存在する限り継続するという大きな違いがある。というのは，すでに述べたように原発所在自治体に多大な税収をもたらす固定資産税償却資産分は，減価償却により着実に減少していくからである。電源三法にもとづく交付金は，かつては交付期限が設けられていた。最近では期限はなくなったが交付額は当初と比べると大きく減少する。他方，基地関係収入は，基地とともに継続し，かつ着実に増加

しているのである。

　すなわち，基地交付金は，いずれもあらかじめ確保された総額を，決められた方法にもとづいて該当自治体に配分するのであるが，その総予算額は両者とも，固定資産税の評価替えにあわせて3年ごとに増額しており，これまで減額されたことはない。また，軍用地料も，年々着実に増加している。よく知られているように，日本政府は，1972年に沖縄を再び支配下に組み込むに際して，米国支配下時代と比べ軍用地料を大幅に引き上げて123億円とした。以後ほぼ毎年着実に増大し，94年度には初めて農林水産純生産額を上回り，2014年度の軍用地料総額は900億円を超える水準に達しているのである（自衛隊関連を含む）。

　第二に，原子力発電所所在自治体は，地方交付税の不交付団体である場合が多いのに対し，基地関係収入の多い自治体はすべて交付団体である。これは基地交付金，軍用地料ともに一般財源でありながら，地方交付税の基準財政収入額の対象外となっていることによるものである。したがって，基地所在自治体は，豊かな一般財源に恵まれていながら，交付団体ともなっているのである。

| 迷惑施設押しつけ型財政政策の意味すること |

　以上の原子力発電所と米軍基地に関連して発生する財政収入のうち，立地した施設が経済活動をした成果に対して自治体が課税権を行使して得た収入を意味する「財政効果」に該当するのは固定資産税のみである。特に基地は経済施設ではなく軍事活動の拠点であるから，それに関連して発生する発生収入は決して財政効果ではない。

　ともあれこうした原子力発電所や米軍立地にかかわる財政構造が意味することは，都市部の資源浪費型の生活を支えるための迷惑施設の置場所を金で買うということである。本来であれば全国的レベルで検討されるべき課題を，立地の対象とされた「地元」レベルの

問題に矮小化し、その「地元」を納得させるために、「経済振興」のためにさまざまな名目で多額の国家資金が投入されているのである。それは民主主義社会にふさわしく言葉で説得する責任を放棄したもので、この国の公共政策決定過程の堕落ぶりを示している。

4 地域づくりの歴史

1 戦前の村づくり運動

地方産業運動

外来型開発が主流であった日本の地域政策の歴史において、内発的な試みが早くから行われていたことは、特筆すべきことである。ここではまず、戦前におけるそうした取り組みの事例をいくつか紹介することとしたい。

戦前の村づくり運動の最初の山は、明治初期の町村是運動であった。これは松方財政によるデフレ政策がもたらした農村の経済的困難を背景としており、運動の中心を担ったのは大蔵省、農商務省などの役人であった**前田正名**である。前田は、その著書『興業意見』のなかで地方に固有の工業、特産の奨励が重要だと主張し、地方在来産業の振興と町村経済の独立を訴え、農工商の統一的発達を日本の進路にすべきだと説いた。それは、明治政府の方針と真っ向から対立するものであったために、前田は野に下り、全国を巡り歩いて地方産業運動の組織化に精力的に取り組んだ。それは実業団運動と町村是運動に分けられる。

実業団運動は、地方の中小産業者を実業団へ結集させ、その団結力によって地方産業の衰退を防ごうとする運動であり、上から啓蒙するというタテの地方産業運動的な性格を有していた。これに対して、**町村是運動**は、町村民が協力して一種の経済計画を作成する運

動であり、ヨコの地方産業運動という性格を有していた。この計画策定のための調査それ自体が、地域の再発見と人材養成の意味をも有していた。

　この運動は、農協の原点をつくった群馬県の**星野長太郎**、グンゼの創業者である京都府の**波多野鶴吉**などに大きな影響を与えた。波多野が社名に「郡是」を採用したのは、前田の思想に強く引きつけられたからであった。こうして全国に広がった**地方産業運動**であるが、しだいに内務省主導の地方改良運動へ置き換えられていった。特にそれは、明治地方自治制成立を契機とする地方制度の再編と照応して進められたのである。

　　農村経済更生運動　　　第二の山は、いわゆる昭和恐慌下での農村経済の極端な疲弊を背景としている。この状況を打ち破るための、農村内部からの自発的な取り組みを**農村経済更生運動**という。それは兵庫県農会が1927年から「農会是設定」という農村産業計画樹立設定事業に取り組んだことに端を発して全国に波及していった。一言でいうとそれは、自分たちによる農村経済の再編、自力更生である。具体的には、(1)稲作と養蚕に特化した農業を、畜産や果樹などを複合した経営にする、(2)農業資材の自給を図る、(3)藁加工やアンゴラうさぎ飼育などの副業の推進による農家経済の多角化、などを内容としている。そして京都府天田郡**雲原村**などで、一定の先駆的な成果をあげたのである。

　しかし、この運動もほどなく官製の農村経済更生運動に取って代わられてしまったのである。それは、1932年の通称「救農議会」で、農林省に経済更生部が設置されたことに始まる。官製による自力更生の強調は結局、農村恐慌の救済よりはむしろ、自立・自助を掲げた精神主義に傾斜し、本来の自発的経済更生運動の内実を空洞化させることとなった。そしてさらに、農村の過剰人口対策の一環としての「満州」移民も経済更生運動の一部となり、日中両人民の

悲劇につながっていったのである。

　このように，明治期の地方産業運動，昭和恐慌期の農村経済更生運動は，いずれも当初は草の根的で，内発的な運動として始まり，郡是や雲原村などで一定の成功を見たものの，ほどなく国家の政策に取り込まれてしまったのである。こうした取り組みが地域に根づくには，当時においては主体的力量と制度上の基盤がまだあまりにも不足していたのである。

② 戦前の都市経営

都市社会主義　戦前の日本の地域経済は，農山漁村地域の比重が相対的に大きかったとはいえ，資本主義経済の発展とともに都市化が進み，明治末期には「都市問題」が意識されるようになってきた。日本における都市政策の最初の体系的な提案は，イギリスのフェビアン協会などの影響を受けた**片山潜**や**安部磯雄**らが，20世紀初頭に主張した都市社会主義であった。たとえば，片山潜は東京毎日新聞に連載した「都市経営問題」を収録した**『都市社会主義』**（1903年）において「都市をして小数強欲なる資本家等の銭儲け場所たらしめず，真に一般市民の家庭たらしむるには，勢ひ市政に社会主義を応用せざるべからず」と述べ，電気・ガス・水道などいわゆる公益事業の市有を説いたのである。

都市革新官僚の活躍　だが何といっても近代日本の都市政策史上，最も注目すべきは，両大戦間期における**後藤新平，関一，池田宏**など都市革新官僚の活躍である。というのは，都市社会主義が現実の政策にはほとんど影響を及ぼさなかったのに対し，彼らは地方自治体の首長や官僚としてみずからの主張を実践し，一定の成果をあげたからである。

　彼らが活躍した時代は，第一次世界大戦を契機に日本資本主義が未曾有の成長を遂げるとともに，都市化が急激に進み，都市問題が

激化していた。米騒動などに見られる社会的矛盾を緩和するためにも，何らかの政策を講じることが必要とされた。日本における都市政策の本格的展開がこの時期に始まるのであり，1919年の都市計画法・市街地建築物法の公布が，その象徴的な出来事であった。

彼らは，都市化にともない増大する多様な行政需要に対応するうえで，当時の中央集権的な地方自治制度の限界を指摘し，今日流にいえば「地方分権」を主張した。たとえば，東京，大阪など大都市への特別市政の導入，都市政策の財源として国税であった地租・営業税を地方自治体へ委譲することを求めたのである。特筆すべきは，中央政府に向かって要求するだけではなく，その受け皿としての自治体の行政能力を高めることに努めたことである。

主体的力量の養成にも努力

第一に，問題の所在を正確に把握するべく調査研究を重視した。大都市を中心に設けられた社会局（部・課）などによって，大阪市社会部の『労働調査報告』など数多くのすぐれた報告書が作成されている。

第二に，都市問題の専門家の養成に努めたことである。たとえば，帝国大学のコピーではなく，大阪に根ざした学問の創造をめざして設立された大阪商大（現在の大阪市立大学）には市政科が置かれた。

第三に，研究の活性化をめざして独立の調査機関を設けたことである。たとえば，後藤新平によって設立された**東京市政調査会**（現在の後藤・安田記念東京都市研究所）は，独自の財政基盤を確立して，何者にも拘束されない科学的な都市問題研究を進めることをめざしたのである。これら調査機関の発行した『都市問題』『大大阪』『都市公論』などの雑誌は，今日なお大いに啓発されるところが大きい。特に1925年に創刊された『都市問題』は，現在も発行されており，日本の都市問題研究の進展に大きな貢献をしている。このほか，全国都市問題会議を毎年開催したり，彼ら自身も『住宅問題と都市計

画』(関一,弘文堂,1923年),『都市経営論』(池田宏,都市研究会,1922年)をはじめとする多くの著作・論文を発表するなどして,都市問題研究の進展と組織化に努めたのである。

> 関一がめざした都市づくり

これら都市革新官僚が最も力を注いだ施策が,すでに述べた都市計画行政の確立である。なかでも中心的役割を果たしたのが関一である。関は,1914年に大阪市助役に就任し,23年には市長となって,35年に伝染病で死去するまで近代大阪市の都市形成に大きな足跡を残した。社会政策学者でもあった関は,勤労者の生活環境の改善のためには,職場内の労働条件はもとより,職場外の環境改善が必要であることを痛感し,早くから都市計画の重要性を認識していた。

関は,都市計画法の前身である**市区改正条例**が,中央集権的で街路中心であることを批判し,分権型で,勤労者の生活環境改善を重視した「住み心地よき都市」をめざす都市計画を主張した。たとえば,「都市の緑化」(遺稿集『都市政策の理論と実際』に所収)という論文で「都市建設の第一条件は如何にして緑色地帯を保留し得る乎である」と述べ,まちづくりにおける「**自由空地**」=オープン・スペースの確保を何より重視した。関の在任中に,第一次,第二次の都市計画事業が構想されたが,こうした自由空地を重視する関の思想は第二次都市計画事業に反映された。しかし,財政上の要因などにより実施に移されたのは,御堂筋など都心部の幹線道路建設を中心とした第一次事業がほとんどであった。

今日のように住民参加という概念がまだ未成熟であった当時にあって,関ら都市革新官僚の活動は,市民の内発的なエネルギーに依拠したものではないが,天皇を頂点とする戦前の中央集権的な体制下にあって,こうした地方分権的な都市経営の試みがあったことは銘記されてしかるべきであろう。

5 地域づくり政策の新しい流れ

> 地域の資源・環境を活かした地域づくり

　これまで見てきたように，日本において国策に乗らず地域づくり政策を進めることは困難が多い。しかし，外部から企業・工場等を誘致する外来型開発に未来はないことは，大方の共通認識になりつつある。たとえば，『地方消滅』では，「地域が活きる6モデル」の第1に「産業誘致型」をあげ，「従来から存在するモデルだが，企業業績や経営に大きく左右されるリスクがある」と述べている（増田編，2014）。『里山資本主義』では，高速交通インフラの整備，工場団地の造成，観光振興を「地域振興三種の神器」「マネー資本主義の恩恵を地域に呼び込む20世紀型の装置」と述べ，中国地方はこれらの恩恵を受けなかったわけでもないにもかかわらず，経済発展にはまったく結びつかなかったことを，全国に先んじて思い知らされずには済まなかったからこそ，里山資本主義が21世紀の活路であることに気づいたと指摘している（藻谷・NHK広島取材班，2013）。そして今，地域の将来を他者に依存するのではなく，みずから切り開いていこうとする流れは，着実に広がりつつある。ここでは，各地の取り組みを紹介しながら，そうした試みに普遍的に見られる特徴を指摘することとしよう。

　第一は，地域の資源や環境を大切にし，それを活用した地域づくり，第一次産業・第二次産業を中心とした産業振興である。沖縄本島中部に位置する**読谷村**は，「村の基幹産業は農業である」という明確な方針を行政と住民が共有し，地域内の有形無形の資源を活用し，有機的な産業連関を広げることに成功している。村が農業従事者の生産意欲を高める施策を行ってきたことはいうまでもないが，

読谷商工会や役場職員など村民有志が出資して設立した村おこし会社株式会社**ユンタンザ**が，その施策と有機的にかかわり，村特産品である紅いもを利用した食品加工・販売などに大きな役割を果たしている。また，2006年に返還された読谷補助飛行場においても，農業振興を中心とした跡地利用政策が推進されている。

　長野県**栄村**は，雪深い中山間地域に属し，総面積の9割が山林によって占められている。この村でも，農林業を基幹産業として位置づけ，村の自然条件・社会条件に応じた独自の支援策を講じている。村の実態に合わない補助事業ではなく，村単独事業としての「**田直し事業**」という山村の棚田地域の地形に合わせて農家が使いやすいように区画整理する事業，「**道ふみ支援事業**」という道路を機械除雪が行える最低3.5 m以上の幅員とする事業などがそれである。また，村が全額出資した財団法人栄村振興公社，および有限会社栄村物産センターが，村の農林産物の加工・販売などに大きな役割をはたし，地域内の有機的な産業連関が形成されている。

　福島第一原発の過酷事故を契機に，従来にも増して注目度が高まっているのが再生可能エネルギーである。『里山資本主義』が取り上げた岡山県**真庭市**の取り組みが注目された理由のひとつは，これまで捨てられていた木くずを活用したバイオマス発電によりエネルギー自給度をあげることによって，石油など化石燃料の購入によって外部に流れていた資金を内部に還流させる仕組みが構築できていることにある。「石油や天然ガスの輸入ばかりしていては，雇用はほとんど増えない」「再生可能エネルギーのために働くことは，負担ではなくむしろ雇用を生み出す大きなチャンス……わずかな人だけが恩恵に与れる化石燃料にしがみついているのとは全く逆の状況」なのである（藻谷・NHK広島取材班，2013）。

> 田園回帰——移住者の増加

近年,「田園回帰」と言われるほど農山漁村への移住者の増加が注目されている。この点で先駆的な取り組みをしたのが和歌山県**那智勝浦町**の色川地区である。かつては3000人あった人口は,現在400人を割り込んでいるが,1970年代から移住者を受け入れたことにより,住民の約4割が移住者で占められている。特に60歳以下住民のほとんどが移住者となっている。

1985年8月の日航ジャンボ機墜落事故を契機に全国に名を知られるようになった群馬県**上野村**も,面積の95％以上が森林で占められている過疎自治体である。50年代には5000人ほどの人口を有したが,高度経済成長期に激減し,最近では1300人ほどで推移している。しかし近年の減少率は低くなっている。その主たる要因は雇用を創出しつつ進めたいわゆるIターン者の積極的受け入れである。2014年1月1日現在の住民基本台帳人口は1351人であるが,うち2割近い240名ほどがIターン者である。村が産業振興・雇用創出のために注目したのが,山を活かすことである。そこで村がまず取り組んだのがペレット工場の建設である。そこに年間9000 m³ほど持ち込まれる木材を原料として生産されるペレットの利用を拡大するべく,「きのこセンター」と熱電併給設備の導入を計画した。また村の公共施設や家庭用のストーブの燃料としても,ペレットが使われている。こうした森林資源を活用した地域内循環経済によって,約150人の雇用が生み出されることとなった。

ちなみに『里山資本主義』で,地域づくりのリーダーの1人として取り上げられている**和田芳治**は,1984年に出版された『過疎を逆手にとる』(指田,1984)にも登場する。同書において和田は,社会教育担当として広島県旧総領町に勤務しながら「**過疎を逆手にとる会**」のリーダーとして紹介されている。『過疎を逆手にとる』に紹介されている,(1)「過疎」は「魅力ある可能性」と信じること,

(2)「ない」ということは「なんでもやれる」可能性があること，(3)目標は「東京ではできないこと」をやることなど，「過疎を逆手にとる法10か条」は今日なお新鮮さを失っておらず，その先駆性に改めて驚かされる。『里山資本主義』は『過疎を逆手にとる』を再評価した書ともいえる。

> 確かな担い手と自治体の協力

第二は，確かな担い手の存在および自治体の側からその活動を支援する積極的な働きかけである。1993年6月に制定された神奈川県**真鶴町**のまちづくり条例では，開発に住民の意見を取り入れる三段階のシステムを盛り込んでいる。開発を希望する業者はまず住民に計画を説明する。その説明で同意が得られなければ，業者，住民もしくは町長のいずれもが公聴会の開催を請求できる。そして公聴会でも話がつかなければ議会が審査を行うこととなっているのである。岐阜県**白川村**は，合掌集落が世界遺産に登録され，この景観を守ることによって，鳥取県に匹敵する広さを有する高山市に編入されるのではなく，自己決定権を有する自治体として「日本一美しい村」をつくることをめざしている。これもまた，集落の景観を保護する住民の自主的取り組みがあってこそ可能となったのである。

先に紹介した**真庭市**の場合，地元の建築材メーカーである銘建工業が早くから木質バイオマス発電に取り組んでいたことが大きな力となっている。これに加えて，真庭市が公共施設でのペレットボイラーの導入，個人の購入への補助金などで後押しする政策を進めたことが，成功に結びついている。

都市自治体の産業政策については，中小企業の振興が最重要課題であろう。実は1999年の地方分権一括法の一環として改正された**中小企業基本法**第6条には，「地方公共団体は，基本理念にのっとり，中小企業に関し，国との適切な役割分担を踏まえて，その地方公共団体の区域の自然的経済的社会的諸条件に応じた施策を策定し，及

び実施する責務を有する」という規定が盛り込まれた。この規定を受けて，各自治体がどのような「自然的経済的社会的諸条件に応じた施策」を講じているのか，注目されるところである。その点で先駆的な役割を果たしたのが東京都**墨田区**である。同区は70年代後半に実態把握を行ったうえで，79年には中小企業振興基本条例を制定し，翌年には産業振興会議を設置するなどして中小企業の振興に力点を注いでいる。

上尾市のまちづくり

自治体の側から積極的に住民に働きかけて成果をあげた先駆的な事例は，埼玉県**上尾市**仲町愛宕地区のまちづくりである。旧中山道の両側に位置するこの地区の家屋は，街道に接する間口が狭く奥に細長いうなぎの寝床のような敷地に建っている。しかもこの地区は都市計画の商業地域に指定され，容積率は400％で日陰に対する規制もまったくない。こうした短冊状の敷地に，個々の地権者がばらばらに400％の容積率を目一杯使った高層のビルやマンションを建てると，敷地北側に長く大きな日陰をつくることになる。他方，高齢化が進み，権利関係が複雑な個々の地権者に自力でまちづくりを進めることなどとうてい望めなかったのである。ここで自治体がまず取り組んだことは，住民を追い出し高層建築物を建てる従来型の再開発ではなく，全く白紙の状態で住民一人ひとりの希望を聞くことであった。自治体の職員と住民が本音で語り合えるようになるまで1年以上の時間がかかったという。そうした話し合いのなかで自治体が聞き出した住民の希望の最大公約数が，ここに住みつづけたいということであったのである。以後，専門家の協力も得て，さまざまな公的助成制度の活用も図りながら，容積率を400％から200％に引き下げて（**ダウンゾーニング**）共同立て替えを行うこととなった。こうした取り組みにより，既存の再開発では，ほとんど追い出されていた借地・借家人は，従前と同じ条件で引きつづき住みつづけることができたの

である。

神戸市長田区真野地区のまちづくり

上尾市の事例が，いずれもまず自治体の側から投げかけたボールに住民が応えたものであるのに対し，阪神・淡路大震災の際，住民の力で火災などの被害を最小限にくい止め，いち早く復旧に取り組んでいる神戸市長田区**真野地区**の場合は，1960年代に始まる自治会を中心とした公害反対運動のなかからまちづくり運動へと発展し，半世紀を超える歴史を有する。2015年1月に行われた震災20年の記念集会では，全国から真野地区のまちづくりを支援する専門家やボランティアが数多く集まり，また300ページを超える記念誌が発行された。

名護市の勝山シークヮーサー

国や自治体の支援施策を活用して民間が事業展開して成果をあげている一例として，沖縄県名護市の農業生産法人有限会社『**勝山シークヮーサー**』を見てみよう。同社は，名護市中心部から北西方へ自動車で30分ほどのところに位置する勝山地区を拠点にしている。同社の前身の勝山シークヮーサー出荷組合は2001年7月26日に結成され，料理用酢みかんの販売を始めた。当初は市外の工場に加工委託していたが，産地で付加価値をつけるために2年後の2003年9月に農業生産法人有限会社『勝山シークヮーサー』を設立し，地域に加工場を設置した。設立の際の工場新設などの総事業費2350万円のうち自己資金は590万円で，残り1760万円を県と市の補助金でまかなっているのである。設立以後も，2004年度，05年度，14年度に設備の増強を行っているが，いずれの際も国や県・市の補助金・交付金の交付を受けている。こうした設備を活用するなどして品質の向上に努めた同社のシークヮーサーを使った果汁品は，2005年1月に特許庁より「sea-sun 勝山シークヮーサー」の商標が許可され，同年3月には沖縄県優良県産品推奨品として

認定された。その後も国際味覚審査機構において国際優秀味覚賞をたびたび受賞するなど，その品質は国際的にも高く評価されている。同社は，地区内50世帯を含む100戸の農家とシークヮーサーの契約栽培をしており，従業員数は20名である。勝山地区は，2014年3月31日現在で60世帯，146人の山あいの集落である。人口数の推移を見ると，1956年の437人であったのが，85年には136人まで減少したが，以後は150人前後で推移している。150人ほどの集落を拠点にしている事業所が20名もの雇用を生み出していることは，特筆すべき成果といえる。

福島県相馬市の野馬土

2012年10月に福島県相馬市に設立されたNPO法人**野馬土**（のまど）は，「福島県民に対して，放射能汚染による食品の安全性に対する不安や県民の健康に対する不安を最小限にとどめるための事業を行い，相馬地方をはじめとする福島県の地域及び農業復興に寄与することを目的」（定款第3条）とし，直売所等での農産物販売事業，地元農産物等の放射能検査と結果公表，コミュニティーカフェの運営，農業復興のための再生エネルギー事業など，多様な活動を行い，福島の農業の復興をめざしている。この設立に際して中心的役割を担ったのが，原発事故の被害者でもある**三浦広志**である。その基本的姿勢は「福島のオコメは安全ですが，食べてくれなくて結構です」に示されている。三浦がこだわったのは，全量検査である。サンプル検査で済まそうとする自治体の姿勢を転換させて，全量検査を導入させるなどして，安全性には徹底的にこだわった。それでも人々が，福島の農産物を購入しようという気になるには時間がかかるだろうから，売れない責任は国と東京電力に取らせつつ，売れるまで待とうという姿勢がこの言葉に示されている。三浦は，政府が用意した補助金等を徹底的に活用するとともに，農業のみならず地域の復興もともに担える場として野馬土を設立したのである。

> 地域間の連帯

　第三は、連帯である。内発的な地域づくりの取り組みは、自己完結的な経済システムをめざすものではない。否、むしろ積極的に他地域とのつながりを求めるものといえよう。たとえば、既存の流通機構に依存しない特産品の直接販売制度、森林を維持するためのオーナー制度などである。

　この点に関して注目すべき事例として、**横浜市**がその水源を依存している上流自治体の山梨県**道志村**に対し、ゴルフ場開発を取りやめる代わりに、地域づくりの基金を寄付したことである。すなわち、1996年度に設けられた公益信託道志水源基金は、信託財産10億1000万円のうち10億円を横浜市が負担したのである。さらに、これを契機に横浜市と水源を有する自治体との交流が進み、2004年6月には「横浜市と道志村の友好・交流に関する協定書」ならびに「横浜市民ふるさと村に関する覚書」が締結された。また、和歌山県**本宮町**長（2005年5月に田辺市と合併）が提起した**森林交付税**は、短期間に急速な支持を広げた。この構想自体は実現しなかったが、2003年度に高知県で「**森林環境税**」が導入されたのを皮切りに、多くの都道府県で森林の持つ水源涵養など公益的機能に注目した新税の導入に結びついた。

　原子力発電所や米軍基地の立地に典型的に見られるように、経済成長のために地域の資源を丸ごと差し出せば、大きな資金の配分を受けられるという施策とは対照的に、横浜市の取り組みや本宮町の提案は、自然を守ることに価値を見出し、都市住民がお金を負担して自然を守りながらの地域づくりを応援しようというものである。そこには、従来のように都市と農村が上下関係にあるのではなく、ともに対等の立場で協力・連帯する姿勢が見られるのである。

> ジュゴン保護のための
> 国際的な連帯

さらに今ひとつ指摘しておきたいことは，国際的な連帯・交流の広がりである。この点で注目されるのは，沖縄におけるジュゴンの生息域を守り，環境保全と共生する地域づくりの動きである。

1995年の米海兵隊員による少女へ犯罪行為を契機とした基地過重負担の解消を求める世論の高まりをうけて設置された**「沖縄における施設及び区域に関する特別行動委員会」**（SACO）は，少なくない基地施設の返還に合意したものの，そのほとんどは沖縄県内への基地新設を条件としていた。その象徴的存在が，宜野湾市街地の真ん中にある普天間飛行場の返還，およびその条件としての名護市辺野古の米軍基地キャンプシュワブ沖への基地新設計画である。97年末に名護市で行われたこの基地新設をめぐる住民投票では，「経済振興」というアメをちらつかせた中央政府のなりふり構わない介入にもかかわらず，無条件反対が多数を占めた。

基地新設が計画されている海域は，国の天然記念物であるジュゴンの生息域の中心部分である。沖縄県の「自然環境の保全に関する指針」では，自然環境の厳正な保護を図る地域（評価ランク1）に指定されているのである。この海域をはじめとする沖縄本島北部区域は，**「山原（やんばる）」**といわれ，世界遺産に匹敵する貴重な自然環境の宝庫でもある（実際，2018年夏の世界自然遺産の登録に向け，環境省は，やんばる地域の陸域・海域の約1万7000haを16年9月15日に国立公園に指定した）。基地を引き受けて，その見返りとして政府から財政資金を得て「経済振興」を図ろうとする施策に批判的な人々は，山原の自然環境を活かした地域づくりを指向しながら，ジュゴン保護のための国際的な連帯活動に力を入れている。

その成果として，2000年10月にヨルダンのアンマンで開催されたIUCN（**国際自然保護連合**）の第2回自然保護会議において「沖縄島のジュゴン，ノグチゲラ，ヤンバルクイナの保全」に関する勧告

が採択された。勧告では、日本政府に、軍事基地建設に関する環境アセスメントを行うこと、ジュゴンの絶滅防止対策を実施すること、山原保全計画を作成すること、世界遺産リストへの登録を検討することを求め、米国政府には、環境アセスメントに協力することを求めている。さらに日米両政府に、軍事施設と演習の影響に関するアセスメントを行い、保護対策を実施するよう要請している。

　1948年に創立されたIUCNは、200を超える国の政府・機関、900を超える非政府機関が会員となり、世界160カ国から約1万1000人の科学者・専門家が協力関係を築いている世界最大の自然保護ネットワークである。日本国内では外務・環境省のほか、NGO 18団体が加盟している（2016年4月現在）。その勧告に法的な拘束力はないが、国際条約と同等の重みがある。にもかかわらず、日本政府は、上記の勧告を履行していないため、2004年のタイのバンコクで、そして08年にスペインのバルセロナで開催された総会でも同様の勧告が採択されることとなった。さらに2016年の総会でも、新基地建設のための埋め立てにともない、島外から最大1700万トンもの土砂を持ち込むことが計画されているのに関して、外来種侵入防止政策の徹底を求める勧告が採択されたのである。

> 環境の時代にふさわしい地域づくりを

以上述べてきたような新しい地域づくり政策は、これまでのようにGDPを増やし、経済成長を進めることを第一義とする経済政策への異議申し立てでもある。地域の自然を破壊し、住民の合意も得ないまま、強引に開発を進めたり、高層建築物を建てる方が、短期的にはGDPの増大に貢献する。しかし実は、地域の自然や景観を大切にし、住民との合意のうえで慎重に政策を進める、文字通りのsustainable development（維持可能な発展）の方が、長期的には、安定した地域経済をつくりだし、定住人口も増え、よりよき環境を子孫に引き継ぐことができることが次第に明らかになっているので

ある。

　一般に日本は資源小国といわれている。確かに，短期的にGDPを増やして経済成長を進めるために必要な資源は少ないかもしれない。しかし，全国各地には多様な自然があり，その自然を活かした地域固有の産業や文化が根づいている。また何といっても，日本には水および森林資源が豊富である。これまでは，そうした自然や伝統に経済的価値を見出すことなく，森林や農地を荒廃させる一方で，大量の化石燃料，木材や食料を輸入によってまかなってきたのである。しかし，そうした方式は，人口増加にともなう地球規模での食料問題の深刻化や温暖化など，地球規模での環境問題が注目されるなか，早晩行き詰まることは必然である。そして何より，福島第一原発の過酷事故を契機に，再生可能エネルギーが注目を浴びるなか，地域の資源や技術を大切にし，その活用を図っていく地域づくり政策こそ，環境の時代にふさわしいものといえよう。

補　論	地域を調べる

ヒアリング調査，調査報告会の様子

1　地域調査のすすめ

　地域経済についての基礎的学習を終えたら，ぜひ，具体的な地域を取り上げて，調査してもらいたい。それは自分が住んでいる地域でもいいし，ふるさとでもいい。また，深刻な地域問題が発生している地域を選ぶのも一案である。

地域調査の第一の意義は，自分が考えている推測や仮説を実証することにある。社会科学は自然科学のように実験による検証はできないが，何らかの仮説を現実の統計データや記述資料によって立証することができる。これを実証という。

　第二の意義は，具体的な現実の姿を知ることによって，これまで気づかなかった問題や，ある事実と他の事実との相互関係を発見することができる。経済学の醍醐味は，何よりも現実の経済を分析するところにある。現実の経済は，テキスト通りに動いているわけではなく，常に新しい動きを創り出していく。調査によって，新しい問題を発見したり，あるいはそれを分析するおもしろさが体験できるわけである。

　第三の意義は，地域づくりや地域政策を構想，立案する際の基礎的な判断材料が得られる点にある。個々の地域経済は世界経済や日本経済の一環ではあるが，それが置かれている経済的位置や，その地域の自然条件や歴史条件，社会的条件に規定されて，多様な個性をもっている。したがって，地域づくりや地域政策の全国共通のマニュアルを適用しても，「百害あって一利なし」ということもしばしばである。何よりも，その地域の特性を，グローバルな視点から的確にとらえて，地域づくりの運動方向や政策内容を企画する必要がある。地域調査によって地域経済の構造や変動の特性を科学的に分析できれば，その地域に相応しい発展方向を見つけることができるだろう。

2　調査課題を明確にする

　さて，大学でのリポートや卒業論文であれ，政策立案や地域づくりを目的にしたものであれ，調査する以上，課題を明確にすること

が何よりも重要である。課題を明確にしないまま，漫然と調べても，意味のある結論を導くことはできない。

課題としては，「○○地域の××について」(たとえば「西陣地域の絹織物業の現状について」,「滋賀県南部における農地の流動化」)のように，どこの地域の何を明らかにするかというものが一般的である。

3 地域を知るための文献調査法

調査課題が明確になったところで，文献調査を行ってみよう。文献資料には，大きく分けて，統計資料と統計以外の文献資料がある。

統計については，①総務省統計局をはじめとする中央省庁の発行する統計書，②地方自治体が発行する統計書が，利用しやすい。なお，独自の統計書を発行していない自治体でも，通常『市(町村)勢要覧』を発行しており，そのなかに基本的な統計数値は入っている。これらは，自治体のホームページからダウンロードできるし，大学図書館や公立図書館にも備えられている。

また，官庁には，以上の出版統計書とは別に，業務統計と呼ばれる統計類がある。これらは，各部署の業務遂行のために集計されているもので，公表している場合が多い。都道府県や政令指定都市であれば，ホームページで公開しているし，議会図書室や情報公開コーナーなどで閲覧もできる。

さらに，官庁以外でも，協同組合や企業，団体で独自に集計している統計データもある。たとえば農業や地場産業のデータは，協同組合で詳細に調査してまとめているケースが多い。また，倒産統計は，民間調査会社の公表データが最も活用されているものである。

統計を扱う際には，調査項目の定義を正確に理解することと同時に，ナマの数字を並べるのではなく，各種の演算を試したり地域・

階層区分を工夫するなどして,「加工」した表や図を作成することが大切である。

　統計以外の文献資料には,多くの種類がある。たとえば,①調査地域や対象産業・問題にかかわる単行本,②政府の省庁が出している白書類,③自治体史,社史,団体史などの編年史類,④国や地方自治体が発行する開発計画,地域振興ビジョンなどの行政計画文書類,⑤国や地方自治体が保有している公文書類,⑥国や地方自治体などによる委託調査類,⑦学術雑誌や逐次刊行物に掲載されている論文類,⑧銀行やシンクタンクなどが出している調査レポート類,⑨政府の省庁や自治体,会社が記者会見などで公表するプレス発表資料類,⑩当該地域やテーマに関する新聞情報,などがある。

　これだけ多くの文献資料のなかで,調査に必要なものを探し当てるには相当の時間がかかってしまう。①,②,③については,公立図書館や大学図書館でほぼ入手できる。④,⑤,⑥は,当該行政機関のホームページや情報公開部門（公文書館や情報公開室など）である程度探索できるが,情報公開条例によって閲覧が制限されることが多いので注意を要する。場合によっては,調査課題と直接関係する担当課に連絡して資料を入手することも必要であろう。⑦,⑧,⑨,⑩については,膨大な量になるので,できればインターネットによる情報検索を試してみたい。

　現在,インターネットによって,かなりの程度検索・入手できるようになっている。大手新聞社だけでなく有力地方新聞,専門新聞のデータベースと接続サービスを行っている有料のポータルサイトもあり,比較的簡単な操作で必要な記事の全文を見ることが可能である。また,国立国会図書館や国立情報学研究所の情報検索サービスを活用すれば,雑誌所在情報も含めて,検索することができる。

　ただし,これらのコンピュータによる情報検索・情報公開の範囲や内容は,日本の場合,まだまだ制約が多い。やや古い時期の文献

などは,製本された書誌情報文献,目録,カード,新聞縮刷版などを活用しなければならない。

4 地域実態調査のすすめ
●百聞は一見に如かず

 もっとも,文献資料や統計は,当該地域の一断面を,著者や統計主体のフィルターを通してとらえたものにすぎない。また,多くの場合,自分たちが調べたい課題を直接明らかにしてくれるものはほとんど存在しないといってもよい。たとえば,ある地域への大型店の出店による商店街への影響や,工場閉鎖による地域経済への影響をリアルタイムで探ろうとすれば,地域に入り独自の調査を行うしかない。しかも,地域経済研究において最も重要なことは,理論を地域にあてはめるのではなく,地域の生きた現実を分析することによって,そこで作用している法則性を見出すところにある。その意味で,地域の現実から学ぶことが大切なのである。その最高の手段が地域調査である。
 とはいえ,地域調査ということばを聞いて,気の重くなる人がいるかもしれない。準備や分析も大変そうだし,初対面の人と話をすることも億劫だと考えている人が多いのではないだろうか。しかし,きちんと準備すれば,「案ずるより産むがやすし」である。
 筆者のゼミナールの学生は,毎年何らかの調査を行っているが,新入ゼミ生は皆緊張した表情で最初の調査に出かける。調査終了後,彼らは間違いなく明るい表情で戻ってくる。予備学習での疑問が氷解したり,全く新しい問題,おもしろい情報に遭遇することもあれば,当該分野の専門家である調査相手の人柄や仕事ぶりに魅せられたり,あるいは励まされたりしてくる。調査は,きちんとした段取りとほんの少しの勇気があればこわいものではない。以下では,地

域実態調査の方法について，簡単に述べてみたい。

5 地域実態調査の方法

1 調査の流れ

　まず，調査の大まかな流れを示しておきたい。すでに述べたように，最初に【調査目的の設定】を行う。次に，この目的に関連した文献や統計を収集，検討し，調査で明らかにすべきことを仮説化する【予備学習】の段階に入る。ここまでくると，【調査対象や調査内容の確定】もほぼできるようになる。この時点で，調査対象地域において当該問題について最もよく知っており，関係団体や関係者も紹介してもらえそうなところ（多くの場合，地方自治体）へ，【予備調査】に出かけてみよう。

　予備調査では，調査テーマについてのレクチャーを受けたり，図書館などでは入手できない資料類も収集したい。予備調査のアポイントメントをとる際に，質問項目と合わせてどのような資料が必要かを先方にあらかじめ知らせておけば，多くの場合対応してもらえるはずである。なお，調査対象が遠隔地の場合は，本調査に備えて，調査対象先，交通の便，宿泊施設の確認なども行っておきたい。また，本調査で，ヒアリングやアンケートを行う場合，質問項目を設計し，テストをしてみることも必要である。

　このような準備を整えたうえで【本調査】に臨む。本調査を集団で行う場合には，各自の役割分担を明確にし，一人ひとりのタイムテーブルを確認しておきたい。交通の不便なところでは，自動車の手配と移動も計画のなかに組み入れておかなければならない。また，調査の際にお世話になる人には，調査当日に手土産を持参したり，

調査終了後に礼状やお礼のメールを送るなどの気配りも必要である。

　本調査の終了後，予備調査段階などで収集した資料も合わせて，【分析】作業に入る。アンケート集計などでは，コンピュータの表計算ソフトを活用すると便利かつ正確である。また，【分析】を進めるなかで，調査漏れや補充したいデータが見つかってくる。そのような場合，随時【補足調査】を行って，調査課題に応える調査結果の整備を進める。

　つぎに，地域実態調査の2つの方法であるヒアリングとアンケートについて，基本的な留意点を述べておきたい。

2　ヒアリング調査の留意点

　ヒアリングは，質問項目をあらかじめ決めて，調査員が調査対象者から，対話によって直接話を聴く方法である。調査対象者は，行政機関や団体，企業の担当者などの専門家である場合と，調査対象地域の農家や経営者，住民である場合とに分かれる。これらの調査を併用することもある。

　前者の場合は，調査の目的，質問内容，調査日程，調査員の数などを確定したのち，調査先に電話あるいは文書で依頼すれば，大概スムーズに対応してもらえる。調査の際には，できるだけヒアリング用紙を準備したい。ヒアリング用紙の最初の部分には，調査対象機関名，ヒアリング回答者名と職，調査員名，調査日時といった基本情報を書き留めておく。名刺をもらった場合や，他の資料をもらった場合は，一緒に綴じあわせておくようにしたい。また，複数の機関からヒアリングを行う場合は，整理番号もつけておきたい。資料が多く集まったときは，調査終了後に，収集資料リストをつくっておくと，後に報告書をまとめる際に役立つ。さらに，ヒアリングの最初には，回答団体の概要（団体の業務内容，簡単な沿革，従業者数など）を聴いておくことが大切である。

後者の農家,経営者,住民調査は,通常,同一の調査票によって,40〜50件ほどの聴き取りを行うものである。場合によっては,一軒の農家に泊り込みながら,かなり長期にわたって農家の経営活動や生活をヒアリングしながら記録していく方法もある。ヒアリング調査では,アンケートでは立ち入って聴くことのできない,経営内容や生活内容,地域の問題などについて,ナマの声をじっくり聴くことができる利点がある。調査票は,まず最初のページに,上の機関調査と同様,基本事項を書く欄を設けたうえで,調査対象の基本属性（家族構成,性別,年齢,経営の基本指標〈従業者数,資本金規模,業種,出荷額,経営面積など〉）を聴くようにする。この基本属性は,フェイスシートと呼ばれ,後に調査結果を検討する際に,属性区分ごとのクロス分析の基準として役立つ。

　ところで,この形式の調査において重要な点は,調査対象先の了解を得ることと,回答者からいかにスムーズに回答してもらうかというところにある。調査対象先は,通常,自治体などから紹介してもらい,その地域や業界の代表に了解を得たうえで,個別調査対象の確定を行っていく。その際,調査の目的と内容,方法,日時,調査員,調査についての問い合わせ先を,先方に正確に知らせておきたい。調査は,個別訪問形式の場合と,ひとつの会場に集まってもらう場合とがある。また,回答者が回答しやすいように配慮することが何よりも大切であり,調査票通りに質問項目を埋めていくのではなく,調査票の全体構造を頭に入れたうえで,回答者の話の内容をそれぞれの該当個所に埋めこんでいくように話を進めるのがコツである。農家や企業,経済団体の調査の場合は,農作物の出来具合や最近の景気などの話から入り,お互いの緊張をほぐして,本題に移っていくと比較的スムーズに話が進む場合が多い。この調査では,1軒当たり1時間から2時間近くの時間を要するので,調査のお礼も準備したい。

③ アンケート調査の留意点

　アンケートは、通例、調査票を郵送で送り、郵送で回答を得る調査法である。ただし、郵送でなくとも、直接手渡ししたり、調査員が面接しながら記入する方法もある。いずれにせよ、アンケート調査は、比較的効率的に、大規模な調査ができるメリットがある。また、回答者も、プライバシーに触れる恐れが少ないため、回答しやすいという側面がある。しかし、その反面で、回収率がそれほど高くならないというリスクもある。

　アンケート調査で最も留意しなければならないのは、調査票の質問づくりである。調査員が詳しく説明できないので、誤解がなく、答えやすい質問にしなければならない。アンケート票の基本的内容は、ヒアリング調査票の場合と同様、回答者の基本属性を尋ねるフェイスシート部分と、本論部分からなる。フェイスシートは、後の分析で、クロス分析の基準となる項目（年齢別、性別、職業別、居住地別など）を準備しておきたい。また、調査基準日を明示すること（何月何日現在の状況であるかを指定）を忘れてはならない。

　アンケート票は、全体として、A3用紙の表裏に収めるようにしたい。また、自分が回答者の立場になればわかるように、自由記入欄の多いアンケート票は回答しにくくなるので、できるだけ避ける。回収率の向上と集計の際の作業効率を考え、可能な限り選択回答方式にするとよい。選択回答は、単一回答か、複数回答かが明確にわかるようにしなければならない。いずれの回答様式にするかは、事前に議論したり、テストしてみて、十分に検討しておきたい。

　また、設問を書く場合、誘導質問にならないように、可能な限り簡潔で誤解のない文章にする。選択する項目（カテゴリー）についても、ありうるカテゴリーをできるだけピックアップするとともに、「その他」項目や「わからない」項目を設けて、回答者の意向を全

体としてつかむ工夫をしたい。数量回答については，単位を明確にすることに注意する。なお，収入や税金に関する数量回答は，通常ほとんど書き込まれない。選択方式に切り替えて設問をつくると，比較的回答しやすくなる。

調査対象の選定については，調査対象が一地域の商店全体とか，農家全体というように全数調査が可能である場合は問題がないが，調査対象が大規模な母集団である場合は標本抽出（サンプリング）が必要になる。標本抽出は，母集団の代表性を保つものでなければならない。そのために用いられる抽出法は，大きく無作為抽出法と有為選択法に分かれる。前者は，標本選択において調査主体の主観をはさまず，くじびき方式のように確率数理を適用したものである。しかし，実際には，住所と名前が入手できる場合は，むしろ少ないといえる。その場合は，調査主体の主観的判断によって，代表性のあるものを選定する有為選択法を使う必要がある。たとえば，さまざまな角度から類型化を行い，代表性のある地域を絞り込み，その地域の経営や世帯を調査対象とする方法がある。この場合，類型化作業を行うために，あらかじめ予備調査をしておくことが不可欠である。

さて，アンケートの場合，回収率を高めることが何よりも重要である。そのためには，調査票の内容の工夫とともに，技術的な工夫も必要である。アンケートの依頼文は，できるだけ簡潔に，アンケートの趣旨，標本の抽出方法，調査結果の活用方法，回答方法，締切り日，調査主体の連絡先を書き入れる。

その際忘れてはならないのは，アンケート結果は統計的に処理するためにプライバシーを侵害することはないと明記することである。また，締切りまでの期間は，相手先に着信してからほぼ2週間ほどが最適であるといわれている。さらに，郵送回答方式の場合は，返信用の切手を貼るなどして，回答者の便宜を図る。

アンケートが返送されてきたら，到着順に整理番号を打つ。集計は，コンピュータで行うようにしたい。集計が簡単であるほか，さまざまな種類の集計や演算，グラフ表示が迅速かつ正確にできるからである。専用のアンケート集計ソフトを使うのが一番いいが，表計算ソフトでもある程度は可能である。データ入力の前に，アンケート票の点検作業を行い，誤記入や記入漏れ，不明箇所をチェックし，明らかに無効な回答は除去する。また，コンピュータ側で，集計表の設計を行っておく。入力を順次行っていくが，入力ミスがないようにチェックしながら作業する。データの読み手と入力者は別々であった方が望ましい。入力終了後，単純集計を打ち出す。この単純集計結果を見ながら，さらに分析を進めるために，フェイスシートで設定した性別，年齢別，職業別などにデータを再集計したクロス分析を行う。また，クロス分析の結果を回帰分析することも，表計算ソフトなどを使えば簡単にできる。さらに，アンケート専用ソフトを使えば，カテゴリーの統合や，数量回答の選択回答への切り替え，三重クロス分析をはじめ各種統計処理が容易にできるので便利である。

6　調査のまとめと報告書づくり

　ひと通り調査と分析作業を終えたら，最後に【まとめ】の作業に入る。できるだけ，調査報告書やリポート，論文という形で，調査結果を印刷物，あるいは pdf ファイルの形で残しておきたい。
　調査報告書などを集団で執筆する場合は，全員で章別編成，執筆分担，執筆内容，執筆要項（字数，図表の作り方，注の付け方，参考文献のあげ方，原稿締切り日）などを確認することが何よりも重要である。ひとりでも原稿を出さなかったり，全体と異なる形式や内容

してしまうと，その後の編集作業が面倒なことになってしまうからである。

　印刷製本には多少費用がかかるが，直接版下のファイルをつくれば，かなり安価になる。もちろん，パソコンやコピー機を活用して，自分たちでコピー・仮製本することもできる。

　いずれにせよ，調査結果をもって現地報告会を行ったり，印刷された調査報告書を，調査で世話になった機関や専門家をはじめ，第三者に公表することにより，調査結果の客観的評価を得ることが最も重要である。これらの評価をもとに，調査全体の成果と問題点を明らかにすることで，一連の調査活動は完結することになる。

参 考 文 献

*各章の叙述の順序に沿って配列している。

■**本書全体にかかわる文献**

ハイマー，S.，宮崎義一編訳（1979）『多国籍企業論』岩波書店（原著 1976）

ハーヴェイ，D.，水岡不二雄監訳（1991）『都市の資本論――都市空間形成の歴史と理論』青木書店（原著 1985）

サッセン，S.，森田桐郎ほか訳（1992）『労働と資本の国際移動――世界都市と移民労働者』岩波書店（原著 1988）

宮本憲一編（1977）『大都市とコンビナート・大阪』筑摩書房

佐々木雅幸・寺西俊一編（1988）『グローバル・エコノミーと地域経済』自治体研究社

大野輝之・R. H. エバンス（1992）『都市開発を考える――アメリカと日本』岩波書店

井村喜代子（2000）『現代日本経済論（新版）――戦後復興，「経済大国」，90 年代大不況』有斐閣

岡田知弘（2005）『地域づくりの経済学入門――地域内再投資力論』自治体研究社

中村剛治郎編（2007）『基本ケースで学ぶ地域経済学』有斐閣

諸富徹（2010）『地域再生の新戦略』中央公論新社

増田寛也編（2014）『地方消滅――東京一極集中が招く人口急減』中央公論新社

小田切徳美（2014）『農山村は消滅しない』岩波書店

岡田知弘・岩佐和幸編（2016）『入門 現代日本の経済政策』法律文化社

■**各章の文献**

〈第 1 章〉

松原宏（2012）『産業立地と地域経済』放送大学教育振興会

山本健兒（2005）『産業集積の経済地理学』法政大学出版局

宮本憲一・横田茂・中村剛治郎編（1990）『地域経済学』有斐閣

黒田達朗・田渕隆俊・中村良平（2008）『都市と地域の経済学（新版）』有斐閣

佐藤泰裕（2014）『都市・地域経済学への招待状』有斐閣

アームストロング，H.・J. テイラー，佐々木公明監訳（2005）『地域経済

学と地域政策(改訂版)』流通経済大学出版会(原著2000)
マッカン,P.,黒田達朗・徳永澄憲・中村良平訳(2008)『都市・地域の経済学』日本評論社(原著2001)
クルーグマン,P.,北村行伸・高橋亘・妹尾美起訳(1994)『脱「国境」の経済学——産業立地と貿易の新理論』東洋経済新報社(原著1991)
藤田昌久・P.クルーグマン・A.J.ベナブルズ,小出博之訳(2000)『空間経済学——都市・地域・国際貿易の新しい分析』東洋経済新報社(原著1999)
ウリーン,B.,木村保重訳(1980)『貿易理論——域際および国際貿易』晃洋書房(原著1933)
Perroux, F. (1955): Notes on the concept of "growth poles," in D. L. McKee et al. eds. (1970): *Regional Economics*, Free Press.
North, D. C. (1955): Location theory and regional economic growth, in J. Friedman and W. Alonso eds. (1964): *Regional Development and Planning-a Reader*, The MIT Press.
アイザード,W.,笹田友三郎訳(1969)『地域分析の方法』朝倉書店(原著1960)
ハーシュマン,A. O.,小島清監修,麻田四郎訳(1961)『経済発展の戦略』巌松堂出版(原著1958)
ミュルダール,G.,小原敬士訳(1959)『経済理論と低開発地域』東洋経済新報社(原著1957)
Vernon, R. (1966): International investment and international trade in the product cycle, *Quarterly Journal of Economics*, 80-2, pp. 190-207
Chandler, A. D. and F. Redlich (1961): Recent developments in American business administration and their conceptualization, *Business History*, 35-1, pp. 1-27.
フランク,A. G.,大崎正治・前田幸一・中尾久訳(1976)『世界資本主義と低開発——収奪の《中枢-衛星》構造』柘植書房(原著1967)
ウォラーステイン,I.,藤瀬浩司・日南田静真ほか訳(1987)『資本主義世界経済Ⅰ・Ⅱ』名古屋大学出版会(原著1979)
マッシィ,D.,富樫幸一・松橋公治監訳(2000)『空間的分業——イギリス経済社会のリストラクチャリング』古今書院(原著1995)
ジェイコブズ,J.,中村達也訳(2012)『発展する地域 衰退する地域——地域が自立するための経済学』筑摩書房(原著1984)
ピオリ,M. J.・C. F. セーブル,山之内靖・永易浩一・菅山あつみ訳(2016)『第二の産業分水嶺』筑摩書房(原著1984)
Sabel, C. F. (1989): Flexible specialisation and the re-emergence of re-

gional economies, in P. Q. Hirst and J. Zeitlin eds. *Reversing Industrial Decline?: Industrial structure and policy in Britain and her competitors,* Berg.

スコット，A. J. 編，坂本秀和訳（2004）『グローバル・シティー・リージョンズ——グローバル都市地域への理論と政策』ダイヤモンド社（原著 2001）

ボワイエ，R.，井上泰夫訳（1992）『第二の大転換——EC 統合下のヨーロッパ経済』藤原書店（原著 1986）

チウネン，J. H. v.，近藤康男訳（1974）『チウネン孤立国の研究（近藤康男著作集 第 1 巻）』農山漁村文化協会（原著 1826）

ウェーバー，A.，篠原泰三訳（1986）『工業立地論』大明堂（原著 1909）

マーシャル，A.，馬場啓之助訳（1965-67）『経済学原理（1）〜（4）』東洋経済新報社（原著 1920）

マーシャル，A.，永澤越郎訳（1986）『産業と商業 1〜3』岩波ブックセンター信山社（原著 1923）

クリスタラー，W.，江沢譲爾訳（1969）『都市の立地と発展』大明堂（原著 1933）

レッシュ，A.，篠原泰三訳（1968）『レッシュ経済立地論』大明堂（原著 1940）

Pred, A. (1977): *City-systems in Advanced Economies,* Hutchinson.

ディッケン，P.，宮町良広監訳（2001）『グローバル・シフト——変容する世界地図（上）（下）』古今書院（原著 1998）

サクセニアン，A.，本山康之・星野岳穂監訳・酒井泰介訳（2008）『最新・経済地理学』日経 BP 社（原著 2006）

フロリダ，R.，井口典夫訳（2009）『クリエイティブ都市論——創造性は居心地のよい場所を求める』ダイヤモンド社（原著 2008）

ポーター，M. E.，竹内弘高訳（1999）『競争戦略論 I・II』ダイヤモンド社（原著 1998）

コトラー，P.・M. コトラー，竹村正明訳（2015）『コトラー 世界都市間競争——マーケティングの未来』碩学舎（原著 2014）

〈第 2 章〉

島恭彦（1951）『現代地方財政論』有斐閣（島恭彦（1983）『地域論（著作集第 4 巻）』有斐閣に再録）

野原敏雄（1977）『日本資本主義と地域経済』大月書店

島崎稔編（1978）『現代日本の都市と農村』大月書店

江波戸昭（1992）『地域構造の史的分析』大明堂

速水融・宮本又郎編（1988）『経済社会の成立――17-18世紀（日本経済史1）』岩波書店
石井寛治（1991）『日本経済史（第2版）』東京大学出版会
岡田知弘（1989）『日本資本主義と農村開発』法律文化社
森武麿ほか（2002）『現代日本経済史（新版）』有斐閣
渡辺治ほか（2009）『新自由主義か新福祉国家か――民主党政権下の日本の行方』旬報社
渡辺治ほか（2014）『＜大国＞への執念 安倍政権と日本の危機』大月書店
矢田俊文編（1990）『地域構造の理論』ミネルヴァ書房
地域構造研究会編（1977～88）『日本の地域構造』全6巻，大明堂
大阪自治体問題研究所編（1989）『世界都市時代と地域革新』自治体研究社
中国新聞社（1980）『ルポ支店経済』日本評論社
伍賀一道（1988）『現代資本主義と不安定就業問題』御茶の水書房
Freidmann, J. (1986): The World City Hypothesis, *Development and Change*, 17-1, pp. 69-83.
ブルーストーン，B.・B.ハリソン，中村定訳（1984）『アメリカの崩壊』日本コンサルタント・グループ（原著1982）
伊豫谷登志翁（1993）『変貌する世界都市』有斐閣
町村敬志（1994）『「世界都市」東京の構造転換――都市リストラクチュアリングの社会学』東京大学出版会
町村敬志・西澤晃彦（2000）『都市の社会学――社会がかたちをあらわすとき』有斐閣
山川充夫・柳井雅也編（1993）『企業空間とネットワーク』大明堂
大阪市立大学経済研究所・植田政孝編（1992）『現代大都市のリストラクチャリング』東京大学出版会
中山徹（1999）『地域経済は再生できるか――自治体のあり方を考える』新日本出版社
宮本憲一（1976）『社会資本論（改訂版）』有斐閣
宮本憲一（1980）『都市経済論』筑摩書房
宮本憲一（1989）『経済大国――日本の奇跡とゆれうごく世界（増補版）』昭和の歴史第10巻，小学館
宮本憲一（2014）『戦後日本公害史論』岩波書店
都丸泰助・窪田暁子・遠藤宏一編（1987）『トヨタと地域社会――現代企業都市生活論』大月書店
矢口芳生・岩城成幸編（1990）『産業構造調整と地域経済』農林統計協会
福島久一ほか編（1992）『産業調整と地域経済』新評論

北川隆吉編（1993）『都市と産業のリストラクチュア――地域再編の諸相』中央法規出版

岩田正美（2007）『現代の貧困――ワーキングプア／ホームレス／生活保護』筑摩書房

後藤道夫（2011）『ワーキングプア原論――大転換と若者』花伝社

石水喜夫（2012）『現代日本の労働経済――分析・理論・政策』岩波書店

渡辺睦ほか編（1991）『90年代の中小企業問題』新評論

阿部真也編（1995）『中小小売業と街づくり』大月書店

関満博（1993）『フルセット型産業構造を超えて――東アジア新時代のなかの日本産業』中央公論社

矢作弘（1997）『都市はよみがえるか――地域商業とまちづくり』岩波書店

佐々木雅幸（2001）『創造都市への挑戦――産業と文化の息づく街へ』岩波書店

植田和弘ほか編（2004〜05）『岩波講座 都市の再生を考える（全8巻）』岩波書店

鈴木浩（2007）『日本版コンパクトシティ――地域循環型都市の構築』学陽書房

石原武政・西村幸夫編（2010）『まちづくりを学ぶ――地域再生の見取り図』有斐閣

永山利和編（2011）『現代中小企業の新機軸』同友館

植田浩史ほか（2014）『中小企業・ベンチャー企業論――グローバルと地域のはざまで（新版）』有斐閣

矢作弘（2014）『縮小都市の挑戦』岩波書店

中山徹（2016）『人口減少と地域の再編――地方創生・連携中枢都市圏・コンパクトシティ』自治体研究社

横山壽一ほか編（2015）『平成合併を検証する――白山ろくの自治・産業・くらし』自治体研究社

森井淳吉（1995）『「高度成長」と農山村過疎』文理閣

河北新報社編集局編（1986）『新過疎時代』ぎょうせい

農林統計協会編（1992）『中山間地域問題』農林統計協会

小田切徳美（1994）『日本農業の中山間地帯問題』農林統計協会

田代洋一（2001）『日本に農業は生き残れるか――新基本法に問う』大月書店

田代洋一（2012）『農業・食料問題入門』大月書店

安藤光義（2013）『日本農業の構造変動 2010年農業センサス分析』農林統計協会

濱田武士（2014）『日本漁業の真実』筑摩書房
岡田知弘（2012）『震災からの地域再生——人間の復興か惨事便乗型「構造改革」か』新日本出版社
塩崎賢明（2014）『復興「災害」——阪神・淡路大震災と東日本大震災』岩波書店
除本理史（2016）『公害から福島を考える——地域の再生をめざして』岩波書店
岡田知弘（2014）『「自治体消滅」論を超えて』自治体研究社
田代洋一編（2016）『TPPと農林業・国民生活』筑波書房

〈第3章〉
藪野祐三（1990）『先進社会＝日本の政治(2)「構造崩壊」の時代』法律文化社
下河辺淳（1994）『戦後国土計画への証言』日本経済評論社
気賀沢忠夫（1990）「新産都大分——現段階での総括」『研究所報』24, 大分大学経済研究所
国土計画研究会ほか編（1996）『戦後国土政策の検証（上）（下）』総合研究開発機構
川上征雄（2008）『国土計画の変遷——効率と衡平の計画思想』鹿島出版会
佐藤竺（1965）『日本の地域開発』未來社
小田清（2013）『地域問題をどう解決するのか——地域開発政策概論』日本経済評論社
宮本憲一（1973）『地域開発はこれでよいか』岩波書店
宮本憲一（1987）『日本の環境政策』大月書店
都留重人（1972）『公害の政治経済学』岩波書店
平松守彦（1990）『地方からの発想』岩波書店
山崎朗ほか（2016）『地域政策』中央経済社
山崎仁朗編（2014）『日本コミュニティ政策の検証——自治体内分権と地域自治へ向けて』東信堂
森滝健一郎（1982）『現代日本の水資源問題』汐文社
森瀧健一郎（2003）『河川水利秩序と水資源開発——「近い水」対「遠い水」』大明堂
宇野木早苗（2005）『河川事業は海をどう変えたか』生物研究社
儀我壮一郎ほか編（1979）『国土・都市・農村と地域開発』自治体研究社
北日本新聞社（1984）『幻の繁栄 新産都市20年の決算——富山・高岡の場合』勁草書房

遠藤宏一（1985）『地域開発の財政学』大月書店
伊東維年ほか（1995）『検証・日本のテクノポリス』日本評論社
伊東維年・山本健兒・柳井雅也（2014）『グローバルプレッシャー下の日本の産業集積』日本経済評論社
伊東維年（2015）『シリコンアイランド九州の半導体産業――リバイタリゼーションへのアプローチ』日本評論社
田中利彦（1996）『テクノポリスと地域経済』晃洋書房
田中利彦（2014）『先端産業クラスターによる地域活性化――産学官連携とハイテクイノベーション』ミネルヴァ書房
吉田敬一（1996）『転機に立つ中小企業――生産分業構造転換の構図と展望』新評論
久保孝雄・原田誠司・新産業政策研究所（2001）『知識経済とサイエンスパーク――グローバル時代の起業都市戦略』日本評論社
坂城町・坂城町商工会編（1988）『テクノハートさかき――坂城町工業発達史』坂城町
大八木智一編（1990）『リゾート事業戦略――リゾートづくりのソフトウェア』清文社
佐藤誠（1990）『リゾート列島』岩波書店
新潟日報報道部（1990）『東京都湯沢町』潮出版社
西條八束監修・三河湾研究会（1999）『とりもどそう豊かな海 三河湾――「環境保全型開発」批判（改訂版）』八千代出版
入谷貴夫（2008）『第三セクター改革と自治体財政再建』自治体研究社
内山節（2010）『共同体の基礎理論――自然と人間の基層から』農山漁村文化協会
松永桂子・尾野寛明編（2016）『ローカルに生きるソーシャルに働く――新しい仕事を創る若者たち』農山漁村文化協会

〈第4章〉
宮本憲一（2016）『増補版 日本の地方自治――その歴史と未来』自治体研究社
合併反対上尾市民ネットワーク・自治労連上尾市職員労働組合編（2001）『合併反対を選択したまち――上尾の住民投票と市民の運動』自治体研究社
広原盛明編（2001）『開発主義神戸の思想と経営――都市計画とテクノクラシー』日本経済評論社
福川裕一・矢作弘・岡部明子（2005）『持続可能な都市――欧米の試みから何を学ぶか』岩波書店

五十嵐敬喜・小川明雄（1993）『都市計画――利権の構図を超えて』岩波書店
五十嵐敬喜・小川明雄（2003）『「都市再生」を問う――建築無制限時代の到来』岩波書店
五十嵐敬喜・野口和雄・池上修一（1996）『美の条例――いきづく町をつくる』学芸出版社
翁長雄志（2015）『闘う民意』角川出版
本多滝夫編・白藤博行ほか著（2016）『Q&A 辺野古から問う日本の地方自治』自治体研究社
紙野健二・本多滝夫編（2016）『辺野古訴訟と法治主義――行政法学からの検証』日本評論社
神野直彦・小西砂千夫（2014）『日本の地方財政』有斐閣
西尾勝（1999）『未完の分権改革――霞が関官僚と格闘した1300日』岩波書店
前田健太郎（2014）『市民を雇わない国家――日本が公務員の少ない国へと至った道』東京大学出版会
自治体問題研究所編（2003）『ここに自治の灯をともして――小さくても輝く自治体フォーラム報告集』自治体研究社
全国小さくても輝く自治体フォーラムの会・自治体問題研究所編（2014）『小さい自治体 輝く自治――「平成の大合併」と「フォーラムの会」』自治体研究社
岡田知弘・川瀬光義・にいがた自治体研究所編（2013）『原発に依存しない地域づくりへの展望――柏崎市の地域経済と自治体財政』自治体研究社
清水修二（1994）『差別としての原子力』リベルタ出版
清水修二（1999）『NIMBYシンドローム考――迷惑施設の政治と経済』東京新聞出版局
清水修二（2011）『原発になお地域の未来を託せるか――福島原発事故：利益誘導システムの破綻と地域再生』自治体研究社
沖縄県知事公室基地対策課（2013）『沖縄の米軍基地』沖縄県知事公室基地対策課
沖縄タイムス社編（1997）『127万人の実験』沖縄タイムス社
川瀬光義（2013）『基地維持政策と財政』日本経済評論社
来間泰男（2012）『沖縄の米軍基地と軍用地料』榕樹書林
来間泰男（2015）『沖縄の覚悟――基地・経済・"独立"』日本経済評論社
前泊博盛（2011）『沖縄と米軍基地』角川書店
松島泰勝（2002）『沖縄島嶼経済史――12世紀から現在まで』藤原書店

宮城康博（2008）『沖縄ラプソディ——"地方自治の本旨"を求めて』御茶の水書房
宮本憲一・川瀬光義編（2010）『沖縄論——平和・環境・自治の島へ』岩波書店
渡辺豪（2008）『「アメとムチ」の構図——普天間移設の内幕』沖縄タイムス社
渡辺豪（2015）『日本はなぜ米軍をもてなすのか』旬報社
21ふるさと京都塾編（1994）『詳解 ふるさとづくり塾運動』かもがわ出版
安部磯雄（1988復刻）『応用市政論』学陽書房
安部磯雄（1988復刻）『都市独占事業論』学陽書房
池田宏（1988復刻）『都市経営論』学陽書房
片山潜（1992復刻）『都市社会主義鉄道新論』学陽書房
関一（1988復刻）『都市政策の理論と実際』学陽書房
関一（1992復刻）『住宅問題と都市計画』学陽書房
芝村篤樹（1989）『関一——都市思想のパイオニア』松籟社
ヘインズ, J. E., 宮本憲一監訳（2007）『主体としての都市——関一と近代大阪の再構築』勁草書房（原著2002）
藻谷浩介・NHK広島取材班（2013）『里山資本主義——日本経済は「安心の原理」で動く』角川書店
藤山浩（2015）『田園回帰1%戦略——地元に人と仕事を取り戻す』農山漁村文化協会
小田切徳美・筒井一伸編『田園回帰の過去・現在・未来——移住者と創る新しい農山村』
指田志恵子（1984）『過疎を逆手にとる——中国山地からのまちづくりニュー・ウェーブ』あけび書房
和田芳治（2014）『里山を食いものにしよう——原価0円の暮らし』阪急コミュニケーションズ
岡田知弘ほか（2010）『中小企業振興条例で地域をつくる——地域内再投資力と自治体政策』自治体研究社
上尾市都市整備部上尾駅周辺整備事務所編（1991）『上尾市仲町愛宕地区まちづくり資料集』
阪神復興支援NPO編（1995）『真野まちづくりと震災からの復興』自治体研究社
大友詔雄（2012）『自然エネルギーが生み出す地域の雇用』自治体研究社
大野晃（2008）『限界集落と地域再生』京都新聞出版センター
かたやまいずみ（2015）『福島のおコメは安全ですが, 食べてくれなくて

結構です。──三浦広志の愉快な闘い』かもがわ出版
ジュゴン保護キャンペーンセンター編（2002）『ジュゴンの海と沖縄──基地の島が問い続けるもの』高文研
保母武彦（2013）『日本の農山村をどう再生するか』岩波書店
WWFジャパン　http://www.wwf.or.jp/
ジュゴン保護キャンペーンセンター　http://www.sdcc.jp/
IUCN日本委員会　http://www.iucn.jp/

〈補論〉
上野和彦編（1990）『地域研究法──経済地理入門』大明堂
木下滋・土居英二・森博美編（1998）『統計ガイドブック社会・経済（第2版）』大月書店
土居英二・浅利一郎・中野親徳編（1996）『はじめよう地域産業連関分析──Lotus 1-2-3で初歩から実践まで』日本評論社
森靖雄（2005）『新版　やさしい調査のコツ』大月書店
岡田知弘・品田茂（2009）『行け行け！わがまち調査隊──市民のための地域調査入門』自治体研究社
岡田知弘ほか編（2010）『地域調査は地域づくり──「地域循環型経済・地域づくりの運動」から』自治体研究社
入谷貴夫（2012）『地域と雇用をつくる産業連関分析入門』自治体研究社

●年表　戦後日本の地域経済

年代	地域経済関係	日本経済・
1945	国土計画基本方針	敗戦　国際　次農地改革
1946	復興国土計画要綱　特別都市計画法　東京都制・府県制及び市制・町村制改正	金融緊急措置　価統制令
1947	国土計画審議会　経済安定本部資源委員会　地方自治法	2・1スト禁止法　日本マーシャル・ロイヤル声明原則
1948	地方財政法　地方綜合開発事業開始	
1949	総合国土開発審議会設置　土地改良法　地方自治庁発足　農村建設事業開始　地方行政調査委員会設置	ドッジ・ライレート　シ中華人民共和管理法
1950	建築基準法　国土総合開発法　北海道開発法　首都建設法　電気事業再編成令・公益事業令	外資法　朝了
1951	特定地域指定・河川総合開発開始　日本開発銀行設立　電力再編成　神戸勧告	対日講和
1952	農地法　電源開発促進法　地方自治法大幅改正（中央集権化等）	食糧増産5カ　IMF・世界銀
1953	離島振興法　工鉱業地帯整備促進法案　町村合併促進法　奄美諸島復帰	独禁法改正
1954	経済審議庁「総合開発の方法」　土地区画整理法　地方交付税交付金制度新設　＊第一次地方財政危機	MSA協定
1955	地方財政再建促進特別措置法　石油化学工業育成対策　原子力3法	GATT加盟　年計画　＊神武景気
1956	電源開発6カ年計画　日本道路公団設立　新農村建設総合対策　首都圏整備法　新市町村建設促進法　水俣病公式確認	スターリン批盟　＊経済戦前水
1957	国土開発幹線自動車道建設法　高速自動車国道法　東北開発促進法	新長期経済計　＊なべ底不況
1958	道路整備緊急措置法　公共用水域水質保全法　工場排水等規制法　千里ニュータウン着工　関門国道トンネル開通	
1959	九州地方開発促進法　首都圏工業等制限法	キューバ革命議　＊岩戸景気
1960	四国・北陸・中国各地方開発促進法　自治省発足	安保闘争

世界経済関係	地域経済関連著作
連合成立　財閥解体　第一	
令　戦後第一回総選挙　物 第二次農地改革 止令　労働基準法　独占禁 国憲法施行　片山内閣発足 プラン　内務省廃止 　　建設省発足　経済安定9	
ン　1ドル360円の単一為替 ャウプ勧告　ポイントⅣ計画 国成立　外国為替・外国貿易	
鮮戦争（〜53）　農地改革完	
日米安保条約調印	島恭彦『現代地方財政論』
年計画　企業合理化促進法 行加盟 （不況合理化カルテル認可等）	
防衛庁・自衛隊発足	
保守合同　経済自立5カ	
（〜57上期） 判　日ソ共同宣言　国連加	
準回復　造船世界一 画 （〜58下期）	G. ミュルダール『経済理論と低開発地域』 （訳 1959） A. O. ハーシュマン『経済発展の戦略』（訳 1961）
貿易自由化開始　三池争	
（〜60下期） 新安保条約自然承認　岸内閣	

年　表　305

年代	地域経済関係	日本経済・
1961	太平洋岸ベルト地帯構想 農業基本法　愛知用水完成　水資源開発促進法 低開発地域工業開発促進法　道路整備5カ年計画 産炭地域振興臨時措置法 ＊各地で石油化学コンビナート建設	退陣　国民 ＊輸出量，戦 池田・ケネデ 同委員会 渉開始
1962	新産業都市建設促進法　第一次農業構造改善事業 臨海工業地帯開発計画　全国総合開発計画(旧全総) 石炭鉱業調査団報告（スクラップ・アンド・ビルド方式）	ガリオア・エ 会設置 ーバ危機
1963	中小企業近代化促進法　中小企業基本法　新産都市・工特地域指定　新住宅市街地開発法　近畿圏整備法　北九州市発足	GATT11条国 輸入自由化 ＊電力の「火
1964	工業整備特別地域整備促進法　林業基本法　三島・沼津コンビナート誘致反対運動　東海道新幹線開業　東京オリンピック ＊公害問題顕在化	IMF8条国に
1965	市町村合併特例法　山村振興法　首都圏整備法改正　多摩ニュータウン計画　名神高速道路全線開通　八郎潟新農村建設事業団設立　日本原研東海発電所で営業用原子力発電に初成功	中期経済計画 条約調印 ＊いざなぎ景
1966	新東京国際空港建設地を成田市に決定　中部圏開発整備法　古都保存法	戦後初の赤字
1967	美濃部革新都政誕生　公害対策基本法　土地収用法改定	経済社会発展 結　EC・ 自由化
1968	自民党「都市政策大綱」　大気汚染防止法　騒音規制法　新都市計画法	大学紛争 琉球政府初の
1969	新全国総合開発計画（新全総，＝全総）　農業振興地域整備法　八郎潟干拓事業完了　東名高速道路全線開通　都市再開発法　地価公示法　東京都「公害防止条例」　筑波研究学園都市建設着工	第二次資本自 ＊国際収支黒
1970	大阪万博　過疎地域対策緊急措置法　農地法改正 全国新幹線鉄道整備法　静岡県田子の浦でヘドロ追放住民大会　公害関係14法案成立	総合農政基本 (新日鉄誕生) 日米安保自動
1971	農村地域工業導入促進法　沖縄振興開発特別措置法 イタイイタイ病訴訟で住民側勝訴　環境庁発足	金・ドル交換 ミソニアン体
1972	札幌オリンピック　沖縄日本復帰　山陽新幹線開業　日本列島改造論　工業再配置促進法　老人福祉法改正　四日市裁判で患者側勝訴	日米繊維協定 環境会議

世界経済関係	地域経済関連著作
所得倍増計画 前水準突破 ィ共同声明　日米貿易経済合 ガット・ケネディ・ラウンド交	倉辻平治『都市の経済社会理論』 J. ゴットマン『メガロポリス』（訳1967）
ロア返済協定　臨時行政調査 230品目の輸入自由化　キュ	
に移行　バナナなど25品目の	
主水従」確立 移行　OECD加盟	庄司光・宮本憲一『恐るべき公害』
米軍北爆開始　日韓基本	岩井弘融他編『都市問題講座』（〜66）
気（〜70秋）	
国債発行　中国文化大革命	
計画　ケネディ・ラウンド妥 ASEAN・発足　第一次資本	柴田德衛『現代都市論』 宮本憲一『社会資本論』
公選 由化　減反政策開始 字定着化	
方針　八幡・富士両製鉄合併 　新経済社会発展計画 延長　第三次資本自由化 停止（ドル・ショック）　ス 制 　　ニクソン訪中　国連人間 日中国交正常化	島恭彦他編『講座・現代日本の都市問題』 （〜73） 宇井純『公害原論』 松下圭一『シビル・ミニマムの思想』 伊東光晴他編『岩波講座・現代都市政策』 （〜73） 田尻宗昭『四日市・死の海と闘う』

年代	地域経済関係	日本経済・
1973	＊第一次地価高騰 土地対策要綱　都市緑地保全法　工場立地法 水源地域対策特別措置法　水俣病訴訟で患者側勝利 公害健康被害補償法	円変動相場制 東京ラウンド 第一次オイル ＊第一次円高
1974	国土庁設置　国土利用計画法　生産緑地法　伝統工芸品産業振興法	新国際経済秩 ＊戦後初のマ ベトナム戦争
1975	沖縄海洋博 ＊第二次地方財政危機	＊赤字国債の
1976	川崎市「環境影響評価に関する条例」	ロッキード事 済5カ年計画
1977	第三次全国総合開発計画（三全総）　工業再配置計画	200カイリ漁
1978	成田空港開港	特定不況産業 交渉妥結 ＊第二次円高
1979	大分県「一村一品運動」　JAPIC設立	第二次オイル 原発事故
1980	過疎地域振興特別措置法　田園都市国家構想	＊自動車生産
1981	神戸ポートアイランド完成　高知県窪川町で原発誘致派町長のリコール成立　敦賀原発で放射能漏れ事故	第二臨調発足
1982	東北・上越新幹線開業	歴史教科書問 財政非常事態
1983	テクノポリス法　建設省「都市計画・建築規制緩和」（中曾根アーバンルネサンス） ＊東京の地価高騰開始	特定産業構造 ＊ME化の進
1984	国鉄品川貨物駅跡地払下げ　初の第三セクター「三	日米円ドル委

世界経済関係	地域経済関連著作
	都留重人『公害の政治経済学』
移行　経済社会基本計画	宮本憲一『地域開発はこれでよいか』
交渉開始　第四次中東戦争・ショック	D. ハーヴェイ『都市と社会的不平等』（訳 1980）
狂乱物価現出	
序宣言	
イナス成長　トリレンマ	
終結　サミット初開催	庄司光・宮本憲一『日本の公害』
本格化	野原敏雄・森滝健一郎編『戦後日本資本主義の地域構造』
件　資本自由化完了　新経	S. ハイマー『多国籍企業論』（訳 1979）
業水域法	地域構造研究会『日本の地域構造シリーズ』（～88）
	野原敏雄『日本資本主義と地域経済』
	宮本憲一編『講座・地域開発と自治体』（～79）
	M. カステル『都市問題』（訳 1984）
安定臨時措置法　日米農産物	吉岡健次・山崎春成編『現代大都市の構造』
	島崎稔編『現代日本の都市と農村』
	自治体問題研究所編『自治体問題講座』（～80）　玉野井芳郎他編『地域主義』
	山崎不二夫他編『現代日本のスプロール問題』
ショック　米スリーマイル島	
新経済社会 7 カ年計画	
台数世界一	宮本憲一『都市経済論』
題　メキシコ債務危機	矢田俊文『産業配置と地域構造』
宣言	D. ハーヴェイ『空間編成の経済理論』（訳 1989～90）
	B. ブルーストン・B. ハリソン『アメリカの崩壊』（訳 1984）
改善臨時措置法	
展	
員会報告	M. J. ピオーリ・C. F. セーブル『第二の産

年代	地域経済関係	日本経済・
	陸鉄道」開業　三宅島米軍機夜間訓練飛行場建設反対町長誕生　神奈川県逗子市長選で米軍住宅建設反対派当選	
1985	自治省「地方行革大綱」　つくば科学万博　半島振興法　国土庁「首都改造計画」	ソ連ゴルバチョフ開始 男女雇用機会大綱
1986	東京オフショア市場創設 ＊第二次地価高騰　東京圏一極集中	＊第三次円高 前川リポート ノブイリ原発協定　ウル
1987	リゾート法　第四次全国総合開発計画（四全総） 関西学術研究都市建設促進法　緊急土地対策要綱	＊円高不況 国鉄分割民営 大）　ニュック・マンデ
1988	青函トンネル開業　瀬戸大橋開通　頭脳立地法 多極分散型国土形成促進法　総合土地対策要綱 ふるさと創生政策	＊バブル景気 日米牛肉・オリクルート事 税等税制関連
1989	土地基本法	天皇没　日壁崩壊　マ銀行土地融資
1990	大阪花博　過疎地域活性化特別措置法　湯布院町「潤いのあるまちづくり条例」	ドイツ統一 ＊株価大暴落 湾岸戦争
1991	美浜原発原子炉自動停止事故　地価税法　オフィスアルカディア構想　新生産緑地法	パルトヘイト PKO法案成水省「新しい
1992	大店法改正　青森県六ヶ所村ウラン濃縮工場操業開始　地方拠点法 ＊地価17年ぶり下落	（新政策）発 ＊1990年代不 新総合経済対
1993	日産、座間工場閉鎖を発表（リストラ） ＊京都で景観論争	緊急経済対策 EU発足 ウルグアイ・ 他の農産物関
1994	関西空港開港	NAFTA発効 スチナ暫定自
1995	阪神・淡路大震災　高速増殖炉もんじゅナトリウム漏れ事故　地方分権推進法	WTO発足 機関の経営破

世界経済関係	地域経済関連著作
ヨフ書記長誕生・ペレストロイ NTT発足　金融自由化 均等法　プラザ合意　行革	業分水嶺』（訳1993) D.マッシィ『空間的分業』（訳2000) J.ジェイコブズ『都市の経済学』（訳 1986) D.ハーヴェイ『都市の資本論』（訳1991) J.フリードマン「世界都市仮説」（訳 1997)
（経済構造調整政策）　チェル 事故　民活法　日米半導体 グアイ・ラウンド交渉開始	川島哲郎編『経済地理学』 宮本憲一監修『国際化時代の都市と農村』
化　緊急経済対策（内需拡 ーヨーク株式市場大暴落（ブラ ー） (〜90末)	都丸泰助他編『トヨタと地域社会』
レンジ協定（輸入自由化） 件　米国包括貿易法　消費 6法案成立	S.サッセン『労働と資本の国際移動』（訳 1992)
米構造協議開始　ベルリンの ルタ会談・冷戦終結 の総量規制　会社法改正	鶴見和子・川田侃編『内発的発展論』 宮本憲一『環境経済学』 佐藤誠『リゾート列島』 宮本憲一他編『地域経済学』
（バブル崩壊） 証券スキャンダル　南ア，ア 撤廃　ソ連消滅	矢田俊文編『地域構造の理論』 池上惇他編『二十一世紀への政治経済学』
立　地球環境サミット　農 食料・農業・農村政策の方向」 表 況	大野輝之・R.H.エバンス『都市開発を考える』
策　非自民連立細川内閣発足 （規制緩和・円高差益還元） 米大凶作　平岩リポート ラウンド妥結（米の部分開放・ 税化） 政治改革関連4法　パレ 治　APECボゴール宣言 日米自動車交渉妥結　金融 綻　新食糧法	関満博『フルセット型産業構造を超えて』 山川充夫・柳井雅也編『企業空間とネットワーク』

年表　311

年代	地域経済関係	日本経済・
1996	＊第三次地方財政危機　　沖縄県で米軍基地縮小・撤廃運動　　新潟県巻町で住民投票，原発反対派多数を占める　　国会等移転法	＊第四次円高　厚生省エイズ
1997	三井三池鉱閉山　消費税率5％に引き上げ　岐阜県御嵩町で産廃施設建設是非をめぐる住民投票（反対票が7割）　名護市における米軍のヘリポート基地建設に是非を問う市民投票（無条件反対が過半数）	日産生命破綻　銀行破綻（都　香港が中国に　（COP3）
1998	長野オリンピック開催　新しい全国総合開発計画（「21世紀の国土のグランドデザイン」）策定　沖縄県知事選挙で普天間基地返還の前提条件として政府が提案する沖縄本島北部地域での新基地建設を条件付きで容認することを公約した稲嶺惠一が大田昌秀知事を破り当選	中央省庁等改　再生関連法　時国有化　＊1997年度　（-0.7％）
1999	地域振興券交付　東京都知事選挙で石原慎太郎が当選　食料・農業・農村基本法　東海村の民間ウラン加工施設JCO東海事業所で国内初の臨界事故　中小企業基本法改正	金融再生委が　入　新しい　イン関連法成　エリツィン・
2000	徳島市で吉野川可動堰建設をめぐる住民投票（反対が9割）　尼崎公害訴訟で原告勝訴判決（神戸地裁）　年金改正法（支給開始年齢65歳に）　地方分権一括法施行　介護保険制度スタート　過疎地域自立促進特別措置法　中山間地域等直接支払制度導入　大型店舗立地法（大店法は廃止）　鳥取県西部地震	ロシア大統領　急逝・森内閣　合意　そご　ペルー国会が　領選挙でブッ
2001	成田空港土地収用訴訟和解　三菱自工9500人削減のリストラ計画　公示地価10年連続下落　新潟県刈羽村住民投票で「プルサーマル計画」反対が過半数に　特殊法人改革基本法　＊完全失業率5％を初めて超える	省庁再編1府　足　自民党　米が京都議定　盟確定　ジ　同時多発テロ
2002	東北新幹線の盛岡―八戸間が開業　浅川ダム（長野県）の工事契約を解除　諫早湾干拓事業で開門調査はじまる　都市再生特別措置法　＊各地で市町村合併をめぐる住民投票実施	米，鉄鋼セー　生　東ティ　足（初代会長　国内鉄鋼業界　期
2003	トラブル隠しや検査偽装で東京電力が全原発を停止　足利銀行を一時国有化　石川県珠洲原発計画を凍結　構造改革特区認定　中小企業再生支援協議会発足　六本木ヒルズオープン	イラク戦争開　業再生機構が　中東和平会談　ク特措法
2004	鳥インフルエンザ発生　温泉の不当表示問題　台風で全国各地に大きな被害　新潟県中越地震　クマ被害相次ぐ　「1円起業」が各地に登場　仙台	三菱自動車リ　イラクで日本　2003年の出

世界経済関係	地域経済関連著作
・スキャンダル	
（生命保険で初）　北海道拓殖銀で初）　山一證券自主廃業　返還　温暖化防止京都会議	佐々木雅幸『創造都市の経済学』
革基本法　小渕内閣発足金融政府が日本長期信用銀行を一 GDP, 23年ぶりにマイナス	P. ディッケン『グローバル・シフト』（訳 2001） M. E. ポーター『競争戦略論』（訳 1999）
15行に7.5兆円の公的資金を注日米防衛協力のためのガイドラ立　マカオが中国に返還ロシア大統領が辞任 にプーチンが当選　小渕首相発足　独で国内の原発廃止にう倒産　沖縄サミット開催フジモリ大統領罷免　米大統シュが当選　米景気失速	藤田昌久他『空間経済学』（訳 2000） 遠藤宏一『現代地域政策論』 中山徹『地域経済は再生できるか』 矢田俊文・松原宏編『現代経済地理学』 辻悟一編『経済地理学を学ぶ人のために』 町村敬志・西澤晃彦『都市の社会学』 C. ランドリー『創造的都市』（訳 2003）
12省庁体制に　小泉内閣発都知事選挙と参院選で圧勝書離脱を表明　中国WTO加ェノバ・サミット開催　米で多国籍軍アフガン侵攻	鈴木茂『ハイテク型開発政策の研究』 原田純孝編『日本の都市法』
フガード発動　みずほ銀行誕モール独立　日本経団連が発は奥田碩トヨタ自動車会長） 2強時代へ　ペイオフ解禁延	山田浩之編『地域経済学入門』 神野直彦『地域再生の経済学』 水岡不二雄編『経済・社会の地理学』
始　フセイン体制崩壊　産業務開始　りそなに公的資金有事法制関連3法　イラ	鈴木茂『ハイブリッド型ベンチャー企業』 岡田知弘・京都自治体研究所編『市町村合併の幻想』
コール問題　年金改革法成立人拘束　EU拡大, 25カ国に生率1.29が判明　参院選で	石田頼房『日本近現代都市計画の展開』 神野直彦他編『自立した地域経済のデザイン』

年代	地域経済関係	日本経済・
	と北海道にプロ野球球団誕生　地域金融再編続く　水俣病，最高裁が国・県の責任認定	自民党が敗北　三位一体改革　洋津波　景
2005	諫早湾干拓で福岡高裁が差し止め取り消し　愛知万博開催　ダイエーが不採算店舗を大量閉店　アスベスト問題発覚　農地法改正，企業の農業進出はじまる　中部国際空港開港　東京23区の商業地・住宅地の基準地価が15年ぶりに上昇　*平成の大合併大詰め	京都議定書が　ペイオフ全面　路公団民営化　総選挙で自民　マンション耐　*人口，初の
2006	夕張市が財政再建団体申請　まちづくり3法の見直し　阪急と阪神が経営統合　滋賀県知事選挙で新幹線新駅凍結を訴えた嘉田由紀子が当選　沖縄県知事選で仲井眞弘多が当選	UFJと東京　社長逮捕　が各業種で相　景気」を超え
2007	能登半島地震　新潟県中越沖地震　住宅金融公庫廃止・住宅金融支援機構発足	世界金融危機　閣発足
2008	秋葉原通り魔事件　「派遣切り」が横行，年越し「派遣村」　後期高齢者医療制度開始　初の国土形成計画（全国計画）策定　農商工等連携促進法	麻生内閣発足
2009	民主党政権が地域主権改革を開始　*失業率，過去最悪の5.7%に	エコカー減税　米国大統領に
2010	「中小企業憲章」閣議決定　戸別所得補償モデル対策実施　六次産業化法	ギリシャ国家　ゼロ金利・追　*GDPで中
2011	東日本大震災・福島第一原発事故　復興庁設置法　再生可能エネルギー特別措置法　九州新幹線開業	野田内閣発足　*貿易収支，　デモ
2012	東京スカイツリー開業　労働者派遣法改正（日雇い派遣の原則禁止）　社会保障制度改革推進法	第二次安倍内　唱
2013	小規模企業活性化法　中小企業基本法改正	国家安全保障　参加　日銀　のインフレ目　改正労働契約　生活保護法改　秘密保護法
2014	国家戦略特別区域基本方針決定　「増田レポート」　沖縄県知事選挙で翁長雄志が当選　地方創生担当大臣設置　地方（まち・ひと・しごと）創生総合戦略策定　『国土のグランドデザイン2050』　小規模	過労死等防止　確保推進法　的自衛権の限

世界経済関係	地域経済関連著作
「ニート」全国で52万人で政府,与党が合意　インド気拡大はじまる 発効　生活保護100万世帯 解禁　国民年金法改正　道 JR福知山線で脱線事故 圧勝　郵政民営化法成立 震強度偽装問題発覚 自然減	中村剛治郎『地域政治経済学』 山川充夫『大型店立地と商店街再構築』 成田孝三『成熟都市の活性化』 矢作弘『大型店とまちづくり』 岡田知弘『地域づくりの経済学入門』 植田和弘他編『グローバル化時代の都市』
三菱銀行が統合　ライブドア 第一次安倍内閣発足　M&A 次ぐ　景気拡大が「いざなぎたと発表	重森曉他編『新地域政策のすすめ』 A.サクセニアン『最新・経済地理学』(訳 2008)
(リーマンショック)　福田内	鈴木浩『日本版コンパクトシティ』
	大野晃『限界集落と地域再生』 R.フロリダ『クリエイティブ都市論』(訳 2009)
バラク・オバマが黒人初の 鳩山民主党内閣が誕生	加茂利男他『幻想の道州制』
破産危機・ユーロ危機　日銀,加緩和政策　菅内閣発足 国が日本を上回る	岡田知弘他『中小企業振興条例で地域をつくる』 宮本憲一・川瀬光義編『沖縄論』 清水修二(2011)『原発になお地域の未来を託せるか』
赤字転落　米国でウォール街	
閣発足　「アベノミクス」提	岡田知弘『震災からの地域再生』 伊東維年・柳井雅也編『産業集積の変貌と地域政策』
戦略　日本・TPP交渉正式 「異次元の金融緩和」導入・2% 標設定　「日本再興戦略」 法(「限定正社員制度」の導入) 正(就労自立の強化)　特定	岡田知弘他編『原発に依存しない地域づくりへの展望』 藻谷浩介・NHK広島取材班『里山資本主義』 保母武彦『日本の農山村をどう再生するか』
対策推進法　医療・介護総合 　消費税を8%に引上げ　集団 定的容認を閣議決定	川瀬光義『基地維持政策と財政』 宮本憲一『戦後日本公害史論』 矢作弘『縮小都市の挑戦』 増田寛也編『地方消滅』 小田切徳美『農山村は消滅しない』

年代	地域経済関係	日本経済・
2015	企業振興基本法　　御嶽山噴火 北陸新幹線金沢まで開業　　大阪都構想住民投票で反対票が多数に　　都市農業振興基本法　　国土形成計画（全国計画）を改定　　農協法等改正　　労働者派遣法改正（期間制限見直し）	安保関連法 一億総活躍を ＊「戦争法案」 発テロ　　国 日銀がマイナ
2016	熊本地震　　北海道新幹線部分開業	期に

(注)　関連著作の欄で，文献名の後の（～　）は，出版年度が複数年にわたってい
(出所)　歴史学研究会編『日本史年表（増補版）』岩波書店，1995 年，矢部洋三・
　　　石田頼房『日本近代都市計画史研究』柏書房，1987 年，岡田知弘『日本資本
　　　評論社，1994 年，高橋裕『現代日本土木史』彰国社，1990 年，暉峻衆三編
　　　体研究社，1986 年，宮本憲一・横田茂・中村剛治郎編『地域経済学』有斐閣，
　　　『産業立地』32-2，1993 年 2 月，朝日新聞社『朝日年鑑』各年版等より作成．

(参考文献・ウェブサイト)
朝日新聞縮刷版（各年版）
日本経済新聞縮刷版（各年版）
自由国民社『現代用語の基礎知識』（各年版）
asahi. com（http://www.asahi.com/）
YOMIURI ONLINE（http://www.yomiuri.co.jp/）

世界経済関係	地域経済関連著作
	岡田知弘『「自治体消滅」論を超えて』 横山壽一他『平成合併を検証する』 藤山浩『田園回帰1％戦略』
安倍首相「新・三本の矢」・ 打ち出す　　TPP大筋合意 反対デモ広がる　　パリ同時多 勢調査で初の人口減少 ス金利を導入　　消費税増税延	除本理史『公害から福島を考える』 田代洋一編『TPPと農林業・国民生活』

ることを，また（訳　）は，邦訳が出版された年を表している．
古賀義弘・渡辺広明・飯島正義編『現代日本経済史年表』日本経済評論社，1996年，
主義と農村開発』法律文化社，1989年，下河辺淳『戦後国土計画への証言』日本経済
『日本農業100年の歩み』有斐閣，1996年，宮本憲一『地方自治の歴史と展望』自治
1990年，矢田俊文編『地域構造の理論』ミネルヴァ書房，1990年，日本立地センター

索　引

事項索引

●アルファベット

APEC　2
ASEAN　9, 57
EU　2, 4, 5, 7, 9, 10, 57
GATT　8
IMF　68
IUCN（国際自然保護連合）　278
JAPIC　110
M字型カーブ　48
ME（マイクロエレクトロニクス）　74
　　──化　77, 99
NAFTA　2, 57
NIEs　4, 9, 20, 57
PFI　159
sustainable development　279
TPP　2, 78, 90, 120, 122
TVA　69
WTO　2, 8, 78, 120

●あ　行

アグリビジネス　120
アーバンルネサンス　88, 110, 211
安倍晋三内閣（第一次）　83
安倍晋三内閣（第二次）　112, 120
アメニティ　39
アライアンス　8
イギリスの南北分裂　4, 24
移出基盤成長論　16, 18, 20
インキュベータ　39
インナーシティ　43, 107, 111, 114, 115
インフラストラクチャー　17, 52
ウォーターフロント開発　110

衛星都市　66
江戸地廻り経済圏　64
エネルギー革命　71
円　高　81, 89
オイルショック　73
　　第一次──　73
大型プロジェクト　88
沖縄における施設及び区域に関する特別
　行動委員会　278

●か　行

海外生産比率　86
海外直接投資　77
外国人労働者　99
外資に関する法律　68
階層的な空間分業　52
外部経済性　34
買回品　48
買い物難民　91
課税自主権　243
河川総合開発　69, 137
過疎化　71
過疎債　131
過疎対策事業　131
過疎問題　72, 130
過疎を逆手にとる会　272
ガット・ウルグアイ・ラウンド　77, 82, 89, 119, 120
合併特例債　250
勝山シークヮーサー　275
過密問題　72
関西新空港　88
関西文化学術研究都市　88
間接雇用　85

319

完全失業率　92, 100
完全変動相場制　73
神戸勧告　232
管理通貨制度　66
機関委任事務　232
企業城下町　70, 108
企業内空間分業　44
企業内世界分業　85
企業内貿易　85
企業の地理学　38
規制緩和　77, 81, 88, 110, 213
基地交付金　262
基盤産業　16
規模の経済性　16, 33
規模の内部経済　32
逆輸入　85, 86
逆流効果　22
牛肉・オレンジの自由化　89
業務核都市　110
局地原料　26, 27
局地的な産業特化　34
極東の軍事工場　68
拠点開発　70
　　——方式　142
均衡成長論　17
金融資本　66
金融ビッグバン　76, 95
偶然集積　32
空洞化　23, 53
グローバル国家　83
軍用地料　261
景観問題　114
経済基盤説　16
経済構造調整政策　92
京浜　55
建造環境　113
減反政策　123
現地化政策　85
現地子会社　78
現地調達率　85
減量経営　74
小泉純一郎内閣　83
公害健康被害補償法　193
公害問題　72

公共サービス　46
公共事業　66
工業整備特別地域　144, 184
工業立地論　6
公契約条例　90
耕作放棄地　128, 129
構造改革　79, 92
　　——型農政　122, 126
構造政策　71
構造不況業種　74, 110
構造不況地域　71
行動論的立地論　38
高度技術産業集積地域開発促進法　201
交付税措置　249
神戸空港　231
公有水面埋立法　235
交流ネットワーク構想　154
国土形成計画　116, 161
　　——法　160
　　新たな——　116, 162
国土総合開発法　69, 137, 166
国土保全　132
国民経済　65, 77
国民所得倍増計画　70, 140
穀物自給率　89, 123
国家資本　65
国家主権　7
国家戦略特区　97, 112, 122
国庫支出金　240
固定為替レート制　68
米と繭の経済　66
雇用問題　86
コンパクトシティ　116

● さ　行

財政トランスファー　76
財閥解体　67
坂城ドリーム　208
サービス経済化　93
サブプライムローン　100
サポーティング・インダストリー　9
産業空洞化　84
産業資本　65

産業連関表　10, 18
三極　2, 59
三都　64
サンフランシスコ平和条約　68, 72
サンベルト　4
サンベルト対フロストベルト論争　24
三位一体(の)改革　94, 250
3割自治　239
ジェンダー　30, 48
シーガイア　218
市街化区域内農地　128
事業費補正　249
事業部制　40
時局匡救事業　66
市区改正条例　269
自作農体制　68
静岡空港　231
自然減　106
下請企業　85
実業団運動　265
支店経済　42, 109
シードベッド　39
地主制　65
地場産業　65, 89
シャウプ勧告　232, 241, 247
社会減　106
社会資本　70
社会的一般労働手段　113
社会的共同消費手段　113
自由空地　269
重厚長大産業　70, 74
集積不利益　38, 72, 113
集中豪雨型輸出　75
住民参加　230
ジュゴン　278
首都改造　88, 110, 154
純粋原料　28
純粋集積　32
小規模企業振興基本法　90
条件不利地域(ハンディキャップ地域)　121
商店街　74, 91
消滅可能性都市　116
食糧管理法　89, 121

食糧危機　67
食料自給率　123
食料・農業・農村基本法(新農業基本法)　121
所得収支　87
シリコンサイクル　98
シリコンバレー　8, 55, 62
新過疎問題　130
人口の都心回帰現象　112
震災復興事業　233
新産業都市　70, 144, 184
新食糧法　89, 121
新政策　120
新生産緑地法　128
新日本型経営システム　98
森林環境税　277
森林組合　126
森林交付税　277
ストロー効果　131
スプロール　72
生活の質　50, 62
制限税率　244
政策協調　77
政策閉山　88
成長の極　19
世界大恐慌　66
世界都市化　86
世界都市論　107
石油化学工業育成対策　69
石油化学コンビナート　140
積極的産業調整　74, 81
全国総合開発計画(全総)
　第一次——　70, 137, 142
　第二次——(二全総)　148, 202
　第三次——(三全総)　150
　第四次——(四全総)　86, 154
　新たな——(新全総)　158
選択的拡大　71, 119
千里ニュータウン　72
属人性　12
属地性　12
ソフト化　45

●た 行

対外直接投資　78, 84, 86
対企業サービス　46
大規模プロジェクト　149
対個人サービス　46
第三のイタリア　55, 62
大都市衰退論　110
対日直接投資　79
太平洋(岸)ベルト地帯　70, 141
対流促進型国土　162
ダウンゾーニング　274
多極分散型国土　154
宅地並み課税　127
多国籍アグリビジネス　123
多国籍企業　77, 84, 107, 108
多軸型国土　158
田直し事業　271
ダブルワーク　93
多摩ニュータウン　72
多面的機能　132
丹後ちりめん産地　89
地域協議会　118
地域均衡成長論　16
地域経済学　6
地域経済の不均等発展論　76
地域産業連関表　10
地域自治区　118
地域乗数効果　17
地域総合整備事業債　249
地域的な集積　32
地域統括本社　78
地域内経済循環　109
地域内再投資　94
　　　——力　94, 131
地域ブランディング　210
地域別完全失業率　100
小さくても輝く自治体フォーラム　131, 258
地　代　27
地方交付税　240
地方財政委員会　229, 242, 247
地方産業運動　266
地方自治法　68, 229

地方創生　116
地方中核都市　108
地方中心都市　42
地方中枢都市　108
地方の時代　76
地方分権一括法　234, 245
中国山地　72
中山間地域　121, 127, 128
　　　——等直接支払制度　121
中小企業基本法　71, 273
中小企業憲章　90
中小企業振興基本条例　90, 211
超過課税　244
超過負担　248
鳥獣害　129
朝鮮戦争　69
朝鮮特需　137
町村是運動　265
直接雇用　85
直接請求制度　230
低金利政策　82
帝国主義　65
定住構想　150
テイラー主義　31
テクノポリス構想　152, 200
田園回帰　126
電源開発促進法　139, 167
電源三法　259
東京一極集中　24, 109, 110
東京オフショア市場　77
東京オリンピック・パラリンピック　112
東京市政調査会　268
東京都産業連関表　109
東京都長期ビジョン　112
東京湾横断道路　88
特需景気　69
特定地域総合開発　69
　　　——計画　166
特定農山村法　121
土建国家　70
都市化の経済　34
都市計画　233
都市景観　113

都市再開発　114
都市再生　97
『都市社会主義』　267
土地投機　82, 110
ドッジライン　68
鳥取県西部地震　115
ドーナツ化　72
トヨタ　70
トリプルワーク　93

● な　行

内需主導型経済構造　81
中曾根康弘内閣　82
長良川河口堰　174, 231
南北分裂問題　24
新潟県中越地震　132
二重構造　71
日米安全保障条約　237, 261
日米構造協議　77, 82
日米地位協定　237
ニート　101
日本国憲法　229
日本創成会議　116
日本プロジェクト産業協議会（JAPIC）
　88
日本列島改造　73
日本列島改造論　70, 149
ニューディール　66
人間の復興　115
ネットワーク　34, 47
年金生活者　106
農業基本法　71, 119, 120
農業協同組合　126
農業経営基盤強化促進法　121
農業就業人口の高齢化　126
農業地域類型　127
農業の担い手　126
農業法人　95
農政改革関連3法　122
農村経済更生運動　266
農地改革　67
農地中間管理機構　129
野馬土　276

● は　行

波及効果　22
幕藩　64
派遣切り　100
派遣労働者　100
橋本龍太郎内閣　82
パックスアメリカーナ　73
羽田空港の国際化　112
範囲の経済　37
阪神・淡路大震災　107, 115, 233
反都市化　49
比較優位説　5
東日本大震災　107
非基盤産業　16
被災者生活再建支援法　115
人手不足　99
美の条例　233
標準税率　244
フォーディズム　20, 37, 51, 52, 55
復興公営住宅　107
フットルース　29
普天間飛行場　231
普遍原料　25
プラザ合意　81
不良債権　112
フレキシビリティ　31, 59
フロストベルト　4
プロダクト（ライフ）サイクル論　42
ブロック経済　66
分工場　40, 52
――経済　109
平成の大合併　95
ベトナム戦争　72
貿易収支　87
貿易摩擦　75, 81
法定外普通税　245
法定受託事務　235
ホワイトカラー　84, 100
本社立地　41

● ま　行

前川レポート　77, 81, 89
マキラドーラ　3

索　引　323

増田レポート　116
道ふみ支援事業　271
ミニ開発　72
ミニマム・アクセス　120
ミニマム・アクセス米の輸入　89
民営化　77
むつ小川原　159
モータリゼーション　49
モデル定住圏　151
最寄品　48

● や　行

輸出代替　86
ユンタンザ　271
容積率　234

四日市ぜんそく　193
四大重点産業　137

● ら　行

リストラクチャリング　100
リゾート開発　88, 211
リゾート法　212
リーマンショック　76, 100
臨海コンビナート　70
臨海副都心　112
連携中枢都市圏　116
労働改革　67

● わ　行

ワーキングプア　101, 103

人名索引

● あ　行

安部磯雄　267
池田宏　267
ウェーバー(Weber, A.)　7
ウォーラーステイン(Wallerstein, I.)　54
ウリーン(Ohlin, B.)　6
翁長雄志　235

● か　行

片山潜　267
クリスタラー(Christaller, W.)　46
クルーグマン(Krugman, P.)　6
後藤新平　267

● さ　行

サッセン(Sassen, S.)　55, 108
島恭彦　76
スコット(Scott, A. J.)　55
関　一　267, 269
セーブル(Sabel, C. F.)　61

● た　行

田中角栄　70, 73
チャンドラー(Chandler, A. D.)　40
チューネン(Thünen, J. H. v.)　27

● な　行

中曾根康弘　110
蜷川虎三　228
ノース(North, D. C.)　20

● は　行

ハイマー(Hymer, S.)　108
ハーヴェイ(Harvey, D.)　52, 113
ハーシュマン(Hirshman, A. O.)　6, 22
波多野鶴吉　266
バーノン(Vernon, R.)　42
フランク(Frank, A. G.)　53
フリードマン(Freidmann, J.)　108
プレッド(Pred, A.)　47
ペルー(Perroux, F.)　19
星野長太郎　266
ボワイエ(Boyer, R.)　51, 60

● ま 行

前田正名　265
マッシィ（Massey, D.）　53
三浦広志　276
宮本憲一　113
ミュルダール（Myrdal, G.）　6, 22

● や 行

山縣有朋　228, 251

● わ 行

和田芳治　272

地 名 索 引

● あ 行

青森市　117
上尾市　230, 274
海士町　131
綾　町　131
石　狩　71
石巻市　117
岩　国　70
上野村　272
大田区　85
大　宮　110
岡　谷　66
沖　縄　68, 72

● か 行

鹿児島県　106
川　崎　70
北九州市　117
木頭村　180
岐阜県　11
京都市　114, 115
雲原村　266
呉　市　117
京　浜　55
気仙沼市　117
神戸市長田区　115

● さ 行

埼玉県　12
栄　村　129, 271
汐　留　97

静岡市　117
品　川　97
上越市　118, 238
白川村　273
シリコンバレー　8, 55, 62
逗子市　230
墨田区　90, 274
関　89
千里ニュータウン　72

● た 行

高根村　96
高山市　96, 117, 238
多摩ニュータウン　72
筑　豊　71
デトロイト　8
東京都　12, 86, 107
道志村　277
徳島市　230
徳　山　70
苫小牧東部　159
富山市　117
豊田市　70

● な 行

長崎市　117
那智勝浦町　272
新潟市　122
新居浜　74
西　陣　89, 114
野田市　90

●は　行

函館市　117
浜松市　118
東大阪市　85
日立市　117
本宮町　277

●ま　行

巻　町　230
真鶴町　233, 273
真庭市　271, 273
真野地区　275
丸の内　66, 97
南相馬市　117
むつ小川原　159

室　蘭　74

●や　行

山形県　12
山古志村　132
矢祭町　255
山　原　278
夕張市　218
養父市　122
横浜市　277
四日市　70, 89
読谷村　270

●ら　行

臨海副都心　112

国際化時代の地域経済学〔第4版〕
Regional Economics in a Global Era
〔4th ed.〕

有斐閣アルマ

1997年 6 月20日 初版第 1 刷発行
2002年 4 月10日 改訂版第 1 刷発行
2007年 4 月10日 第 3 版第 1 刷発行
2016年12月20日 第 4 版第 1 刷発行

| 著 者 | 岡田 知弘（おかだ ともひろ） 川瀬 光義（かわせ みつよし） 鈴木 誠（すずき まこと） 富樫 幸一（とがし こういち） |

発 行 者　江 草 貞 治

発 行 所　株式会社 有 斐 閣

郵便番号　101-0051
東京都千代田区神田神保町 2-17
電話　(03) 3264-1315〔編集〕
　　　(03) 3265-6811〔営業〕
http://www.yuhikaku.co.jp/

印刷・大日本法令印刷株式会社／製本・大口製本印刷株式会社
©2016, T.Okada, M.Kawase, M.Suzuki, K. Togashi.
Printed in Japan
落丁・乱丁本はお取替えいたします。
★定価はカバーに表示してあります。

ISBN 978-4-641-22075-1

|JCOPY| 本書の無断複写(コピー)は、著作権法上での例外を除き、禁じられています。複写される場合は、そのつど事前に、(社)出版者著作権管理機構(電話03-3513-6969, FAX03-3513-6979, e-mail:info@jcopy.or.jp)の許諾を得てください。